歷史的嵇康與玄學的嵇康

從玄學史看嵇康思想的兩個側面

謝大寧著

文史哲學集成

文史哲出版社印行

國家圖書館出版品預行編目資料

歷史的嵇康與玄學嵇康：從玄學史看嵇康思
想的兩個側面 / 謝大寧著.-- 初版.-- 臺
北市：文史哲，民 86
　　面：　　公分.--(文史哲學集成；387)
　　ISBN 957-549-107-6(平裝)

1.(晉) 嵇康 - 學術 - 哲學

123.14　　　　　　　　　　　　86014826

文 史 哲 學 集 成

歷史的嵇康與玄學的嵇康
－從玄學史看嵇康思想的兩個側面

編 著 者：謝　　　　大　　　　寧
出 版 者：文 史 哲 出 版 社
登記證字號：行政院新聞局版臺業字五三三七號
發 行 人：彭　　　　正　　　　雄
發 行 所：文 史 哲 出 版 社
印 刷 者：文 史 哲 出 版 社
　　　　　臺北市羅斯福路一段七十二巷四號
　　　　　郵政劃撥帳號：一六一八○一七五
　　　　　電話 886-2-23511028・傳眞 886-2-23965656

實價新臺幣四四○元

中 華 民 國 八 十 六 年 十 二 月 初 版

「歷史的嵇康」與「玄學的嵇康」
——從玄學史看嵇康思想的兩個側面

序言

　　我之所以要寫本書，其實有很大成份是爲了補過。記得當初我在撰寫博士論文時，關於漢代思想流變的詮釋這部分，我自覺基本邏輯還算穩健，除了人性論這一線索有些牽強外，其它似乎還說得上有點創見。然而一轉入玄學部分，便頗有窒澀而難以自圓其說之感。坦白說，當時我一直摸不清問題何在，因此該文的最後一章實在是有些曲意爲說的。這問題幾年來我一直掛在心頭，想謀求解決之道，終於在反覆思量後，逐漸找出了問題癥結點。原來當年我也和所有論者一樣，從未懷疑過一個基本觀點，即王弼乃是玄學的首要思想家，是由於王弼，乃將魏晉思想扭回老莊之教。但是，我漸漸發覺這一命題恐怕並不如此天經地義，而且後人有可能只是上了裴頠、王衍乃至范寧一些似是而非之語的當而已。就史實而言，把祖尚玄虛之罪歸之何王，恐怕未必是公允之論。我之如此說，倒不是想作翻案文章，而是若真由何王來承擔這一轉折點，則整個思想史的詮釋邏輯便將難以爲繼了。然而若鬆開此一關鍵，則整個問題便有可能豁然開朗。於是，我乃假承乏「魏晉玄學」一課之便，開始了我的新構思，而本書即是我整套構思的一個相當核心的部分。

　　原來我的博士論文乃是基於兩個問題意識，亦即一則我不相信在思想史中，存在著突變式、反動式的轉折；二來我也不認爲

「儒道會通」一概念可以作為玄學思想史的基本問題意識。不過，我當時仍然認為後者在哲學史的意義上，還是有其效力的。但如今我卻必須說，假如在思想史上建立不起儒道會通的命題，則哲學史上也同樣無法安立此一命題。何王當然曾「差次老莊以參爻象」，但這個命題究竟能推論得多遠，後來的論者真的仔細考量過了嗎？坦白說，我總以為許多玄學學者由於罕能兼備歷史和哲學的訓練，以致常弄不清楚一些問題面向的分際，而有了太多想當然耳的推論。實在說來，正是源於這麼多的想當然耳，遂使玄學平添了不少難以釐清的煙幕，然而當一些問題分際混淆，一些概念不斷在社會史、思想史、哲學史乃至哲學等學科層次間滑轉時，誰真能平心靜氣，作一些仔細梳理和還原的工作呢？我於此有深切的警惕，也希望本書的分析，真能使一些概念到達定位，不要再像「無」之一會兒是個本體論的概念，一會兒又成了某種意識型態的主張之類的說法一般，那我就不無微薄的貢獻了。

我之所以要作嵇康之研究，當然很清楚地並不是為了表彰嵇康，而是涵著一個系統的目的。這目的旨在將何王推回漢儒的脈絡中，而將玄學的誕生銜接到漢代小傳統－－亦即道教之前身－－之上，同時將玄學的真正內容歸屬於嵇康對此一小傳統之改造上，並以為乃是通過這一改造，方使玄學真正回歸到老莊的傳統中，從而我也才得將嵇康視為玄學最核心的人物。當然，以本書的架構和篇幅是還遠不足以充分展示此一目的的，但假如我真能辦到這點，則相信無論是在歷史的面向上，或是在哲學的面向上，都將會有助於讓玄學跨進一個新視野。我以此自期，亦期望能得到學界一個公允的評價。我相信我的工作決不是好為立異，尤其如果能知我幾年來備受問題煎熬之窘況者，當亦會同情我這近似顛覆之作法吧！

歷史的嵇康與玄學的嵇康
—— 從玄學史看嵇康思想的兩個側面

目 錄

　　平心而論，我始終覺得玄學和我的價值信念、生命氣質俱不相類，和玄學結緣，大概純是巧合吧！但順一問題意識而逐步逼至於此，則又不容我躲閃。如今此一工作雖不盡如人意，但至少還能略贖前愆吧！至於未來如何續成此一系統，則就只能交給時間證明了。這本書同樣是在稚子的嬉鬧中勉力完成的，因此我也要特別感謝內子義麗的辛勞和體諒，並謝謝忠源的打字、惠如的編排，和幸姬、文莉、雅蓉的協助，讓我又完成了這件勞神的遊戲！

　　　　　　　　　丁丑孟冬　謝大寧于嘉義民雄

前　言

　　中國的文人基於「學而優則仕」的傳統，因此無可避免地總和現實政治有著密切的關係。但平心而論，即使如此，這兩千多年來的政教關係，在大多數時候，「政統」和「道統」間，依然有著明確的界分[1]。「君子謀道不謀食，憂道不憂貧」，這樣的想法總是意味著我們決不能輕易地將所有傳統思想，矮化成某些歷史唯物論者所謂的意識型態。「教統」所帶有的批判性和終極關懷，也一直意味著某些傳統文人獨立於現實利益的高潔人格[2]。然而，坦白說，魏晉南北朝時期的政統、道統關係，是比較難以處理的。何以言之呢？這原因無它，一言以蔽之，即由於士族壟斷了整個統治階層。當道統的擁有者，不只是一時成為政治上的既得利益者，而是他根本就掌握了統治權時，這問題的性質當然就有了本質的轉化。

　　關於這個問題，我們了解，士以「士族」的方式走進政治舞臺，本質上就代表了「道統」（或者說「教統」）性質的轉變。因為這時的士不只是以個人作為道的肩負者之身份而存在，也不只是以某些具有道的自覺之人，他們所共同形成的群體而存在，

---

[1] 關於道統與政統的分際，余英時先生曾有極精闢的考證，依此考證，余先生云「知識份子不但代表道，而且相信道比勢更尊。所以根據道的標準來批評政治、社會從此便成為中國知識份子的分內之事。」詳見〈道統與政統之間〉，《史學與傳統》頁卅～七十，引文見頁六十四。（案：本文引書之出版資料，俱請見參考書目，為省篇幅，不另說明）

[2] 徐復觀先生的許多著作，即皆旨在表彰此義，尤其像《兩漢思想史》，徐先生以極大的氣力，精闢地考證了在中央集權專制壓力下，知識份子對道統的堅持，這確是一個彌足珍貴的傳統。

而是以某種宗族組織的型態，同時也掌握一定的經濟自主權之方式而存在。這就社會學而言，它已不單是「知識階層」的問題，此時的「士族」根本已是某種政治單位了[3]。換言之，在這狀況下，我們決不能再將道統和政統視為單純的兩橛，它們之間的關係顯然得有另外的視角才行。

士族這一歷史現象，大約出現在西漢後期[4]。此時期，士初步脫離了游士階段，開始固著於土地之上，「四民」的順序大約也就是在此時固定下來的[5]。由於漢廷獨尊儒術，章句之學成為射利之途的原故，士子得以貪緣而成地方上另一類的豪強。不過，終西漢之世，士族都還不能算是有力量的政治單位，士大抵仍須以隸屬於某一章句博士，才能以知識階層一份子的身分，而取得利益，並蔭及家族[6]。然而在新莽時期，起兵反莽者已有不少是屬於

---

[3] 關於知識階層和士族在社會意義上的對分，可詳參余英時先生〈古代知識階層的興起與發展〉和〈東漢政權之建立與士族大姓之關係〉等文。在先秦乃至西漢武帝之前的知識階層，大抵只是游士的身份，他們除非依附於政權的庇蔭，否則根本是清貧而無社會地位的。余文詳見《中國知識階層史論》頁一～二〇一。

[4] 士族之成為兩漢歷史的重要現象，近人論者多矣。關於士族出現之考證，詳見余英時先生前引之〈東漢政權之建立與士族大姓之關係〉、許倬雲先生〈西漢政權與社會勢力的交互作用〉等文。許文見《求古編》頁四五三～四八二。

[5] 陳登原《國史舊聞》第一分冊，頁二二八～二二九。

[6] 筆者曾在拙作《從災異到玄學》中討論了從石渠奏議到劉歆掀起第一次今古文之爭的現實因緣，此一事實當可作為本文所述現象之證據。詳見拙作頁一二八～一四六。

士族的身分，可見此時士族的力量已然大增[7]。此後，東漢政權建立，劉秀所代表的南陽集團，本質上即是士族，而早期劉秀的政策，即是以懷柔之法，採取士族與強宗共治的統治方式，於是宗族集團開始成為統治階層的主體[8]。不過，我們並不能說此時士族已取得統治權，這是因為當時的統治階層仍只局限在帝族和后族這些封閉集團的原故。

隨著時間演變，在東漢察舉和徵辟制度的庇蔭下，士族這一社會單位乃日益固定化[9]，終於到了東漢末的直接捲入政治鬥爭中。表面上，我們在史料中看到的黨錮諸君，似乎只是一些學界領袖和太學生這一知識階層而已，但由後來的歷史發展明白可以看到，事實上他們在政治上所發展出來的力量，其背後更有著宗族這一社會基礎和近乎獨立的莊園經濟基礎[10]。當然，這些士族

---

[7] 余英時先生在〈東漢政權之建立與士族大姓之關係〉一文，有極詳盡之考證，在他所列新莽時八十八個起兵集團中，即有五十六個士族或大姓，而以最顯著的十四個集團論，亦有約近半數為士族或有士族之附從，可見士族力量之一斑。

[8] 關於這點，還是值得參考余英時先生前引文。筆者亦曾注意到東漢的后族，多數出自竇梁鄧三姓，這顯然反映了東漢政權的基本權力結構，乃是劉鄧集團和竇梁集團共治的局面。東漢外戚問題特別嚴重，恐也與此不無關係。詳見前引拙作頁一九○～二一二。

[9] 對於累世公卿的士族門閥現象，早在王符《潛夫論》、仲長統《昌言》中已有評論，它乃是東漢中葉以後重要的歷史現象。亦請見王仲犖《魏晉南北朝史》頁一四三所述。

[10] 許倬雲先生〈秦漢知識分子〉云「論分佈面及掌握土地的總面積而言，知識份子階層無疑是直接地把持土地財富的社會階層。到東漢時，崔寔《四民月令》一書，最能代表這種士與農（地主）結合的情形。《四民月令》號為士農工商四民，實際上工商二字只象徵精耕制農業經濟下產生的市場

的政治實力是遠弱於外戚和宦官的，因為外戚本就是強宗，漢末時宦官得蓄養子，這又成另一類的強宗[11]，加上他們擁有武力，所以清流士族於此時介入政治，自然注定了會以悲劇收場。不過，我們恐怕也必須知道，士族於外戚強時批外戚，於宦官強時批宦官，固然在某種意義上仍可視為教統對政統的批判，但其中可能也有不小成份是在為士族這一集團利益作打算的[12]。

上述狀況的徹底改變，大概導因於黃巾之亂。照史實來看，黃巾的政治野心恐怕並不太大，它多半只是一些因東漢政治窳敗後，遭豪強侵漁而失去土地的農民，在官逼民反下為爭回土地所有權而戰[13]。不過這場亂局直接摧毀了東漢政權，也結束了外

活動。崔寔正與其他東漢士大夫一樣，以農業經營為主要謀生方式，而以士為其社會身分。」很清楚地指出了此一觀點。這一基礎其實奠定了士族終將在往後的政局中扮演重要角色的先聲。許文見《求古編》頁五〇二～五〇三。另請見毛漢光先生《中國中古社會史論》第三篇〈中古家族之變動〉引Eberhard之說所作的討論。

[11] 漢自順帝陽嘉四年以降，宦者得蓄養子並襲爵（詳見《後漢書・順帝紀》頁一一六），這就塑造了不少由宦官這一脈而出的強宗，如曹騰這一門簡直也有累世公卿，並據州郡的盛況。詳見《三國志・魏志》武帝紀和曹仁、曹洪等傳所載。

[12] 王仲犖先生云「儘管士夫地主經濟的發展，客觀上對王朝的統一起了一種瓦解的作用，但是士夫主觀上是主張加強專制主義政權力量的。因為只有強有力的專制主義集權的中央政府，才能限制外戚勢力的無限發展，才能使他們本階層前進的路上沒有障礙。」（《魏晉南北朝史》頁十三）這判斷頗能指出士族批判政治的另一面向。當然，像王符、荀悅等人對士族內部亦有批判，因此也並不能說士族的所有批判皆在為自己的利益著想。

[13] 綜合《後漢書》、《通鑑》等所載，我們常可發現各地黃巾軍多缺乏橫向連繫，他們多以打下本地州郡為已足，似乎並沒有想改朝換代的意思，這

戚、宦官操縱政局的時代，代之而起的卻是以士族為主體，加上部分地方強宗的割據局面。之所以如此，乃是由於東漢政權的控制力迅速崩潰，而在討伐黃巾的過程中，統軍作戰的多半是士族，這使士族既握有了兵權，又得以總方面之任[14]。另外，也由於連年戰亂，流民大增，這些流民要不是轉徙於溝壑之間，便是投身於士族武裝自保的塢堡，而成了他們的「部曲」、「佃客」[15]。於是這些大小士族，遂開始以更有組織力量的方式躍登政治舞台的核心。

在漢末的兼併過程中，我們知道最重要的三股力量，乃是曹操、袁紹和劉表。其中袁、劉乃是典型的清望士族，而曹操的出身則有些尷尬。操祖騰乃中官出身，所以其家世乃是所謂「乞丐攜養」、「贅閹遺醜」之流[16]。對於此一身份，曹操恐怕是深有遺憾的，從他極力爭取許劭的評議，便可看出他爭取士族認同的用心[17]。不過，也許也正是由於曹操的出身不高，遂使他避開了

表示他們並不是基於政治野心而起事。比如張角起事，一直未離鉅鹿，張曼成等亦一直未離宛城，這種固著於土地的特色，十足反映了黃巾軍的農民性格。

[14] 黃巾初起，統軍者如皇甫嵩、朱雋、盧植等，均係士族出身，甚至如盧植等，更是當世大儒，由此我們可以看到士族力量的崛起。

[15] 其實士族之部勒宗族子弟以求武裝自保，早已見諸新莽時期，只是其規模恐怕沒那麼大。東漢末則是又加上了流民，於是兩漢的編戶齊民乃告打亂，人丁可以私屬，而謂之部曲、佃客。詳參王仲犖前引書頁一四五～一四七。

[16] 此二語為陳琳為袁紹所撰〈檄州郡文〉之用語，見《三國志·魏志·袁紹傳》頁二三二注引《魏氏春秋》。

[17] 《魏志·武帝紀》頁廿四注引《世語》云「（橋）玄謂太祖曰：君未有名，可交許子將。太祖乃造子將，子將納焉，由是知名。」又引孫盛《異

士族普遍存在的「文化的傲慢」，倒也可能是他終能成功的一大原因。我們看到在剿滅黃巾的過程中，士族將領手段之殘酷，相當鮮明地襯托出了曹操的剿撫並用，甚至撫重於剿的政治手腕，這當然爲他累積了雄厚的資本[18]。而推求曹操之所以能以較寬厚的手段對待下階層的教徒農民，和他的出身恐怕是不無關係的[19]。然而曹操所以能擊敗袁紹和劉表，除了他軍事上的才略之

同雜語》云「常問許子將，我何如人？子將不答。固問之，子將曰：子治世之能臣，亂世之姦雄。太祖大笑。」這些生動的記載，很可以看出曹操的用心。而許劭之評語只論操才，不論其德，衡諸汝南月旦之慣例，其抑揚之間，亦可見矣。

[18] 綜合史籍所載，在剿滅黃巾的過程中，殺戮甚慘，如盧植、皇甫嵩在先後擊滅張角的過程中，黃巾軍被擊殺和赴河死者不下十萬；此後的清剿，「州郡所誅，一郡數千人」（《通鑑·靈帝中平元年》）其殘酷可見。但曹操接受青州黃巾的乞降，「受降卒三十餘萬，男女百餘萬口，收其精銳者，號爲青州兵」（《魏志·武帝紀》），對照之下，黃巾極少乞降，戰鬥意志亦堅，但居然如此大規模降曹，這當然是有意義的。何義門以操受青州降卒，「魏武之強自此始」，的確是事實。

[19] 《魏志·司馬芝傳》所載「無澗神」一案，是值得注意的。傳云「特進曹洪乳母當，與臨汾公主侍者共事無澗神，繫獄。卞太后遣黃門詣府傳令，芝不通，輒敕洛陽獄考竟而上疏曰：諸應死罪者皆當先表須報，前制書禁絕淫祀，以正風俗，今當等所犯妖刑，辭語始定。……」（頁三八五～三八六）關於這段材料，姑且不論司馬芝何以要先斬後奏，至少我們可以看到曹氏門內即有淫祀的情形，而且照這記載，乳母、侍者云者，還很有可能是代主受過，若真是如此，問題就更明顯了。陳寅恪先生嘗考無澗神即指阿鼻地獄（《金明館叢稿二編》，《陳寅恪先生文集》冊二，頁八十二），因此他推斷佛教地獄說已在當時流行，此一推斷可信度如何固不得而知，但張魯行鬼道，這也是當時道教一大支脈，無澗神會不會和鬼道有

外，畢竟主要仍是靠著士族的歸附；這也就是說若無荀彧的為他爭取士族，則以他之身處四戰之地，南有袁術，西有劉表，北有袁紹，東有呂布，恐怕他是很難撐持得住的。汝穎士族未依袁而附曹，使曹在經濟和兵員上都還能平衡，這實在給了曹操莫大的助益[20]。也由於此，乃奠定了士族和曹家共治的局面，這也構成了曹魏政治的一條主軸，曹魏的興和衰都直接和它相關。

在此必須特別澄清的是，曹魏政權的共治局面和東漢政權的共治局面有一項本質的差異。東漢政權基本上是南陽劉鄧集團和天水竇梁集團的共治，這是以極少數強宗為核心的組合；但和曹家共治的士族則並不是此一狀況，它的集體性是較強的，而且這批人早在黨錮之前，便已大略形成了政治社會學上的某種利益共同體，因此這狀況是遠為複雜的。如果我們用比較簡單的方式說，即是：曹魏政權在政治上大抵表現為汝穎集團和譙沛集團的並立[21]，而在社會意義上，則它恰好也代表了士族和寒門的矛盾[22]。因此之故，這兩者之間的矛盾乃不僅止於上層政權的爭奪，

關呢？這雖屬推測之詞，但多少顯示曹家對待這些信仰，是有些內外不一的，因此他不像簧縷世家之敵視教徒。

[20] 王仲犖歸納曹操成功的原因有五，一是屯田成功，二是建軍成功，三是籠絡世族，四是挾天子以令諸侯，五是指揮的才略（見王氏前引書頁卅八）。其中三、四兩點是極重要且密切相關的。從東漢後期，汝穎即是名士的薈萃地，汝穎士族之附曹，使他在抗衡袁紹的合法性上，更增添了優勢。

[21] 此處筆者主要採取了萬繩楠先生的說法，參見《魏晉南北朝史論稿》頁七十八～八十三。

[22] 這是陳寅恪先生著名的判斷，參見〈書世說新語文學類鍾會撰四本論始畢條後〉一文，文見《金明館叢稿初編》頁四十一～四十七。

還涉及了更廣的社會經濟面。就某種意義言，曹魏由官方所大規模推動的屯田制，除了有軍事意義外，恐怕更有平抑士族莊園經濟的政治考量在內；我們由後來西晉之改屯田為占田，以此而讓士族擇肥而噬，便可看出端倪了[23]。

通過如上歷史的簡述，我們可以了解到，士族到了曹魏時期，終於全面地進入政權的內部，它不再只是以官僚的姿態，而是以分享政權的姿態進入政權，它開始實質享有了資源的分配權。這時，士族乃既是道統的化身，又是政統的分享者；在這狀況下，道統的批判性毫無疑問地會大大地減低，甚而質變成了鞏固既得利益的意識型態。因此之故，原則上筆者並不反對大陸學者以意識型態的角度來處理魏晉玄學的許多內容，然而這也並不表示我們可以用「泛意識型態」的方式，來理解玄學的所有命題，畢竟我們也不能低估道統的內在自生力。當然，筆者如此說，毋寧會捲入一些方法論層次的預設，但在筆者看來，全面抹殺自由意志在歷史中的作用，無論如何，總是不可思議的一件事[24]。從某種意義看，「詩窮而後工」多少代表了在隔絕現實利益後，創作的自由反而較易顯示出來，而這自由當然一直都是存在著的；同樣地，道統的自生力亦可作如是觀。

基於如上的原故，我們在詮釋玄學時，乃極容易墮入某種兩難的困局，此即我們到底應如何估量某一玄學命題它的真理性和

---

[23] 關於此一問題，可參見唐長孺先生〈西晉田制試釋〉的討論，文見《魏晉南北朝史論叢》頁卅七～五十八。

[24] 筆者原則上同 B.Schwartz 的看法，我們的確不應全盤抹殺自由意志對歷史的作用。詳見〈關於中國思想史的若干初步考察〉，文見《中國思想與制度論集》頁一～二十。

意識型態性呢？筆者以為，此一問題看來決不可能有廉價的答案；我不認為有任何一個命題可作單一性質的處理，我們既不能無批判地認為玄學命題皆是某種真理性的「內容命題」[25]，也不能只是一味地將之矮化為某一階級的意識型態[26]。可能的情形恐怕是如此：即每個玄學命題都須單獨處理。而且這處理也會是複雜的，亦即它不太可能被一刀切，說某一命題的某一層面乃是真理的表述，而另一層面則反之；事實的情況恐怕會比這狀況麻煩得多。因此，筆者乃以為我們有必要以個案的方式，來處理玄學的每一命題，而這也正是本文的方法論前提。

筆者本文所想處理的是嵇康。嵇康無疑是玄學中的關鍵人物之一，也是繼何晏、夏侯玄之後，最受當時推重的翩翩佳公子，更是在當時清談中最富思想創發力的一位。然而，這是否意味著我們只應以「名士」的個人身分，來看他在玄學中的地位呢？在今天筆者所知見的所有關於嵇康的論著莫不皆是如此；即使許多人也都注意到了陳寅恪先生的說法，但嵇康屬魏黨的事實，似乎也未讓論者警覺到必須以更複雜的角度來看他[27]。嵇康無疑是寒門子弟出身，因宗室故而成新崛起的貴族，以當時寒門、士族鬥爭之政治本質，我們如何能僅以單純的名士身分來看待嵇康呢？這就上述的方法論基礎看，顯然是不可思議的。

---

[25] 以玄學命題為內容命題，這基本上是牟宗三先生的說法，詳見《才性與玄理》第七章〈魏晉名理正名〉。

[26] 大陸的玄學論者，大抵有此傾向，尤其是史學家論玄學更是如此，如萬繩楠、唐長孺等先生皆是。不過近年來，如余敦康、王葆玹等先生的某些說法，也有了一些彈性，並不再如此僵化。

[27] 陳寅恪先生的說法，出處同註廿二。

當然，如果只以政治或某一階級利益的衛護者這一角度來看嵇康，又顯然看輕了他。嵇康崛起於歷史舞臺，乃在高平陵政變之後。就歷史實況而言，司馬家在解決了曹爽之後，非常迅速地鞏固了政權，此後殺夏侯玄、平王淩父子、毌丘儉、諸葛誕，看起來也都是輕而易舉，淮南三叛從未真正威脅到司馬家。換言之，曹家的勢力儘管有反撲的動作，但其力道是極其微弱的。在這狀況下，我們實在很難相信隱居在山陽的嵇康真有要起兵以助毌丘儉之舉[28]，不過，嵇康對司馬家批判的力道卻無疑是極其強烈的，像這樣在「名士少有全者」之下，猶能不假辭色地指責當權階級，還能不能說他是爲了什麼階級利益呢？這答案當然是很清楚的。王戎說嵇康「三十年未嘗見其喜慍之色」，但嵇康對鍾會的態度又極其明顯，他自己也說「剛腸疾惡」，這看來似乎有些矛盾。然而筆者以爲這適足以顯示出他的強烈批判精神，此一精神基本上是不允許以任何階級利益說來牢籠它的。

再者，如《文心雕龍》所云「正始明道，詩雜仙心」，這雜以仙心之風氣，對嵇康而言，恐怕還有著另一重意義，那就是涉及到他家世信仰的問題。照嵇喜所寫的〈嵇康傳〉和嵇康自己的說法，我們雖不能確知叔夜是否和天師道、五斗米道有關，但他顯然是自小便接受了仙道信仰，因此這一信仰對嵇康而言，決不只是出於對「典午陰騭」的「憤激之懷」而已。在此，我們當然還沒有必要去檢討道教的性質及其社會意義，而只須注意一個簡單的事實，即嵇康顯然只將「養生延命」當成了純粹的真理命

---

[28] 《魏志‧王粲傳》頁五四四注引《世語》言康欲起兵助儉，然《晉書》康本傳頁九四一則以爲此乃鍾會譖康之語。

題。這一簡單的事實無疑構成了嵇康思想的主要部分，而它也決不是可以用簡單的階級利益說來範限的。

按照如上的說法，乃顯示出了理解嵇康思想這一工作的複雜性。我們如何可能謹慎地詮釋出這複雜的樣貌呢？以下，筆者打算依「歷史的嵇康」和「玄學的嵇康」這兩個概念為基本脈絡，希望能藉此如實地還原出嵇康思想的一些異質但又統一的面貌。這兩個概念在立名上是否妥當，容或可以斟酌，然筆者亦須指出，將嵇康的思想作如此之切割，純只是基於描述上的需要。嵇康的思想無疑仍是一個有機的統一體，只是筆者以為這個統一體中，其實涵蘊著恐怕連嵇康都不自覺的張力，這個張力直接地反映在嵇康最基本的命題——越名教而任自然——之上，它以這命題之歧義性的形式而存在。而筆者之所以選擇「歷史的嵇康」和「玄學的嵇康」來作為描述的基礎，正是為了相應地勾勒出由前述歧義性所衍生出的重要義涵。這是必須預為說明的。

在前言的最後，筆者亦想預先指出：筆者此文其實尚懷抱著另一更根本的企圖，此即我根本想徹底放棄湯用彤先生的玄學詮釋典範。湯先生對玄學的貢獻自然是無可取代的，是他讓玄學獨立成為一個學科，這大概是學術界公認的事實。然而湯先生對玄學的基本判斷——即以王弼的本體論典範對比於漢儒的宇宙論典範——無論在哲學史或是思想史上恐怕都是經不起更細緻之考察的[29]。筆者常感到懷疑的是，何以湯先生的詮釋典範迄今仍具有

---

[29] 今天在哲學史上挑戰湯用彤先生之典範的，主要是牟宗三先生的說法，在思想史上，則程元敏先生〈季漢荊州經學〉一文，已大致打破了湯先生之說最重要的考證基礎。程文見《漢學研究》四卷一期、五卷一期。此一問題後文尚有詳述，此處茲不備論。

籠罩性的地位，這當然是另一個有趣的問題。至於本文的背後，筆者則根本是企圖嘗試以「歷史的嵇康」，來聯繫上玄學的歷史面向；而以「玄學的嵇康」來區隔出玄學在哲學意義上的兩個明顯段落，並且將玄學的核心由王弼轉移到嵇康身上。當然，就本文的題旨而言，可能很難完全達成這一意圖，至多僅能視之爲筆者新構想的發凡起例，不過無論如何，本文都不只是意圖對嵇康思想進行個案研究而已，脫離了筆者背後的意圖，都將喪失本文的生命力，此所以筆者必須在此預作聲明之故。

總之，余敦康先生嘗謂：名教與自然之爭乃魏晉玄學的第一命題[30]。這判斷筆者原則上是同意的。但唯其如此，我們恐怕便須重新估量王弼、嵇康在玄學中的重要性，因爲若將這一爭論之主眼系聯在王弼之學的身上的話，必將無以展開這一爭論的各個面向。此義至爲重要，但顯然仍須更多義理論證來撐持；但願本文能作爲構思玄學新詮釋典範之初步嘗試！顛覆一個典範總是艱難的，也是危險的；但如果對典範的質疑總象徵著一個新學術世代之降生的話，則筆者的確認爲玄學是到了這個時刻了。我以此期許自己，也希望下面的陳述能無負此初衷！

---

[30] 余敦康先生是否曾在那篇文章裡如此說，筆者並不清楚，但一九九四年在無錫舉行的「兩岸談玄」會上，余先生一直強調此一觀點，並以之作爲會議主題。又余先生在他的《何晏王弼玄學新探》一書中，亦以爲自然與名教的關係問題，才是王弼的真正主題。（參見該書頁三九〇）。

第 1 章

「歷史的嵇康」與自然、名教之爭的第一面向

嵇康在〈釋私論〉中說「越名教而任自然」[1]，其中「名教」一詞所指是確定的，但「自然」究竟何所指呢？歷來論者似乎眾口一詞地以為此詞即老莊「無為自然」之義，然而它真如此想當然耳嗎？在筆者看來，實際的狀況恐怕要複雜得多。因此本章首先得從「自然」這概念在嵇康思想中的歧義性說起，然後筆者擬從這概念之現實牽聯，順一條思想史的進路，來解讀嵇康思想中「歷史的嵇康」這一面向。

第一節　嵇康思想中「自然」一概念的歧義性

關於「自然」概念的確指，當然還是得由〈釋私論〉說起。如果從嚴格的論證觀點而言，嵇康此文恐怕是很成問題的，這是因為他在此文中的幾個主要概念，其界義常有滑轉故。在嵇康此文中，他原想給君子、小人之別作出重新的界定，所謂「言君

---

[1] 以下凡引及嵇康之文獻，俱根據戴明揚先生之《嵇康集校注》（下簡稱《校注》），除非必要，將只註明頁碼，以便翻檢，不另作討論。至於一些底本明顯的錯誤，已經校改者，本文在引用時亦將直接依據校改後的文字，為免辭費，亦不另作說明。

子，則以無措爲主，以通物爲美。言小人，則以匿情爲非，以違道爲闕」[2]是也。但何謂「無措」呢？嵇康的第一個詮釋乃是「心不存於矜尙，情不繫於所欲」[3]。這「不存、不繫」即是所謂的「虛心」，也就是心無執著之義，這意思原也坦然明白，故嵇康特別引述了「及吾無身，吾又何患」而說「無以生爲貴者，是賢於貴生也」[4]，由這段引文，我們也可確知嵇康的確能把握無執無爲之義，而由此也可以聯繫到他所謂的「自然」義之一個面向，因爲他正是由無措而說「任自然」、「任心」。

然而，如果說無執無爲乃是君子之所以爲君子的標準，則小人便似乎不應只以「匿情」來界定，但嵇康不只以此來說小人，而且進一步乃以「顯情」來詮釋無措，這顯然出現了滑轉。當他說「傲然忘賢，而賢與度會；忽然任心，而心與善遇；儻然無措，而事與是俱」[5]時，大抵還是承無執無爲義而說；當然人亦可以質疑，何以任心即能心與善遇？這樣的說法無疑不太可能有道德哲學上的意義。這且不言。此處更值得我們注意的，則是嵇康突然說「顯情無措，不論於是而後爲也」[6]。「不論於是而後爲」說的是不執著於任何固定的價值標準，這和顯不顯情有什麼必然的關係呢？如果說匿情之人通常源於某種執著（但這話並不能倒過來說），這猶有可說，然而它並不能推論到不執著之人必會顯情，這是因爲這兩個命題間並不等同於邏輯上最簡單的一組

---

[2] 《校注》頁二三四。

[3] 同上。

[4] 同上。

[5] 同上，頁二三五。

[6] 同上。

矛盾對當關係，不執著和執著這兩個概念不是一組「對偶」（Duality），不執著乃指對執著的超越之故。此所以筆者乃說嵇康於此有了滑轉。然則這滑轉對嵇康所說的自然義，會發生那些影響呢？

　　嵇康順上述的滑轉，乃提出了「公私」這組概念，以作爲進一步區分君子、小人的標準。公即顯情，私即匿情。依其意，人很少是純善或純惡、上智或下愚者，絕大多數的人皆是「中人之性」，亦即人皆可善可惡，因此拿行善、行惡來區別君子、小人是沒意義的，倒是以公私判來得好些。因此他說「公私者，成敗之途，而吉凶之門」[7]。但世間之人總是「以不措爲拙，措爲工，唯懼隱之不微，唯患匿之不密」，是以「能成其私之體，而喪其自然之質也」[8]。這說法十分值得注意：如果說匿情以成其私，即是喪其自然之質，則此處所說的自然究竟何所指呢？很顯然地，既然自然之質的得喪，只以情之或顯或匿來規定，則自然也者，便不可能是指對執著相之超越，換言之，這自然便不可能再是心上的問題，而成了才性、質性、情性這一意義下所指的自然（Nature）了，此乃因爲顯並不是對匿這一境界的超越之故也。這也就是說，如果把無措理解成顯情的話，則「越名教而任自然」和「越名任心」這兩句話便將很難再劃上等號，於是「自然」一詞在此文中乃顯然發生了歧義，這恐怕是嵇康完全不曾自覺到的一個結果。他完全沒想到體亮心達、心無所矜、情無所繫的意思和「垂坦蕩以永日」這顯情無匿的意思，根本不是同質的，於是當然就由無措義的滑轉，進而導致了自然義的滑轉。

---

[7] 同上，頁二三六。

[8] 同上，頁二四〇。

　　也正是由於此一滑轉，而造成了〈釋私論〉最後一段的繳繞。在這段中，嵇康論第五倫的有非而無私，一方面把是非和公私彷彿又分成了兩組概念，也就是他彷彿看到了無措和顯情的不同，因此他說「私以不言為名，公以盡言為稱，善以無名〔吝〕為體，非以有措為負」，又云「言無措者，不齊於必盡也；言多吝者，不具於不言」[9]；但另一方面，他似乎又不能明確講出無措和顯情的差別所在，甚至又把有措和匿情、非和私等同了起來，而云「所顯是非，不可謂有措」，這當然是徒增詞語上的麻煩。其實筆者以為，嵇康這最後一段對是非公私的區分是很有意義的。如果我們知道不執著（無措）是對執著的超越，它和「顯匿」的對偶關係不同，那麼我們便可以很容易將〈釋私論〉的層次感區隔出來，讓它的義理脈絡明確化，從而也就能夠區分出嵇康使用「自然」一詞的歧義所在。如其所云「無措之所以有是，以志無所尚，心無所欲，達乎大道之情，動乎自然，則無道以至非也」[10]，這裡「自然」一詞便顯然不是「自然之質」之義。能如此區分，對理解嵇康思想而言，當然是重要的第一步。

　　其實上述的歧義現象，對嵇康的其它篇章而言，乃是一個普遍現象。綜括而言，嵇康使用「自然」一詞，略有四義，一是工夫論上的境界義，上說之無執無為義即屬之，〈述志詩〉之一云「沖靜得自然，榮華安足為」[11]，〈答難養生論〉云「順天和以自然，以道德為師友，玩陰陽之變化，得長生之永久，任自然以

---

[9] 同上，頁二四二～二四三。
[10] 同上，頁二四三。
[11] 同上，頁卅七。

託身，並天地而不朽」[12]，〈家誡〉云「以無心守之，安而體之，若自然也」[13]，這些地方的自然一詞，大抵皆是此義。二是由上說無執無為之境界義所反照回去，而說之天地之太朴無為的境界。此如〈答釋難宅無吉凶攝生論〉所云「古人合德天地，動應自然」[14]。以上這二義大體是相關的，它們也符合於老莊之古義。在《莊子》中，自然一詞約有二義，如〈天運〉所謂「夫至樂者，先應之以人事，順之以天理，行之以五德，應之以自然」、「奏之以無怠之聲，調之以自然之命」，大抵如前述嵇康所用之第一義。另外如〈德充符〉所謂「言人之不以好惡內傷其身，常因自然而不益生也」，〈應帝王〉所謂「遊心於淡，合氣於漠，順物自然，而無容私」等[15]，則如嵇康所用之第二義。而《老子》之自然義，也全同於第二義，如「希言自然」（廿三章）、「道法自然」（廿五章）、「莫之命而常自然」（五十一章）、「以輔萬物之自然」（六十四章）等等皆是。

然而嵇康的第三義便有蹊蹺了。第三義大抵相當於今天所謂自然科學所說之大自然。如〈聲無哀樂論〉云「音聲有自然之和，而無係於人情」[16]、「時至而氣動，律應而灰移，皆自然相待，不假人以為用也」[17]皆是此義。表面上看，此義和前述第二義似乎只是一義之轉，實則完全不然。蓋第二義的要旨乃在它是無執工夫之反照，也就是說此義所說之天地自然，其重點乃在天

[12] 同上，頁一九一。

[13] 同上，頁三一六。

[14] 同上，頁二九五。

[15] 以上數條見《莊子集釋》頁五〇二、五〇七、二二一、二九四。

[16] 《校注》頁二〇八。

[17] 同上，頁二一二。

地之無爲上。但第三義所說之天地自然，恰好是著眼在天地之有所爲上；兩相對比之下，則第三義之自然在第二義言，恐怕正好是所謂的「他然」。也正是在此義上，乃使自然義有了和「氣化論」相接筍的機會，這是必須特別注意的義理脈絡。然後，嵇康的第四義－－性命自然義，也有了落腳處。此如〈養生論〉中謂神仙乃「特受異氣，稟之自然」[18]，〈答難養生論〉云「桀跖之徒皆得自然」[19]，和〈難宅無吉凶攝生論〉和〈答釋難宅無吉凶攝生論〉中反覆提及的性命自然等皆是。

　　上述的後二義，無疑是越出了老莊之自然義的，它的義理脈絡其實和氣化論下的「才性論」可以有比較多的交涉。原則上說，嵇康對上說的四義，經常是混用而不加簡別的，這除了我們已看過的〈釋私論〉之外，在〈養生論〉和〈聲無哀樂論〉等等嵇康最重要的作品中，莫不皆然。同時，他也經常即以這混用的自然義來攻擊名教，如〈釋私論〉便是極其顯著的例子。於是這遂爲所謂的自然名教之爭增添了不少煙幕。如果說嵇康的自然義原則上有兩個不同的面向，那麼這不同面向下的自然、名教之爭，可能具有相同的意義嗎？這當然是不可能的。因此之故，筆者乃有必要依「自然」這概念的兩重歧義，來分別描述自然、名教之爭的兩個面向，並由此取得詮釋嵇康思想的基點。筆者以爲，如此的處理方式，恐怕才是理解嵇康的不二法門。

　　以下，筆者即擬先由自然義和才性論這一面的牽涉論起，從而得以依之來勾勒「歷史的嵇康」。

---

[18] 同上，頁一四四。

[19] 同上，頁一八八。

第二節　魏晉才性論的現實意義

要解決前述這個面向的問題，首先我們有必要認識才性論在那樣一個時代裡，有著什麼樣的牽聯。

談中國哲學的人，當然很容易把才性論的問題，放到人性論的脈絡中去，今天很多論者也的確是循這個脈絡在看的[20]。然而，筆者首先必須以破題的方式說，在魏晉整個時代裡，才性論原則上根本不是一個學術性的命題；儘管它和董仲舒、劉向、揚雄、王充的人性論的確脫不了干係，但如果循這脈絡來看魏晉的才性論，恐怕根本就不具有任何意義。因為它在那樣的時代裡，徹頭徹尾地只是一個政治性的命題；如果把握不住這點，恐怕便根本看不到問題的全盤面貌。

作如此大膽的判斷，當然必須有證明。於此，筆者以為我們有必要從陳寅恪先生的一個敏銳的判斷說起。陳寅恪先生在〈論陶淵明之思想與清談之關係〉一文中曾謂：

> 當魏末西晉時代即清談之前期，其清談乃當日政治上之實際問題，與其時士大夫之出處進退至有關係，蓋藉此以表示本人態度及辯護自身立場者，非若東晉一朝即清談後期，清談只為口中或紙上之玄言，已失去政治上之實際性質，僅作名士身分之裝飾品者也[21]。

此一意見只為原則性之陳述，他對清談之分期如何姑且不論，但這樣的判斷不能說不是獨具隻眼。此後，他復在〈書世說新語文

---

[20] 參見何啓民先生《竹林七賢研究》頁八十六～九十五。

[21] 《金明館叢稿初編》頁一八〇。

學類鍾會撰四本論始畢條後〉一文中，詳細論述了前述判斷，而所引的主要證據，即是「才性四本」的問題。並謂四本之論主，依其旨意「以考其人在當時政治上之行動，則孰是曹魏之黨，孰是司馬晉之黨，無不一一明顯」[22]。陳先生此一論據至為充分，殆可視為定論，惟他並未進一步申論所以致此的更細部因由。當然，如果順陳先生所引的材料，我們可以很直接感受到它可能和曹魏的選舉制度有關，但其關聯的脈絡究竟如何，畢竟不明。關於此義，唐長孺先生在〈魏晉才性論的政治意義〉一文則有了更清晰的勾勒，他說：

> 才性論所研究的問題為才與性的涵義以及操行與才能的關係。所以能成為當日論題重心者是因為與實際的選舉制度有關，特別是與曹操的「唯才是舉」政策有關，所以魏、晉間的才性論不是空談，而是從實際政治出發又歸宿於實際政治的命題，其目的是為了鞏固新興的政權。[23]

唯唐先生的論述，亦未能明確指出才性論這一「校練名理、綜覈名實」的清談活動，之所以會有紛紜錯雜現象之因由。對於此一問題，筆者以為我們不得不由九品中正這一制度的建構說起[24]。

關於九品中正這一制度面的問題，近人的研究頗多，雖然由於材料所限，對於其實際運作情形仍然有不少疑義，但原則上沒有人懷疑它乃是東漢徵辟制度、鄉舉里選，以及漢末清議的制度

---

[22] 同上，頁四五。

[23] 《魏晉南北朝史論叢》頁三一〇。

[24] 如萬繩楠先生即明確說「才性四本論，與選舉問題緊密相連」，見《魏晉南北朝史論稿》頁八十六。

化，同時也正是憑藉它而促成了門閥的形成和鞏固[25]。在此，筆者並不擬以制度史的討論方式，來重述此一制度，而只想依題旨的需要，提出幾個重點來略加申論。筆者所關切的是下述兩件事，其一是九品中正之建立與曹魏政權之內在矛盾的關係，其二是這一內在矛盾究竟如何反映在這一制度底運作上？筆者希望藉這兩點的解明，得以充分證明才性論的確只是一個政治命題而已。

如筆者在前言中即已指出的，曹魏政權中存在著一項基本的矛盾，亦即士族與寒門的衝突。不過筆者亦須澄清此一矛盾在內涵上的變化。就一般的理解，士族與寒門的矛盾似乎只是指門第上的「士庶天隔」，但實際上這一內涵是經過長期演變的。高門士族在形成之初，乃是源於地方大族和章句經學的結合，而後由於他們對地方吏治的近乎壟斷地位，遂浸成朋黨之勢，關於這點，我們在王符《潛夫論》和崔寔《政論》等中，都可找到明確的證據[26]。然而這樣的士族原則上還並沒有太強的門第觀念，他們朋黨的相互標榜，依憑的乃是名教這一文化價值概念，亦即范

---

[25] 關於九品中正，遠者可參見趙翼《廿二史劄記》，近人之作如較早期之許世瑛先生的〈九品中正之研究〉（《清華周刊》卅六卷九～十期，頁二〇四～二一五）等，近些年較有名者則有唐長孺先生〈九品中正制度試釋〉（《魏晉南北朝史論叢》頁八十五～一二六），毛漢光先生《兩晉南北朝士族政治之研究》，日本學者則可以宮崎市定《九品官人法之研究》（《京都大學東洋史研究叢刊》之一）為代表。

[26] 如《潛夫論・務本》云「今多務交游以結黨助，偷世竊名，以取濟渡，夸末之徒，從而尚之，此逼貞士之節而衒世俗之心者也」（見頁十一～十二），《意林》引崔寔《政論》云「同類翕集而蟻附，計士頻蹴而脅從，黨成於下，君孤於上」（《全後漢文》卷四十六葉十一）。

曄所謂「刻情修容，依倚道藝，以就其聲價」是也[27]。因此，即使出身微賤，只要能認同此一文化價值，並取得經學或士族團體上的一定地位者，也還是有從卑微上升爲高門的機會，像鄭玄、郭泰、庾乘等皆是；而太學正是提供這一身份轉換的場所[28]。因此當時士族和其它出身間的矛盾點，相當程度地反映在文化價值上，他們以此貶視刀鋸之餘的宦官，以及因宦者得以畜養子而夤緣以進的寒門子弟，這些人即是陳寅恪先生所謂的閹宦集團。這是最初期的情況。

有趣的是，此一早期的士族與寒門之爭，常衍生爲另一形式的衝突－－亦即經學與文學的衝突，這點可能是歷來論者皆不曾注意到的。其實此一衝突有相當的遠源，筆者在拙作《從災異到玄學》一文中，曾注意到今古文之爭的另一面向，即東漢中期以前之古文家也通常都身兼辭賦家，而今文家則否[29]。這一極整齊的現象代表了從西漢後期，經學壟斷了仕途之後，文學成爲其它非章句之徒爭取出身的唯一途徑。不過古文家通過文學廁身仕途

---

[27] 見《後漢書》卷一一二〈方術傳〉論，頁九七二。

[28] 最有名的例子乃是庾乘，依《後漢書》卷六十八頁七九八本傳所載，他本只是「少給事縣廷爲門士」，因爲郭泰提拔，而得入太學，「爲諸生傭」，後竟以此而成學，遂漸躋士族之列，寖假而至東晉，竟成與王謝齊名之高門。

[29] 筆者嘗依嚴可均《全後漢文》所輯，凡和、安以前有賦頌流傳者，清一色俱爲古文家，或與古文家交往密切者，今文家則完全不曾有此類作品。這些辭賦家包括桓譚、馮衍、梁竦、班彪、班固、杜篤、王充、賈逵、黃香、傅毅、崔駰、李尤、張衡、王逸等人。這一現象其實早自劉向、歆父子和楊雄等即已明白顯現。詳見拙作從《災異到玄學》第二章第二節、第三章第一節。

之後，還是轉以經學家的身份出現，只是他是以爭取古文經之獨立地位的方式呈現而已[30]。東漢中期以後，隨著章句之學沒落，今古文之分乃漸泯，而後遂有原來經學集團中人反而轉以文學家的姿態出現，像蔡邕即是最具代表性的例子。但即使是蔡邕，他亦有文學乃是小道的看法[31]，換言之，他們本身雖已對文學採取了較開放的態度，可是也仍然並不許可文學作為另一種出身工具。但我們如果注意到靈帝時所曾特開的一次鴻都文學之選，便會發現這是另一次的經學文學之爭，而其背後所代表的恐怕正是士族閥閱與閹宦集團的衝突[32]。閹宦集團可能正是希望通過文學另開一條利祿之門，好以此來和士族對抗。當然，後來鴻都文學顯然在士族的強力抵制下，沒能成為定制，但如果我們注意到包括曹氏父子，乃至建安時期一些出身寒門單家之子弟，多以文學貴顯，甚至曹丕要將文章的地位提升到和經學一致，而後來魏黨之嫡系也多為文學侍從之臣，便可看出一些端倪了[33]。筆者之所

---

[30] 第一個例子是由劉歆所掀起的爭立古文事件。關於此一事件，請參見上引拙作頁一三七～一三九的討論。此後，東漢初乃更蔚為風氣，其過程亦請詳見拙作第三章第一節。

[31] 《後漢書》卷六十下蔡邕本傳頁七〇八載其所上封事云「書畫辭賦，才之小者，匡國理政，未有其能。」

[32] 《後漢書‧靈帝紀》光和元年曾載此事，但此一恩科旋即遭到士族的強烈攻擊，如前引蔡邕本傳頁七〇九即云「士君子皆恥與為列」，陽球之奏章亦云「松覽等皆出於微蔑，斗筲小人，依憑世戚，附託權豪，俛首承睫，徼進明時。或獻賦一篇，或鳥篆盈簡，而位升郎中，形圖丹青……是以有識掩口，天下嗟嘆。……今太學東觀足以宣明聖化，願罷鴻都之選，以消天下之謗。」這段話十足暴露當時社會階層的衝突。球言見其本傳頁八九三。

[33] 團聚在曹氏昆仲周圍之近臣，多係文學之臣，如建安七子之為五官將文

以要簡單勾勒此一現象，乃是爲了更清楚突顯早期士族與寒門矛盾的某一呈現形式，而這一形式對後來才性論的爭辯自然也產生了一定的影響。

士族寒門這一初期的矛盾狀況，大約隨著黃巾和宦官之幾乎同時被擊滅，而有了第一次的質變。由於此時漢王朝的崩潰和士族割據之局的形成，因此士族當然已不是一群地方官和悠遊於太學以結朋黨的人，而是一群直接介入政權爭奪戰的人了。我們也許可以如此想像一下，假如當初袁曹之爭，最後是袁氏得天下的話，則中央政權勢必將由士族所獨享；我們雖無從推斷這將導致何種局面，但至少可以預言寒門除非通過士族的認可，否則必將無緣晉身仕途，不過這也必然象徵漢末的階級矛盾將在一個時期內趨於單純化。然而歷史卻以詭異的形式延續了士族和寒門的矛盾，亦即在曹魏政權內由這兩個對立的階級，進行著既聯合又鬥爭的政權爭奪戰。而由於這一鬥爭原則上已進入到體制內，也就是它已成爲一場封閉式的上層權力分配鬥爭。基於高層權力鬥爭的本質，當然就容易使集團成某種閉鎖式的發展，這也就是一般論者所謂，士族閥閱集團由東漢之較開放形式而逐漸固定化的可能原因所在[34]。另外一方面，所謂寒門的性質，也由於曹操的成功轉型，而擺脫了閹宦集團這一符咒，成爲也兼具某種文化特質的集團。如前所述，曹家嫡系除了本鄉譙沛人士外，也汲引了眾

學、和吳質、丁氏兄弟皆是。其中建安七子之出身階層較多元，其他人則幾乎都是寒門出身，說詳後文。

[34] 此一發展恐怕和九品中正制中，「家世簿閥」所占的份量成正比，漢時的鄉舉里選，在體制上並無明文須考量被舉者之家世，但從中正制一開始，家世便成中正定評之參考要件，而且其重要性也與日俱增。

多文士（曹操陣營中，異質性的組合較多，另一支脈，即是張魯）。其中前者多係武將，後者則是幕賓。當然，就這些文士言，其實還構不成一個集團，他們多半還只是以個人身分，憑恃文才來加入曹氏陣營的，但因托庇於曹氏，也終於漸成羽翼，而成一集團了。其中最有名的當然要屬建安七子了，不過這七子乃至如《魏志》卷二十一所載諸人，其出身亦頗有不同，如王粲、應瑒、楊修等明白是士族，但像徐幹、丁儀兄弟、吳質等則顯然不同[35]，這當然必須分開處理，然而它至少說明了由文士一途，的確提供了單家子進入統治階層的晉身之階。於是，它們便形成了新階段士族寒門矛盾的面貌。

　　此一矛盾在魏武之時尚是潛隱的，初時由於曹操亟待荀彧幫他召募人才，此後，他又依恃崔琰、毛玠這些人以廣招徠，而這些士族出身之人，當然儘可能引介士族，這遂使曹魏政權結構有向士族偏傾的危險。如此偏傾的狀況固然導源於士族掌握地方這一客觀事實，但恐怕也和魏武本人主觀上認同士族的價值標準有關。所謂「軍中倉卒，權立九品」[36]，表示魏武已直接支持依清議方式來甄拔人才，這當然就進一步授予了士族甄拔士族的合法性，這也就是說曹操自己也應對用人權柄的下移負一些責任。但

---

[35] 徐幹《中論》序云「靈帝之末年也，國典墮廢，冠族子弟結黨權門，交援求名，競尚爵號。君病俗迷昏，遂閉戶自守，不與之群」，可見徐幹和當時士族之距離。丁氏兄弟之父丁沖，依《魏志》卷十九〈陳思王傳〉注所載，乃是曹操同鄉舊識，以此夤緣而貴。吳質依《魏志》卷廿一〈王粲傳〉頁五四六注所載，云「質為單家，少游遨貴戚間，蓋不與鄉里相沉浮，故雖已出官，本國猶不與之士名。」

[36] 此語見《宋書》卷九十四〈恩倖傳〉序，頁一一一〇，沈約云「漢末喪亂，魏武始基，軍中倉促，權立九品」。

他畢竟尚足以操控全局，因此在建安年間，他連下了幾道抑浮華和求才之令，其目的顯然在平抑士族在選舉用人上不成比例的優勢[37]。不過我們雖然不知道這些命令實際的效果如何，但從魏武時典選舉的諸人皆無好下場[38]，和後來魏黨的孤弱，可以看出來士族和寒門的矛盾恐怕是相當深重的。

此後，曹丕繼位，陳群立九品中正之制，這其實也只是把魏武之選舉方式整齊化與制度化而已。我們由曹丕、曹叡之抑浮華[39]，可見前述之矛盾仍是在的。尤其是魏諷之亂，這一亂事史書的記載甚隱祕，今已不得其詳，但若從其連引諸人多爲士族來看，它恐怕和士族陰謀政變是脫不開關係的[40]。然而基於平衡起見，若魏黨嫡系有成朋黨之勢，也一樣是不能寬貸的，曹叡之斥免鄧颺、諸葛誕等，應可作如是觀[41]。總之，魏文、魏明兩帝期

---

[37] 關於魏武的求才三令，如所週知，曾遭到顧亭林《日知錄》的強烈批評。但從比較同情的角度看，求才三令確有平抑士族之考慮在。參見唐長孺先生在〈魏晉才性論的政治意義〉一文的討論，文見《魏晉南北朝史論叢》頁三○四～三○五。

[38] 如荀彧、崔琰被迫自殺，毛玠則被黜廢，事詳諸人本傳。彧之死，事似略有蹊蹺，本傳僅說其以憂死，但注則指其乃自殺，但至少可證他和曹操間實有嚴重矛盾。

[39] 曹丕之抑浮華，如《意林》引《典論》之批評桓靈時「位成乎私門，名定乎橫巷」，「長愛惡，興朋黨」等可見（《全三國文》卷三葉八）。曹叡則曾於太和四年下詔「其浮華不務道本者皆罷退之」，文見《魏志·明帝紀》頁一三一。

[40] 魏諷一案所連及而可考者，如鍾繇、劉偉、王粲之二子、張繡之子、宋衷之子等，皆爲士族出身。

[41] 此事詳見《魏志》鄧颺、李勝、諸葛誕等各人本傳，〈董昭傳〉繫此事於太和六年，也就是在明帝下詔抑浮華之後兩年，見《魏志》頁四二二～四

間，士族寒門的矛盾是不曾緩和的，雖然它也似乎不曾太明顯地浮上檯面；靠著政權仍在曹家之手，這兩個階級之間還可以維持表面的和諧，而且魏武三代基本上也還能守住強力仲裁者的角色，因此既有的矛盾還不至於惡化。但是齊王芳即位後，可能因為他不再具有強力仲裁的能力，共同輔政的曹爽乃有了危機感，因此乃借助暗中貶抑司馬懿，而升高了階級矛盾，魏黨與士族的衝突乃告表面化。

　　就與本文題旨相關的事件而言，正始初恐怕曾有一場對中正制度的論戰，可惜的是詳情今已不得而知。就有限的史料來看，九品中正在設立之始，只在郡設中正。中正一職對士族無疑是有利的，此所以曹爽一上台，便要其嫡系何晏來典選舉。但何以《通典》和《御覽》都同時記載司馬懿於此時竟要廢郡中正，改置州中正呢？[42]這不等於自廢武功嗎？不過如果我們把可考僅存的另兩條資料合在一起看，也許就可以約略了解此中曲折了。司馬懿曾就中正事詢問夏侯玄，筆者以為此一詢問當即反映了前述問題的政策討論過程[43]。在夏侯玄的答書中，其要點有二，一是中正的設置造成「天爵之外通而機權之門多」，二是希望中正不要成為品次的決定者，將薦舉人才之權交予地方官，而「中正但

二三。

[42] 《通典》卷卅二注引干寶《晉紀》云「晉宣帝除九品，置大中正」（見校點本頁八九二），此事《太平御覽》卷二六五引作「可除九制，州置大中正」（見頁一三七二）。

[43] 《魏志》卷九〈夏侯玄傳〉頁三一五，集解引潘眉云「魏陳群始立九品之制，郡置中正，評次人才之高下，各為輩目。司馬宣王除九品，置大中正，太初此論當在是時發也。」

考行儕輩」即可[44]。筆者不知道此議是作於設州中正之前,還是之後[45],但魏黨想廢中正之權的用心是躍然紙上的。此外曹爽弟羲也參與了此議,他說:

> 伏見明論欲除九品,而置(案:此處疑漏州字)中正以檢虛實。一州闊遠,略不相識,訪不得知,會復轉訪本郡先達者,此為訪中正而實決於郡人。[46]

綜合這兩條文獻來看,則比較合邏輯的解釋,大概是曹爽之黨想架空郡中正,於是司馬懿乃以改置州中正作為妥協,可是曹羲也直指宣王此議之換湯不換藥。如果此一推斷是正確的話,我們便可看出中正制和士族寒門矛盾之密切關聯。而就史料來看,我們完全不知道當時是否真照宣王之議施行,但至少到高平陵之變後的第二年,即嘉平二年,史料顯示,不但郡中正未廢,而且也增設了州中正(州都),這當然是很有意思的演變[47]。

　　以上筆者以簡略而曲折的方式,交待了九品中正制和曹魏政權內部矛盾的關係,這一關係提供了我們理解才性論之現實牽聯的歷史基礎。然則我們要問的是此一牽聯究竟是如何發生的呢?

---

[44] 夏侯玄此文見其本傳,《魏志》頁三一五~三一六。

[45] 玄書有云「自州郡中正品度官才以來,有年載矣,緬緬紛紛,未聞整齊」,似乎已設了州中正,但新設之州中正決不能說「有年載矣」,因此我頗疑州字為衍文,或者只是因新設州中正,而連同郡中正一起說,但後說亦有不通處,因司馬懿之議乃是廢郡中正而置州中正,則連言之說亦有不可通處,因此筆者仍傾向州字乃是衍文,夏侯玄此議乃是相應司馬宣王之議而起的政策辯論。

[46] 見《太平御覽》卷二六五,頁一三七二。

[47] 關於此一問題之考證,詳見唐長孺先生〈九品中正制度試釋〉之討論,《魏晉南北朝史論叢》頁一○二。

對於這個問題，我們當然得進入到九品中正制運作的內部情形。綜合許多史料來看，大約從陳群始立此制，便已確立中正所掌理的三件事，一是提出被舉者之家世，二是提出被舉者之行能，亦即所謂的「狀」，三是提出被舉者之定品[48]。簡括而言，即每個人的任官資料包括品、狀、簿閥等三項。其中簿閥一項照《通典》的說法，乃是記載「父祖官名」[49]，這當然對士族是有利的。至於品狀的內容，資料則有些紛歧，唐長孺先生謂狀乃是舉主「對於所舉人道德才能的具體敘述」，而品則是對狀和簿閥的綜合考評[50]。但筆者以為這說法是有問題的，唐先生引及《魏志·常林傳》注所引《魏略·清介吉茂傳》，該傳云「（王）嘉為中正，嘉敘茂雖在上第而狀甚下」，唐先生以為這顯示了「狀只考慮才略，品卻須參攷家世資歷，因此二者可能不一致」[51]。然而在〈吉茂傳〉上引文之下，其實還有一句話，「云德優能少」[52]，假如說德優能少這四字考語只是狀上之語的話，那麼能說「狀甚下」嗎？因此我頗疑心「德優能少」乃是中正評品之總評語，而狀則僅指其才能的敘述而已，而在品中則必須敘及被舉者之德行，這也就是說狀和德行是無關的。如果我們注意到從王充說性分三品，這品字即和性行相連；還有清議之所評，照《世說》等文獻之記載，一方面也多重被評者之德行，另一方面其形式也多係幾個字之短語，而稱此評語為「品鑒」。綜合這品字之

---

[48] 詳細考證請見上注引文，頁一〇六～一〇九。

[49] 見《通典》卷十四，校點本頁三二八。

[50] 同注四十八引文頁一〇七、一〇八。

[51] 同上注頁一〇八。

[52] 《魏志·常林傳》頁五八四，注引《魏略》。

字源根據，似乎都比較能支持筆者的推斷。另外，《晉書‧劉毅傳》所載的那篇著名的請廢中正疏中也說：「以品取人，或非才能之所長；以狀取人，則爲本品之所限。若狀得其實，猶品狀相妨。」[53]這更是客觀而積極的證據。劉毅以品狀對舉，可見評品時常刻意抑低才能的份量，但狀則是以才能爲主。依陳群之制，中正評品在二品以上者，可以直接派任官品爲五品以上之官[54]，依此來看，劉毅說「以狀取人，則爲本品之所限」，顯然是指只具好才幹的往往品次不高，因此空有才能，卻會爲品所限，至多只能由六、七品官做起，這自然會形成品狀相妨。劉毅此語雖未能直接說出品之內容，但這說法卻足以支持吉茂因德優能少，而致「在上第而狀甚下」的結果，因此它至少證實了筆者的部分推斷。

　　至於品是否要參考被舉者之家世呢？筆者以爲這至少在表面上是不明顯的，因爲我們在史料上絕對看不到有人會公開而正面地承認這點，而事實上在九品官人法推行之初，簿閥似乎也的確未構成絕對性的條件[55]，照歷史演變來看，家世之超越一切，其實是在司馬家完全控制一切之後才漸漸明顯的。不過，筆者以爲家世這一因素實際上乃是以一種隱微的方式，從一開始就直接介入了中正評品的最核心考量，這中間的微妙處，恐怕就出在「品」乃是才與德的綜合考評上。只要品是如此決定的，那麼家

---

[53] 《晉書‧劉毅傳》頁八八一。

[54] 關於評品和官品的關係，詳見毛漢光先生《兩晉南北朝士族政治之研究》頁七十八～八十六。

[55] 毛漢光先生曾有一精闢之統計，證實在正始以前，也就是在曹魏全盛期時，士族在統治階層中的人數比例並不特別突出，但正始之後，則士族之比例便陡升。詳見《中國中古社會史論》頁卅一～五十。

世問題便已直接蘊涵在其中了。何以言之呢？這道理很簡單，因為當時的人所謂的德行是什麼呢？很顯然的，無非就是服膺名教而已。那麼誰比較能服膺名教呢？當然是出身於士族者無疑。於是中正評品時，表面上根本就不必賦予家世以正式地位，但家世一定會在他作才德之綜合考量時，成為重要的憑據，而且他還可以振振有辭地說是在考量其德行。因此，筆者以為我們只需把重點擺在「品狀－－德才」這一組關係上即可，家世則視作一項隱性之因素可也。

根據這一原則性的理解，我們便可以注意到《魏志·盧毓傳》的一段史料。明帝時，盧毓為吏部尚書，明帝曾詔曰「選舉莫取有名，名如畫地作餅，不可啖也」，毓則答云：

> 名不足以致異人，而可以得常士。常士畏教慕善，然後有名，非所當疾也。愚臣既不足以識異人，又主者正以循名案常為職，但當有以驗其後。故古者數奏以言，明試以功。今考績之法廢，而以毀譽相進退，故真偽渾雜，虛實相蒙。[56]

此事雖因明帝斥免諸葛誕等而引發，但亦未嘗沒有暗喻士族之意在，在明帝之重點，顯然是希望吏部選舉應多參攷才能，不要徒恃有名，而盧毓則明確拒絕了曹叡。依盧毓之說，「主者之循名案常」顯是指中正之評品須依名教清議之風評而定，「常士畏教慕善，然後有名」，更是明指有名之條件乃以畏教慕善之德行而定，而吏部之詮選只是尊重中正之評品而已。他所謂的「不足以識異人」當然只是句託辭，重點則無疑是在維繫名教於九品官人

---

[56] 《魏志·盧毓傳》頁五七八。

法之地位，若能如此，自然也就間接保障了士族的利益[57]。因此，綜括這段對話，很明顯地表現出了在中正選舉制度裡，士族傾向於在評品時以德爲重，這也就等於是抑低了狀的作用。於是我們也就不會奇怪盧毓會有「先舉性行而後言才」的說法了。

而我們必須注意到盧毓將「性行」和「才」對舉的說法，這無疑直接地涉及到了當時才性論的命題，而這命題引起爭論的關鍵點，乃是在才性之先後輕重上。很明顯地，這先後輕重的問題直接連繫到了中正評品時，對品狀之處理方式的不同看法；而由前述說明可知，品狀的輕重則又直接關係到士族和寒門的矛盾。於是，我們當然可以說此時之才性論事實上真的只是一個政治命題，因此我們並沒有必要把它納回到先秦兩漢人性論的老傳統中去看。

然而話雖如此，我們亦仍可如是問，縱然魏晉才性論本質上只是個政治命題，但若將當時環繞在才性問題上的爭辯孤立來看，也就是說姑且把一切政治牽聯切斷，單看這一爭辯的各命題自身，則所謂的「才性四本」，其同、異、離、合四概念，是否真能成四個範疇呢？如果說這四個概念真能穩得住的話，則我們當然還是得承認它具有政治意義以外的其它意義。然而這些概念穩得住嗎？關於這點，筆者以爲我們有必要從「才性四本」內容之解明上說起。

第三節　才性四本平議

---

[57] 萬繩楠先生云「先舉性行而后言才的進一步發展，就必然是根據門第世系擢用官吏。」（《魏晉南北朝史論稿》頁八十五）

　　《世說・文學篇》劉注所說鍾會撰才性四本論一事，這是人
所共知的[58]。此論大約到齊梁時，依然是清談中所謂的「言家口
實」，但後來就亡佚而不可考了[59]。以清談的通例來看，此論必
有一段相當精采的往復辯論，但整個論證的過程，除了在歐陽建
〈言盡意論〉中一句話，知道傅嘏、鍾會曾引言不盡意論以立論
外，其它已完全不得而知[60]。不過如果我們費心收羅一下史傳、
類書，則由其它邊際材料，未始不能勾勒出一些原則性的面貌。
就此一命題之重建而言，唐長孺和田文棠二先生的貢獻，自然是
功不可沒的[61]；本節所論主要便是奠基於二先生的基礎之上。

　　關於此一問題，唐長孺先生有一原則性的說法云：

　　大概論同異者在於才性二名辭的解釋。主同者以本質釋
　　性，以本質之表現在外者為才，這也就是較傳統的說法；
　　主異者以操行釋性，以才能釋才，也就是王充的說法；其

---

[58] 以下凡引《世說》文字，原則上俱本於余嘉錫先生《世說新語箋疏》（以
　　下簡稱《箋疏》），為便翻檢，仍皆註明頁碼，如非必要，亦不另作說
　　明。此段鍾會撰四本論文字見頁一九五。

[59] 《南齊書・王僧虔傳》載僧虔〈誡子書〉云「才性四本、聲無哀樂，皆言
　　家口實。」見頁二八五～二八六。

[60] 《全晉文》卷一〇九葉一載歐陽建〈言盡意論〉云「世之論者以為言不盡
　　意……若夫蔣公之論眸子，鍾傅之言才性，莫不引此為談證。」

[61] 參見唐長孺〈魏晉才性論的政治意義〉（《魏晉南北朝史論叢》頁二九八
　　～三一〇），田文棠《魏晉三大思潮論稿》頁八十七～一〇三。此外王葆
　　玹先生在《玄學通論》中，亦從他的「正始改制」論出發，而有了一些新
　　鮮的推想，這些推想固然不無所見，但他連類材料的方式，有不少是出自
　　主觀的臆斷，因此參考性是比較低的。見該書頁五九四～六一五。

論合與離者首先承認性指操行，才指才能，然後討論二者
的關係。[62]

然後他並以此標準，而以爲袁準〈才性論〉所持「性言其質，才
名其用」的觀點[63]，乃即所謂才性同之立場。唐先生這判斷到底
有沒有根據呢？

要決定上述判斷的準確性，唯一的辦法只有訴之於傅嘏、李
豐、王廣和鍾會自己的說法了。不幸的是鍾王之說已完全無可
考，我們只能從傅李二人的片言隻語來嘗試作一些勾勒。《魏
志·傅嘏傳》載嘏議劉劭考課法云：

> 昔先王之擇才，必本行於州閭，講道於庠序，行具而謂之
> 賢，道修則謂之能，鄉老獻賢能於王，王拜受之，舉其賢
> 者出使長之，科其能者入使治之，此先王收才之義也。方
> 今九州之民，爰及京城，未有六鄉之舉；其選才之職，專
> 任吏部。案品狀則實才未必當，任簿伐則德行未爲敘，如
> 此則殿最之課，未盡人才。[64]

這段話雖不是直接論才性，但若蘭石之論真有一貫性，則於此議
論中多少已看到一項原則，即他直接將才等同於賢能，而賢能則
是所謂的「行具、道修」這些性行上的事，換言之，道德性行與
才能是一而非二。因而所謂的品才擇賢，只有憑藉州閭庠序的日
常考察。爲此之故，他乃主張恢復東漢鄉舉里選之舊，而放棄由
中正評品，吏部擇才，然後事後考課的作法。順此語脈，則他所
謂「品狀則實才未必當，任簿伐則德行未爲敘」之實才和德行實

---

[62] 見唐先生前引文頁三〇〇。

[63] 袁準之說見《全晉文》卷五十四葉二，下文會有較詳細之引用。

[64] 《魏志》卷廿一，頁五五八。

係同義辭，如果這就表示了「才性同」之義的話，那麼很顯然
的，此處之才性就不是什麼「性言其質，才名其用」之說了，它
是把才收回去內涵於性，而成「德即是才」的說法。於是所謂的
品才，即是品其德，而品一個人之德，除了須憑日常之考覈外，
還須有另一類品鑒之聰明，因此傅嘏也說「神而明之，存乎其
人」也；這大概也就是歐陽建說嘏引言不盡意為談證的原故吧！
由此我們乃可大略確定才性同的論點。

以此來看，則劉劭《人物志》的基本觀點，和傅嘏實為同一
路數[65]。如其〈九徵〉一開頭即云「人物之本，出乎情性」，繼
而它將這情性之形質區分為中和之質，以及因陰陽五行之別而有
之各種質性，這些質性固可外顯為種種儀容聲色，但孔才並不從
這外顯的一面而論才，而是將才收在質性上說，如其所云

> 其為人也，質素平淡，中叡外朗，筋勁植固，聲清色懌，
> 儀正容直，則九徵皆至，則純粹之德也。九徵有違，則偏
> 雜之材也。三度不同，其德異稱。故偏至之材，以材自
> 名。兼材之人，以德為目。兼德之人，更為美號。是故兼
> 德而至，謂之中庸，中庸也者，聖人之目也。具體而微，
> 謂之德行，德行也者，大雅之稱也。一至謂之偏材，偏材
> 小雅之質也。一徵謂之依似，依似亂德之類也。一至一違
> 謂之間雜，間雜無恆之人也。無恆依似，皆風人末流，末
> 流之質，不可勝論，是以略而不概也。[66]

---

[65] 在田文棠先生的前引文中，把劉劭的論點歸屬在才性合的論點中，而把阮
　　武、杜恕歸屬在傅嘏一類，此一分析恐怕不很恰當，說詳下。

[66] 《人物志‧九徵》頁四～五。

這段話其實很可以作爲才性同這一論點之總綱，才並不是在質性之外的另一個概念[67]，而只是質性在不能平衡而有所偏蔽之下而說的概念，故云「偏至之材，以材自名」。而若質性均衡，便必然是個有德者，而配得聖人之目、大雅之稱，故云「兼材之人，以德爲目」也。而特別值得注意的，則是他特別排斥所謂的依似無恆之人，如果我們對照曹操的求才三令，則很顯然的，求才令中所求之才，正是孔才所謂的依似無恆之人，而他們都只是不可勝論、不列入品鑒的風人末流。這樣的論點中，無疑是含著肅殺氣的；如果接受這樣的論點，當然就會崇德而抑才，這就自然抑低了狀的地位，而同意品須以德爲主了。

　　這且不言。我們尚須注意到劉劭另外的一些觀點。如其〈材理〉篇云：

> 夫建事立業，莫不須理而定，及其論難，鮮能定之，夫何故哉？蓋理多品而人異也。夫理多品則難通，人材異則情詭，情詭難通則理失而事違也。……四理不同，其於才也，須明而章。明待質而行。是故質與理合，合而有明，明足見理，理足成家。[68]

這是說才仍是一種質，由於質性之壅隔，從而造成理之難通。照這說法，世間之品官任才，當然是爲了讓理順事立，因此要積極去品察質性，以求「質與理合」。這樣的觀點，很容易讓我們聯想到，它乃是在爲中正制度建立一套理論根據。而且他在〈體別〉篇中亦云：

---

[67] 如《人物志·材能》亦云「能出於材，材不同量」（頁十八），可見劉劭亦以材同於質。

[68] 《人物志·材理》頁十一～十二。

> 夫學所以成材也，恕所以推情也。偏材之性，不可移轉
> 矣。雖教之以學，材成而隨之以失；雖訓之以恕，推情而
> 各從其心。信者逆信，詐者逆詐。故學不入道，恕不周
> 物，此偏材之益失也。[69]

這樣直接地否決學的作用，無疑會把才性論推向一個極端。劉劭
此一看法有沒有其它意義姑且不論，至少在現實上，它會起到一
種作用，那就是會極度地誇張了才性品藻的效果。如果這就代表
了主張才性同者之立場的話，當然會引起對依清議或中正以品人
持懷疑態度者之反彈。

至於才性異的觀點，今天明確可考的，只有一條相當間接的
證據。《魏志・盧毓傳》中有一段話云：

> 毓於人及選舉，先舉性行而後言才。黃門李豐嘗以問毓。
> 毓曰：才所以為善也，故大才成大善，小才成小善，今稱
> 之有才而不能為善，是才不中器也。豐等服其言。[70]

李豐是才性異之論主，我們當然很難相信他會如此輕易地就服了
盧毓。此番問答，李豐當也有一番陳述，此陳述雖不可考，但也
許我們可以倒轉盧毓的論點來看。照盧毓的看法，他對才性的理
解，顯然和傅嘏不同，因為才在此並不是指某種質性，而是指某
種能力，但盧毓對才的規定是很狹隘的，他所以為的才，只是助
成善的能力，也就是助成內在性行表現於外之能力。這樣的觀點
看來是比較接近袁準「性言其質，才名其用」的，也許這就接近
於「才性合」的觀點吧！因為他們正共同強調性行和能力相輔相
成的作用。盧毓這樣的看法，其實是符合於常識，也符合於古典

---

[69] 《人物志・體別》頁八。

[70] 《魏志》卷廿二，頁五七八。

用法的。才與性這二義的離合，皆有古典之依據[71]，但從漢以下，才性二字大體是分屬兩個範疇的。甚至直到今天，在我們日常的語彙中，品性和才能也還是不同類的概念。但就這兩個概念間的關係言，我們今天也有兩類思考，早期我們常以IQ這個概念表示一個人的才能天份，由於IQ只表示一個人語言、數理邏輯和空間概念的綜合商數，這通常只關乎知性能力，因此它和品性之間的相關性是極小的。不過我們今天也經常注意到所謂的EQ，這是另外一類能力量表，它表示一個人在社會生活中控制其情意的能力，這樣的能力和品性自然就會有正相關了。如果我們也方便借用一下的話，則前者也許就可以稱為才性異，而後者則為才性合了。然而這是依我們今天的概念來看，古人當然不懂得IQ和EQ，然則他們又是如何想像品性和才能之間的關係呢？

我們也許可以如此推測，李豐的主張應該是說性行只能決定一個人道德的表現，而才能則可決定一個人事功的表現。而這是完全不相干的兩類表現，因此乃可以說是「才性異」。這樣的推測也不是全無依據。《魏志·徐宣傳》載桓範薦徐宣之語云：

> 帝王用人，度世授才，爭奪之時，以策略為先；分定之後，以忠義為首。[72]

這說法其實直接本於魏武求才令所謂的「治平尚德行」和「有事尚功能」，可見這樣的思考模式是有其普遍性的。把事功和德行一刀切，恐怕就是主張才性異之基本論點。而我們也可以進一步

---

[71] 才與性同的古典依據，如《孟子·告子上》所謂「若夫為不善，非才之罪也」，才即指性言。至於才性分指二義，則大抵是漢儒的用法，茲不備引。

[72] 《魏志》卷廿二，頁五七四。

如此推論，事功之才能往往必須試了才知道，它很難由鄉閭之品鑒中看出來，於是作此主張者，很可能會特別強調狀在中正評品時的重要性，以此而和主張才性同者相抗衡。不過可惜的是，這後一推測筆者並沒能找到直接的史料爲證，因此只能備一假說而已。

　　有關才性合的觀點，則已大略述之如上。原則上筆者以爲盧毓、袁準等人的主張皆近於此路。表面上看，這路觀點似乎真如唐長孺先生所說，乃是建立在才性異之主張－－即切分品性和才能－－這一前提上，但事實上他們恐怕並不能同時接受將事功和德行一刀切的作法。照前引盧毓的說法，他只承認才是用來爲善的。我們也可據此進一步說，事功本身並不能離開德行而有獨立意義。從價值判斷上來說，這看法也不是沒有道理，若離開德行而空言建立事功，這事功尙有何意義呢？這大概也就是盧毓要說「今稱之有才而不能爲善，是才不中器」的原故了。但盧毓的說法也有一個很有意思的地方，當他說「有才而不能爲善」即是「才不中器」時，他顯然是把「爲善」理解爲將品性中之德行的內容表現出來，換言之，這是一種把德行歸之於先天質性的說法，依此說法，所有德行之表現皆只是先天性行之表現，因此重點只在性行，而不在才。像這樣把道德先天化，聖賢皆是性成命定的說法，當然是奇怪且不合理的，但我們且不說這一面，還是把重點擺回到對此一觀點的說明上。對於這點，其實袁準的〈才性論〉也有類似說法，他說：

　　　　曲直者，木之性也。曲者中鉤，直者中繩，輪桷之材也。賢不肖者，人之性也。賢者爲師，不肖者爲資，師資之材也。

他即以此而說性言其質，才名其用。但木性有曲直和木之中鉤中繩，其實原不是一回事，因為前者是純才質的，後者則是人文性的。賢不肖的情形亦同。今袁準顯然也混漫了這一分際，而將由才所顯示的賢不肖，全部歸回了材質之性，而成為了性的內容，這等於否決了賢不肖的人文性，而沒有了人文性，才能的意義就不大了，因此它很自然地就會抑低了才的重要性，而又重新歸返到才性同的基本觀點中去了。像這樣的觀點，當然會在選舉時重性行而輕才的，盧毓的先舉性行而後言才，正是貫徹了才性合的論點。

四本論最後一個說法乃是「才性離」，這本是王廣的主張，但此一論點比諸前三說，更要難以重建，因為它真幾乎是連蛛絲馬跡亦不可得。必須說明的是，由前述的討論可知，這幾個命題之間並不存在著邏輯背反的問題，我們不可以將才性同異視為一組矛盾命題，才性合也不單單是對才性同異之綜合而已。因此，我們也有理由相信，不可以簡單地將才性離合視為一組背反；畢竟，以邏輯背反的方式來理解傳統命題，恐怕並不見得符合古人的思維方式。基於此一考量，我們當然更難以憑推斷的方式來重建其內容。然而，筆者以為我們有理由假定嵇康的〈明膽論〉事實上反映了才性離的部分論點。關於這點，筆者打算在下一節中再行詳述，而有鑒於其它材料皆不足徵，因此此處茲暫時保留對此一命題的重建，而僅針對前三個命題經前述重建後之內容作一平議。

綜合而言，如果我們撇開這些命題的現實牽聯，單以其命題內容而論，則才性同者乃意謂才只是人格質性之另一名稱，人格質性是一組綜合概念，它是由一組開放式、互不相涉的先天德性品質所組成，而在現實中只偏取表現某一質性者，名之曰偏才，

如是才當然也只是指某種質性言。才性異者則不從質性上論才，而取其一般之才能義，並以事功和德行的對舉來顯示才能與性行的不同作用。至於才性合者則以質性與才能構成為某種體用式的關係，而先天人格中善的質性之表現乃成為一切德行事功之基礎，才只就呼應於這質性之表現言，離開與質性之呼應關係，則才亦不成其為才。

　　根據這樣的綜述，則我們可以簡略地將這三命題的關係作如是的勾勒：我們可以將才性同的說法視為一組最基本的命題，它構成一組純粹材質主義、自然主義的人性論命題。我們當然知道，這樣的思路和兩漢儒者的思路是完全一脈相承的[73]，但亦有其變本加厲處，此即將世間各種德行事業，俱視為是此材質之性行底直接表現，如《人物志·材理》之所說[74]，類此說法，即使主張「用氣為性，性成命定」之王充，亦不曾說到過，這是必須注意的。而主張才性異者似乎並未質疑此一基本命題，只是提出才性同這一命題中所忽略的「才能」這一概念，認為亦應給才能以一個獨立地位，因為唯有才能才真能有事功，所謂「有事尚功能」是也。才性異這一命題看來是直接受到主張才性合者之攻擊的，他們的論點是說離開了質性之善便無所謂事功，這就摧破了才性異之觀點，而又歸回到才性同之立場。我們也可以如此說，

---

[73] 兩漢儒者之人性論乃從材質主義、自然主義出發，這大抵已為共識，詳見牟宗三先生《才性與玄理》第一章〈王充的性命論〉，頁一～四十二。

[74] 《人物志·材理》頁十二云「質性平淡，思心玄微，能通自然，道理之家也……」之類，所有道理、事理、義理、情理之現實表現，俱須依質而行，所謂「明待質而行」是也。

主張才性合者只是在才性同之命題中加入了「才能」這一概念而已，但這一添加也完全顯示不出它的獨立意義。

在作了如上的勾勒之後，則我們可以進一步來問，魏晉人環繞著這一問題所作的爭辯，除了反映出現實的政治牽聯外，還有沒有其它獨立的意義？這「同異離合」等範疇究竟穩不穩得住？如前所述，四本論背後的一套才性論，乃是純材質主義的，如是則其所謂性行之善，實只能是如牟宗三先生所謂的「善的傾向」，而非善的當身[75]，但四本論的所有論者似乎皆未察覺到此一差別，以致普遍地混漫了這一分際。在這狀況下，才性異的論點的確是穩不住的，在純材質主義下去區分性行和才能，其實根本就沒有本質上的意義，在如此思路下所說的才能，只能是純粹量概念上某一質性之多少之謂，量的多少是中性義的，如此一來，它自然逃不開才性合者之攻擊。這也就是說「異」這一範疇根本就是穩不住的，它若想穩住，便有必要從根本上脫開材質主義的籠罩，如宋明儒者之區分義理之性與氣質之性，這才有希望去建立才的獨立於性（義理之性）之地位。

至於才性同和才性合，如前所述，這是兩個同質性很高的命題。其實由這類命題所衍生出來的對人格質性之分類，如《人物志》之所說，亦確可獨立為一套人格美學[76]，由此而開出另個一學問領域。然而就當時參與此一爭辯的人而言，他們的意圖其實完全不在美學欣趣上，如劉劭在《人物志》序中所說：

---

[75] 參見牟先生前引書頁八～九。

[76] 關於《人物志》所展現的人格美學之面向，請參見牟先生前引書頁四十四～六十六，拙作〈儒隱與道隱〉，《國立中正大學學報》三卷一期，頁一二一～一四七。

> 夫聖賢之所美，莫美乎聰明。聰明之所貴，莫貴乎知人。
> 知人誠智，則眾材得其序，而庶績之業興矣。

這說明了整個才性論之出發點的確只是政治性，而非美學性的。此一傾向當然是東漢清議和人倫鑒識之遺風。但也因為如此，這一材質主義的才性論，便面臨了一個根本的問題，此即前面已指出的對「善的傾向」和「善的當身」之混淆，這一混淆固然在現實上強化了中正評品的理論基礎，然而它也使得此一命題失去了理性上的一切獨立意義，這點恐怕是我們必須深刻體認的。

就上述的討論來看，平心而論，有關四本論的爭辯，其實是買櫝還珠的。就他們的討論言，無論主張同、異或合，均只是個人政治立場之表示，而並沒有其它正面意義，所謂或同或異之範疇，也無一能穩得住，這當然是有些可笑的白費精神。不過我們也說，如果循人格美學之路來看才性論，則它很可有另一片天地，這大概也就是四本論之終歸消歇，但《世說》式之人格美的鑒賞卻一直膾炙人口的原故吧！黑格爾說凡存在皆合理，恐怕未畢盡然，但若說凡合理者終會存在，這恐怕正可作一例證呢！

第四節　才性論下的嵇康及其基於此一觀
　　　點對名教所作之攻擊

我們有一條間接的證據，可以證明嵇康可能涉入過才性論的爭辯。上節曾提及《世說・文學》的一條資料云：

> 鍾會撰四本論始畢，甚欲使嵇公一見，置懷中，既定，畏其難，懷不敢出，於戶外遙擲，便回急走。

這段材料證明在四本論上，嵇康很可能是鍾會極重要的論敵，或至少鍾會知道嵇康在此問題之立場上，是與他相左的。而且士季撰成此文時，王廣、李豐可能俱已罹難，也就是他的論敵俱已無從反駁，這時叔夜恐怕是唯一夠份量來和他論難的了，所以鍾會才會有此一反應。這條材料甚重要，既然才性論的現實牽聯如此之深，嵇康又可能直接涉入此一論戰，那麼我們當然不能忽略才性論在嵇康思想中所扮演的角色，也就是說我們若要勾勒「歷史的嵇康」，便不能不從「才性論下的嵇康」說起。

今天在《嵇康集》中並沒有直接論才性的文字，嵇康可能也從未回應鍾會的挑戰，但在其文集中有篇特別的文章，也就是〈明膽論〉，可以確定是關於才性問題的討論，如其云：「夫元氣陶鑠，眾生稟焉，賦受有多少，故才性有昏明。唯至人特鍾純美，兼周外內，無不畢備；降此以往，蓋闕如也。或明於見物，或勇於決斷；人情貪廉，各有所止，譬諸草木，區以別矣。兼之者博於物，偏受者守其分。」[77]是明、膽之論乃由才性之「偏受者守其分」上立說，這當然是一個明確的內證。現在的問題是，嵇康在此文中所表現的才性論立場爲何？這問題對於嵇康思想的評估，無疑具有相當之重要性。

此文嵇康之論敵乃是呂安，也就是和他一同隱居山陽，最後並一起送命的人，這是很有意思的。如果我們考量到才性論立場的政治牽聯，則此文對了解竹林七賢間的關係，當亦有其重要的參考性。照此文今存的面目來看，其問題的淵源並不清楚，我們並不知道他們何以要辯論這個問題，這和嵇康的其它文章是很不一樣的。此文一開頭只先籠統地綜述了呂安的主張，即「有膽不

可無明，有明便有膽」，但其意旨是不明的。底下嵇康即提出
「明膽殊用，不能相生」之立場來反駁。關於這一立場，嵇康的
論證是這樣的：

> 明膽異氣，不能相生。明以見物，膽以決斷。專明無膽，
> 則雖見不斷；專膽無明，則違理失機。[78]

這話字面意思很簡單，能燭理之才智和勇決之膽氣乃是兩回事，
徒有才智而乏膽氣或徒有膽氣而無才智，皆不足以成事。嵇康以
爲這道理乃是淺顯易明的，事實當然也是如此，只是光從字面
看，還是令人難以明白說這道理做什麼，不過從呂安下一段的難
語中卻透露出了一些訊息。

呂安對嵇康上述論證的反駁是這樣的：他引賈誼爲例，當賈
誼在陳治安策時，因其智能燭理，故膽亦因之而壯，遂「行之無
疑」；而當他作鵩鳥賦時，因智有所短，故行有所忌。因此他說
「一人之膽，豈有盈縮乎？蓋見與不見，故行之有果否也」[79]，
這也就是說一個人的膽氣是一定的，但當他智有所燭照時，其一
定之膽氣才有顯發處；如是我們乃能明白他所謂「有明便有膽」
之確義。底下，他復云：

> 若愚弊之倫爲能，自託幽昧之中，棄身陷阱之間，如盜跖
> 竄身於虎吻，穿窬先首於溝瀆，而暴虎憑河，愚敢之類，
> 則能有之。是以余謂明無膽無，膽能偏守。[80]

這裡「明無膽無，膽能偏守」一語似乎有些矛盾，但順其語脈而
觀，則此語事實上應是分指兩段話，「明無膽無」乃是呼應上面

---

[78] 同上。

[79] 同上，頁二五〇～二五一。

[80] 同上，頁二五二。

「有明便有膽」而說，而「膽能偏守」則指愚蔽之倫雖無燭理之
明，但亦能有直接的膽氣之撲著，只是他顯然以爲這種撲著是沒
什麼意義的。不過，這也表示了明和膽乃是不同層次的概念。以
上是字面的說明，但若說它透露出了一些訊息，這訊息是什麼
呢？

　　現在，如果我們來作一代換，把「明」換成「才」，把
「膽」換成「性」，則問題不就立刻豁然開朗了嗎？何以言之？
我們試看，如果真作此一代換（案：依此文的脈絡，作此一代換
是很順適的），則呂安的說法不正就是「性言其質，才名其用」
這一「才性合」論點的翻版和加詳嗎？如果這之間的關係是如此
顯然，則我們豈不是由此文中看到了一個重大的訊息？然則我們
可問，此文會不會是四本論論戰之延續呢？如果呂安在此一論戰
的立場接近於才性同的話（案：一般人總以爲安和康俱是反司馬
氏者，若真如此，而我們前文又說，主才性同者乃是意識型態上
親士族者，如是豈不是有些矛盾嗎？關於此一問題，第三章中將
有較詳細的討論，此處茲不備論），則嵇康的立場又是如何呢？

　　在此文下一段嵇康的再申論裡，他首先澄清了一點，意思是
他同意人皆有明也有膽，他前文「專明無膽」、「專膽無明」的
意思，並不是說有人只有明而無膽，或只有膽而無明，而只是說
明和膽一定要相配合。這一立場和呂安當然沒有歧異。但在這個
立場上，他進一步反駁了呂安的論點。其文云：

　　　　明既以見物，膽能行之耳。明所不見，膽當何斷？進退相
　　　　扶，何謂盈縮？就如此言，賈生陳策，明所見也；忌鵬作

賦，闇所惑也。爾為明徹於前，而闇惑於後，明有盈縮
也；茍明有進退，膽亦何為不可偏乎？[81]

這是針對呂安所謂膽無盈縮的說法所提出的意見，依嵇康的看
法，他只是一路貫徹明膽必須相互配合的說法，明膽恆須是相輔
相成的關係，而不是呂安所謂的體用式的關係。換言之，嵇呂的
分歧點看來是很小的，亦即呂安主張明膽乃是一用一體，而嵇康
則主張是互為體用。

　　這樣一個看似很小的歧異，如果我們進一步以「才性」來代
換的話，則其分歧所代表的意義可能就立刻會放大。何以言之
呢？如果說呂安之才性論的立場恰是才性合的觀點的話，則我們
馬上會看到嵇康的立場恰站在反對面，由於嵇康也明顯同意了才
性之間確有關係，也就是說他接受了才性合論者的前提，因此他
顯然不是才性異論者。而嵇康在同一前提下，又主張才性是互為
體用、相輔相成的，也就是才有獨立於性之外的意義，我們從所
謂「二氣不同，明不生膽」、「五才存體，各有所生，明以陽
曜，膽以陰凝」、「雖相須以合德，要自異氣也」[82]，便可顯
見。這樣的觀點如果我們假設它近乎「才性離」的立場，應該是
雖不中亦不遠的吧！若果如此，則嵇康此一看似奇怪而沒什麼意
義的文章，其重要性當然立刻就擴大了，因為我們由此而推斷出
了嵇康在才性論爭辯中的立場。依如此之立場，他顯然主張才性
必須被分別評估，這也就相當程度地證實了前述所謂嵇康和鍾會
在才性論立場上相左的假說。

----

[81] 同上，頁二五三～二五四。

[82] 以上三段話同上，分見頁二五三、二五四、二五五。

　　以上筆者詳細討論了由〈明膽論〉中所透露出的訊息。這一訊息對嵇康思想所代表的意義，筆者以爲可以分由兩個向度來評估。其一，純就〈明膽論〉所涉及的才性論命題來看，嵇康所主張之「才性離」的立場，原則上和才性合之立場共享了同一前提，這就表示他並未脫開純材質主義、自然主義的立場，而如我們在前節中已提及的，在這一立場下去區別才能與性行，其實並沒有本質的意義。嵇康一則並未能脫開材質主義的籠罩，而轉從超越面的意義來理解性，再則他也未能認識到材質主義之才性論，至多僅能有美學欣趣上的人格品鑒義。這就使得嵇康才性離的主張成爲一個根本穩不住的論點；因此，在此文的論辯中，至多僅能表現出他在智性上的一些穎悟，而缺乏理性上的積極意義。就此而言，如果我們說「才性論下的嵇康」乃是嵇康思想中的一個負面成素，當是不爲過的。

　　其二，儘管嵇康的才性論立場並無理性上的積極意義，但有鑒於才性論的政治牽聯，我們也可以合理地推斷，嵇康的〈明膽論〉在某一意義上，也代表著他對名教所發動的攻擊。關於這一推斷，〈明膽論〉的內容當然不足以提供證明，但另一篇文獻則可以相當程度地支持此一論點，這篇文獻即是〈難自然好學論〉。因此，底下我們即有必要進入嵇康和張叔遼的這番論難。

　　叔遼和嵇康交好，但他無疑是士族出身[83]，其所著〈自然好學論〉也無疑是篇爲士族意識型態張目的作品[84]，其所謂自然好

---

[83] 依《魏志‧邴原傳》云「大鴻臚張泰……以清賢稱」，注引荀綽《冀州記》，張泰即叔遼之父，「字伯陽，有名於魏」（見《魏志》頁三五九），以此可知，叔遼乃系出名門也。

[84] 此文見《嵇康集》附錄，《校注》頁二五六～二五九。

學，其實即是自然好名教也。在叔遼這篇文章中，他首先從一個純自然主義的論點說起，如云「喜怒哀樂愛惡欲懼，人情之有也。得意則喜，見犯則怒，⋯⋯凡此八者，不教而能，若論所云，即自然也」[85]，這所謂的自然，當然即只是指天生自然而言。底下他即以一些例子說明，如人之食，初始乃茹毛飲血，但一旦曉得熟食之滋味，便會自然好尚，而趨向於人文世界的種種施設。如此，他乃進一步推論云：

> 民生也直，聚而勿教，肆心觸意，八情必發，喜必欲與，怒必欲罰，無爪牙以奮其威，無爵賞以稱其惠，愛無以奉，惡不能去。[86]

這裡的「與、罰、爪牙、爵賞」均是人文世界的施設，但叔遼以為它們莫不源於人情自然。因此，他要綜括說「事以末來，而情以本應。即使六藝紛華，名利雜詭，計而後學，亦無損於有自然之好也」[87]，換言之，人情自有一種社會性的傾向，正是此一傾向造成了名教之種種規範。由此看來，張叔遼所持的乃是一種素樸的人文主義觀點，其論點雖單純，卻也在情在理。

　　嵇康的〈難自然好學論〉也同樣從純自然主義的論點說起，但他卻有一個恰好對反的推論，以反駁任何由自然主義出發，而跨向人文主義的說法。他說：

> 夫民之性，好安而惡危，好逸而惡勞，故不擾則其願得，不逼則其志從。洪荒之世，大朴未虧，君無文於上，民無競於下，物全理順，莫不自得。飽則安寢，饑則求食，怡

---

[85] 同上，頁二五六～二五七。

[86] 同上，頁二五七。

[87] 同上，頁二五九。

> 然鼓腹，不知為至德之世也。若此，則安知仁義之端，禮
> 律之文？及至人不存，大道陵遲，乃始作文墨，以傳其
> 意；區別群物，使有類族；造立仁義，以嬰其心；制其名
> 分，以檢其外；勸學講文，以神其教。故六經紛錯，百家
> 繁熾，開榮利之塗，故奔騖而不覺。[88]

這顯然是將一切人文施設視為是對自然主義的背叛，因此他乃以
為叔遼由人文主義立場所說的自然，其實乃是抑引之他然，所謂
「六經以抑引為主，人性以從欲為歡，抑引則違其願，從欲則得
自然」[89]也。於是他主張要想回到純自然主義的自然，就絕對不
能經由「抑引之六經、範情之禮律」這些名教的手段。

　　繼而，嵇康復論說，他可以同意人皆好美食乃是必然之理，
但他不認為可由此類比推論到人皆自然好學。這是因為人之所以
好學，純是因為以利祿誘之所致；如果今不以名教之利祿以牢籠
之，則「向之不學，未必為長夜，六經未必為太陽也」。所以他
乃推論說「若遇上古無文之治，可不學而獲安，不勤而得志，則
何求於六經，何欲於仁義哉？」[90]然而嵇康此一推論的問題是很
顯然的，因為人之所以欲安、欲得志，及其所以能得安、得其
志，基本上皆是人文世界中的事，但他卻想以純自然主義的方式
來解決人文世界的問題，這已經不是可不可欲的問題，而根本是
可不可能的問題。換言之，嵇康原想憑藉此一推論，作為攻擊名
教，並建立其純粹自然主義的觀點，但這根本是不可能的事。原
則上說，張叔遼的素樸人文主義有沒有問題，是另外一回事，但

---

[88] 同上，頁二五九～二六○。

[89] 同上，頁二六一。

[90] 上兩段話分見上引書頁二六三、二六四。

嵇康的徹底自然主義之論點，卻絕對不足以對治人文主義，這是毫無疑問的。

不過，筆者更關切的則是另一個問題，亦即嵇康此一徹底的自然主義究竟來自何處？一般我們總易以為，它乃來自於莊子，而《莊子》中的許多語句亦確易予人如此聯想。但我們前已指出，事實並非如此。邏輯地說，莊子說自然，它非但不必和人文主義成為對反，而且它本身就是人文性的，因此它並不能成為自然主義的來源。在筆者看來，嵇康此一立場其實直接來自於漢儒的氣化宇宙論，最直接的證據則如其〈太師箴〉所說：

> 浩浩太素，陽曜陰凝；二儀陶化，人倫肇興。厥初冥昧，不慮不營；欲以物開，患以事成，犯機觸害，智不救生；宗長歸仁，自然之情。故君道自然，必託賢明，茫茫在昔，罔或不寧。[91]

這段話明確將人倫之始歸諸於氣化論，於是君道自然也只是氣化之自然，由此他乃直接推衍出了純粹之自然主義立場。而我們必須注意他在〈明膽論〉中所說，他顯然也將才性歸之於「元氣陶鑠，眾生稟焉」。換言之，他直接將其才性論和自然主義的立場同歸本於氣化論，這也就是說在嵇康看來，其才性論的立場和純粹自然主義的立場，乃具有基本的同質性。如果說嵇康認為名教之徒的人文主義精神，基本上並不能貫徹氣化論的主張，而唯有徹底的自然主義才足以貫徹氣化論的主張，因此他要依據自然主義來反名教的話[92]，則他會依據其才性論之主張以攻擊名教，這

---

[91] 同上，頁三〇九～三一〇。

[92] 如〈太師箴〉云「唯賢是授，何必親戚」（見頁三一四），此語顯然針對士族閥閱之壟斷言，〈太師箴〉順自然主義之觀點而作此主張，當可證明

當然也是很可以理解的事，於是我們乃提供了一個間接的證據，以證明嵇康的才性論是用來攻擊名教的。

然而，誠如筆者已然指出的，嵇康的才性論觀點和純粹自然主義的主張，其實都是沒有什麼意義的，他只是據此以作為攻擊名教的依據，於是我們當然可以說這些命題皆只是意識型態性的。由此，我們也可以概括出嵇康所意指的自然名教之爭的「第一個面向」－－這是一個歷史的、社會政治的面向。坦白說，筆者並不以為此一面向具有什麼正面的意義，而滾在此一面向中的嵇康，也只是通過它而展現了一些不妥協的政治立場而已。我即名此義下的嵇康為「歷史的嵇康」，這一義的嵇康其實不一定是討喜的，也不一定是有價值的，試問衛護曹魏政權的利益，就真的比衛護司馬家的利益來得更高貴嗎？名教中人自不乏陰險虛妄之徒，但此乃人病而不一定是法病，若嵇康並不能真提出一個價值，以與名教本身所具有之一定的真理性相頡頏，則單憑「歷史的嵇康」是完全不足以奠定其地位的。然則嵇康之所以為嵇康，必不只是徒恃其一身傲骨而已，他亦必有其真成就在焉。於是，我們乃須進至第二章，以描繪另一義的嵇康。

嵇康正是順此觀點以反名教。

「玄學的嵇康」與自然名教之爭的第二面向

在上一章中，我們描繪了自然、名教之爭的第一個面向，也就是它的歷史、社會政治的面向。我們說這一面向乃是意識型態性的，嵇康在這一面向的立場，只是忠實地反映了他作為魏黨一員的意識型態而已。但我們亦須了解，這一意識型態之爭並不始於嵇康，只是在嵇康之前，大抵只以才性論的型態而呈現，但嵇康卻進一步將它規範成為「自然」與「名教」的爭持。在上章最後，筆者大致敘述了這一符號轉換的過程，也就是他通過氣化論的承接，而將才性論這一意識型態的論題，轉換成了純粹自然主義的表述模式。然而，這裡也就引出了另外一些問題。首先，嵇康這樣的轉換和何晏、王弼的關係如何呢？我們一般都認為「自然」這概念在魏晉出現，乃是由於何王的原故，這當然是事實，但何王所說的自然和嵇康所說真是一致的嗎？其次，嵇康思想中一些比較正面的陳述，也確須歸屬給這組命題；如果說自然名教之爭的第一面向並無積極意義，則嵇康必定是從另外的來源來嘗試賦予這組命題以其它意義，然則這另外的來源是什麼呢？我們又應如何評估其意義呢？本章即擬由此意義的探討，來嘗試勾勒「玄學的嵇康」，及自然名教之爭的另一個面向－－一個非意識型態的，以自然作為真理判準來決定名教的面向。為此，本章必須由何王和嵇康問題意識的比較，與嵇康的家世信仰這兩個問題說起。

第一節 何晏、王弼的問題意識與哲學進路

當何王祖尚玄虛、清談誤國的共識形成後，歷來雖翻案文章不斷，但以何王為玄學之首的判斷則幾乎不曾動搖過。在某個意義上，這個判斷亦確有不容置疑處，因為像《老子》之被納入經學式的註疏體系，確以何王為始作俑者，這一轉變對玄學的獨立，當然具有關鍵的影響力；其它如正始清談，在整個清談史上，亦具有代表性。但以何王為代表的所謂「正始玄學」，其性質真和後來的竹林玄學、元康玄學相一致嗎？照今天流行的玄學講法，是認為一致的，這主要是今天的玄學學者一般都認為何王在歷史面上通過調和儒道，因而造成了道家的復興；另外在哲學上，何王也掃落了漢代流行的氣化宇宙論，而改以另一套哲學模型，這套哲學模型也就支配了竹林玄學以降的玄學思想家。當然，如果這兩個面向都是事實的話，我們自然有全面性的理由確認何王為玄學之首的地位，但它們真是事實嗎？

之所以會形成上面兩個面向的描述，主要乃是淵源於湯用彤先生[1]。湯先生通過對荊州新經學的歷史考證，坐實了道家在漢末經學界中復甦的契機，並以為這一契機卒為王弼所把握[2]。另外他也將何王和漢儒的哲學，作成一種「本體論」與「宇宙論」的對

---

[1] 湯用彤先生的《魏晉玄學論稿》至今為止，在玄學研究中無疑仍有典範地位。儘管自古以來，即已將玄學視為道家之支脈，但湯先生則公認是一位能系統性詮釋玄學和道家關係的人。與之同時的如賀昌群《魏晉清談思想初論》，容肇祖《魏晉的自然主義》等，在系統上皆顯然不及湯氏。

[2] 此說其實最先由蒙文通所引發，而湯先生則進一步完成此一論證。蒙說參見《經學抉原》頁四十～四十一，湯說則見前引書〈王弼之周易論語新義〉、〈魏晉思想的發展〉等文。

蹟，而這套以無爲本體的哲學即是道家哲學的精髓[3]。湯先生這說法的影響力自然是極大的，尤其是有關荆州學風的考證，幾乎已成了今天玄學界一致的斷案[4]。其次，儘管今天不少人並不滿意於湯先生所作之本體論與宇宙論的對蹟，但多數論點也只是在對此一分別進行一些小幅度的修正而已，原則上仍是遵循湯先生的區分。這其中，唯有牟宗三先生及後來整個新儒家學者，大抵以批判的觀點，認爲道家哲學並不是一套本體論的哲學，而是一套「境界型態的形上學」，因此何王和漢儒的對蹟，其實乃是氣化宇宙論與境界型態形上學的區隔[5]。當然，如果從道家哲學的角度看，牟先生對湯先生的批判恐怕是不容置疑的，但反過來說，牟先生其實也全盤接受了湯先生對玄學的原則判斷，只是在哲學意義上，牟先生是以先秦道家來規範玄學，而湯先生卻有以玄學返而規範先秦道家之嫌而已。

---

[3] 說見湯氏前引書〈言意之辨〉、〈王弼大衍義略釋〉等篇。不過平心而論，湯先生此說在哲學論證上是薄弱的，尤其他更過度誇張了言意之辨這一方法論問題的影響力，以致隨意地將之引入形上問題的討論中，這當然是嚴重的缺陷。

[4] 如余英時先生即以此說爲定論，參見〈漢晉之際士之新自覺與新思潮〉，《中國知識階層史論》頁二八二。持類似觀點者，可參見湯先生同時之賀昌群前引書頁八，他如錢穆先生〈魏晉玄學三宗〉（《莊老通辨》頁三一九～三二〇），牟宗三先生前引書頁八十四～八十七，唐長孺先生〈讀抱朴子推論南北學風的異同〉（前引書頁三六四），何啓民先生《魏晉思想與談風》頁卅二～卅八，林麗真女士《王弼》頁十七～廿四，王韶先生〈荆州學派對於三國學術之關係〉，魯錦寰先生〈漢末荆州學派與三國政治〉，王葆玹先生《正始玄學》頁十七～廿二，《玄學通論》頁七十七～八十三。

[5] 關於境界型態形上學之說，參見牟宗三先生前引書頁一四一～一四三。

　　然而上述的判斷有沒有問題呢？我們可不可以再仔細考慮一下，漢末以來在儒者群體中是不是真有一個道家復興運動在萌芽呢？如果這判斷根本並不存在的話，會發生什麼問題呢？筆者以為，今天整個玄學解釋似乎對荊州新學風這一判斷的依賴太深了，可是非常不幸的，依據程元敏先生一項精闢的考證，卻幾乎推翻了湯用彤、余英時等先生的所有對荊州學風之遐想，這也就是說，我們並沒有任何理由去想像曾由荊州帶起過什麼新的經學學風[6]。如此一來，我們便也無從去想像在經學界中曾存在過一個道家復興運動，然則我們又如何憑空地將會通儒道這一問題意識交予何王呢？如果這裡出了問題，則立刻會出現的影響就是：首先我們將很難再如此輕易地把何王的正始玄學和自然、名教之爭掛鉤；其次則是如果我們還要假定何王之學是對先秦道家哲學的復興，那麼我們便似乎得承認何王將會是世界思想史中唯一的異數，因為我們將必須假定何王是在沒有任何依傍的狀況下，孤明獨發地接續上了一個失傳已數百年的思想傳統，但這是可能的嗎[7]？

　　對於上述的第一個影響，它勢必直接地挑戰任何想將正始玄學意識型態化的努力。這是因為今天類似的努力，多半是用一種

---

[6] 參見程元敏先生〈季漢荊州經學〉一文，牟潤孫先生《論魏晉以來之崇尚談辯及其影響》一文亦有類似說法。

[7] 若真是如此，則必將使思想史陷入某種斷裂的圖像中。當然，像 M.Foucault 在論思想史時，是有類似的看法。 B.Smart 在 " Michel Foucault "一書中，曾綜述 Foucault 之觀點云「思想史是在揭露在連續性之下，有關獨立主體、不連續性、轉移以及交替底假設之斷定」（詳參該書 pp.37~41 ），但這樣的觀點是建立在主體對各種宰制之批判上的，然而何王的情形是如此嗎？

簡單的聯繫，即何王是屬於魏黨，因此他們乃引道家以對抗以儒家為意識型態的士族名門[8]。當然，要建立此一命題，其實也是頗不容易的。我們的確看到了不少幽深曲折的說法，這其中尤以王葆玹先生的說法最為奇特，也極盡了深文周納的能事。他說：

> 過去人們常說正始期間的主要政治事件是曹氏集團與司馬氏集團的黨爭，這說法顯然不利於解釋玄學的緣起。人們很難相信一種盛行十年並波及數百年的思想運動，僅僅是為了對付一個思想曖昧的政治集團才開創的。實際上也難於理解，正始玄學的貴無論和形上學怎麼會是鏟除異己，爭權奪勢的思想武器。再說，司馬氏集團在政變之前一直處於潛伏狀態，曹氏集團的失敗從一定程度上說可歸因於對政敵實力及危險性估計不足。既然估計不足，怎麼又會為了對付它而去從事規模龐大的學術創新？有鑒於此，顯然應把注意力轉向至今罕受重視的改制事件上。[9]

這段話中他首先批駁了正始玄學乃是階級鬥爭論的說法，此一批駁自然是可取的，但他話鋒一轉，卻要把正始玄學視為是為曹魏政權建立意識型態的努力，這就等於將整個曹魏政權之當權者皆視為新道家，這不是有些唐突嗎？為此，他當然也有不少考證[10]，嚴格說，他的一些考證大抵是不具說服力的。這且不言。其實我們只要說事實上在漢末魏初找不到道家復興運動的痕跡，則經學界中儒道衝突矛盾的命題便不存在，於是正始玄學中有關道

---

[8] 比如唐長孺先生〈魏晉玄學之形成及其發展〉即持這種意識型態論，文見《魏晉南北朝史論叢》頁三一一～三五○。

[9] 王葆玹《正始玄學》頁卅三～卅四。

[10] 同上，頁卅五～一○六。又見氏著《玄學通論》頁八十七～一五五。

家的成素，便很難從儒道矛盾與會通的角度去解讀。於此，任何
想把何王的某些概念硬要牽聯到名教上去的作法，也就同樣會是
多餘的。從而，正始玄學的現實意義，也就很難再從意識型態的
面向來理解。在上章中，我們看到有關才性論的爭辯，確有很明
顯的現實針對性，因此如果我們說才性論具有意識型態性，這是
很容易理解的；我們也證明了嵇康是通過才性論的轉接，才讓
「自然／名教」的命題具有了意識型態性，但我們何曾看過何王
將他們的玄學說法和才性論相掛鉤呢？

　　根據上述，我們乃初步撥除了何王之學和意識型態問題的聯
繫，如此一來，正始玄學自然就單純化了一些。但我們顯然仍必
須問，何王真是孤明獨發地純粹爲了復興道家哲學嗎？坦白說，
我們當然不會天真地以爲如此，那麼他們究竟爲了什麼而要創造
正始玄學？於此，筆者以爲湯用彤先生對荊州學的遐想固然沒有
根據，但他注意到荊州學，卻依然還是有大貢獻的，何以言之
呢？

　　荊州學風就整體而言，其重要性固然被嚴重地高估了，但宋
衷的曾注《太玄》和《老子》卻很可以引人有另一番聯想[11]。這
聯想倒不是直接關聯到宋衷，其實宋衷這兩個注本不只已佚，也
似乎從未發生影響，但它卻讓人敏感地注意到楊雄。楊雄的《太
玄經》顯然是一部刻意模擬《易經》的作品，而他所以建立太玄
的主要思想憑藉之一卻是來自老子，如《太玄・玄攡》云：

---

11 《隋書・經籍志》曾著錄宋衷之《太玄經注》，陸德明《老子音義》則曾
　引及宋衷之《老子注》，此二書俱已佚，《太玄經注》尚有不少佚文散在
　司馬光《太玄經集注》和慧琳《一切經音義》中。

> 玄者，幽攤萬類而不見形者也。資陶虛無而生乎規，關神
> 明而定摹，通同古今以開類，攤措陰陽而發氣。[12]

把玄歸本於虛無而生，這思想的來源是很明確的，因此直接繼承
楊雄的桓譚，便明白說「老子其心玄遠而與道合」[13]。由此可
見，以老子介入整個易學思想的建構，其淵源早已形成。只是楊
雄並不是以詮釋的方式來將老子引入易經，而是以曲折的方式，
通過太玄而引入。這一引入並不能被解釋為楊雄有意地要調和儒
道，所謂的家派之爭和楊雄的思想是無涉的[14]。在形式上，楊雄
只是想以類似緯書的擬經方式來模擬聖人，如其以太玄擬易，以
《法言》擬《論語》者是[15]；而在思想內容上，他基本上仍完全
依憑在漢儒氣化宇宙論的氛圍中，如太玄基本結構上仍是淵源於
京房卦氣說即是確證[16]。只是他有意想修改氣化論的結構，也是
事實。

---

[12] 鄭萬耕《太玄校釋》頁二六〇～二六一。

[13] 楊雄此一思想無疑直接來自嚴君平的《道德真經指歸》，故它和老子的關
　　係自然是密切的。桓譚此語見《全後漢文》卷十五葉八「王公子問楊子
　　雲」條。

[14] 楊雄《法言·君子》云「諸子者，以其知異於孔子者也。孟子異乎不
　　異。……吾於孫卿與，見同門而異戶也。惟聖人為不異。」可見楊雄是輕
　　視諸子的，因此家派調和的意識，對楊雄言恐怕是不存在的。

[15] 《法言·問神》云「或曰：經可損益歟？曰：易始八卦，而文王六十四，
　　其益可知也。詩書禮春秋，或因或作，而成於仲尼，其益可知也。故夫道
　　非天然，應時而造者，損益可知也。」楊雄顯然以為《太玄》等乃是應時
　　而造的新經典。

[16] 參見司馬光《太玄經集注》中〈說玄〉一文，文見《太玄校釋》頁四二五
　　～四二七。

　　關於楊雄之想修改氣化論的結構，主要乃是基於他對災異論無限上綱的不滿。原來從董仲舒以降，漢儒即逐漸將氣化宇宙論推向一個極端，而成爲某種類神學的系統。其中天命意志是此一系統的核心，它在氣化的行程中，直接和人間的自然、人文秩序相關聯，並成爲主宰性的力量，於是人文世界中的一切運作均須歸本於天命，這便是「災異論」思想的主要結構。楊雄基本上並未質疑天命意志這一核心命題，但他卻懷疑將天命和人事作如此緊密關聯的說法。他認爲如此一來，勢將使人們只想去占測天命，而忘記了聖人「本人事以言天道」的立場，因此他乃有意地想壓低災異現象的地位，而抬高人的地位，如他所謂：

> 或曰：聖人事異乎？曰：聖人德之爲事，異亞之。故常修德者，本也。見異而修德者，末也。本末不修而存者，未之有也。[17]

> 或問聖人占天乎？曰：占天地。若此則史也何異？曰：史以天占人，聖人以人占天。[18]

這一立場自然甚爲明白。而尤須注意的是，他之所以要將老子引入，爲的正是要以老子來作爲他修改氣化論的最基本論據，如他所說：

> 或問天。曰：吾與天與，見無爲之爲矣。或問彫刻眾形者，匪天與？曰：以其不彫刻也。如物刻而彫之，焉得力而給諸？老子之言道德，吾有取焉耳；及搥提仁義，絕滅禮學，吾無取焉耳。[19]

---

[17] 《法言・孝至》。

[18] 《法言・五百》。

[19] 《法言・問道》。

他這一說法和太玄是一致的，然則楊雄之引入老子，其企圖豈不甚為明白了嗎？這也就是說從楊雄開始，老子已實質地介入了氣化論的建構之中，當然，此時的老子並不是以道家的身份而存在，它已完全被內化到漢儒的思想中去了。

我們必須了解的是，楊雄此一立場絕非孤證，事實上他在東漢的同調並不在少數，桓譚、王充、張衡等都是顯著的例子[20]。其中張衡大抵是繼承楊雄太玄而無踰越，如其〈玄圖〉一文云「玄者無形之類，自然之根，作于太始，莫之與先。包含道德，構掩乾坤，橐籥元氣，稟受無原」[21]，這裡對玄的表述無疑是本於太玄的。另外他在〈靈憲〉中亦有一段話更清楚地交待了此意：

> 太素之前，幽清玄靜，寂寞冥默，不可為象。厥中惟虛，厥外惟無，如是者永久焉，斯謂溟涬，蓋乃道之根也。道根既建，自無生有，太素始萌；萌而未兆，并氣同色，渾沌不分。故道志之言云：有物渾成，先天地生，其氣體固未可得而形，其遲速固未可得而紀也。如是者又永久焉，斯謂龐鴻，蓋乃道之幹也。道幹既育，萬物成體，于是元氣剖判，剛柔始分，清濁異位……人之精者作聖，實始紀綱而經緯之。[22]

---

[20] 在桓譚的《新論》中，楊雄幾乎是他唯一的典範，他甚至要「以太玄次五經」（《全後漢文》卷十五葉八），楊雄這一特殊地位也是王充和張衡等所承認的，參見《論衡》〈超奇〉、〈齊世〉、〈自紀〉等篇，和張衡〈與崔瑗書〉（《全後漢文》卷五十四葉七～八）等。

[21] 《全後漢文》卷五十五葉四。

[22] 同上。

這是典型的自然氣化論，而非災異論的立場，此立場張衡也將之歸源於老子，殆可顯見。

至於王充，則更是將楊雄此一立場推至另一極端的代表性人物，他爲了強調「自然無爲，天之道也」[23]，甚至有進而否認天命意志的傾向，至少他也以爲天道和人事的關係並不是什麼天支配人的型態。如他所謂：

> 難曰：人道有爲故行，天道無爲何行？曰：天之行也，施氣自然也。施氣則物自生，非故施氣以生物也。不動氣不施，氣不施物不生，與人行異。日月五星之行皆施氣焉。[24]
>
> 天動不欲以生物而物自生，此則自然也，施氣不欲爲物而物自爲，此則無爲也。謂天自然無爲者何？氣也。[25]

這其實乃是最極端的自然唯氣論，王充即以此而對災異論抱持了最決絕的立場。不過我們也必須了解，他所有的說法皆只是爲了強調「天與人同道，欲知天，以人事」這一態度[26]，由此態度，他乃又回到了楊雄的典型立場之上。

於此，我們當然得問，楊雄及其同調對後世真有影響嗎？關於這個問題，筆者曾在拙文《從災異到玄學》中，有過詳盡的考證。筆者以爲，楊雄的立場通過今古文之爭的演變，不但一直在

---

[23] 《論衡·初稟》頁廿七。

[24] 《論衡·說日》頁一一一。

[25] 《論衡·自然》頁一七七。

[26] 如《論衡·明雩》頁一五一云「災變大抵有二，有政治之災，有無妄之變。政治之災須耐求之，求之雖不耐得，而惠愍惻隱之恩，不得已之意也。……雩祭者之用心，慈父孝子之用意也。無妄之災，百民不知，必歸於主，爲政治者，慰民之望，故亦必雩。」可以爲證。

擴大其影響，而且它甚至漸漸成爲了漢末的主流思想[27]。我們雖不知宋衷是否真能紹述此一思想，但他的注太玄和注老，很可能也只是反映這一現象而已。如果筆者此一考證還不離譜的話，則我們可不可以進一步來想，何王之學只是這一思潮的具體化呢？以下，筆者所想證明的，正是在於：何王之學的問題意識乃直接紹承楊雄，而且他們把這一路思想直接和經學結合了起來，讓它直接成爲了經典詮釋的內容，而不像楊雄以降，均只以個人議論的姿態在經典之外徘徊而已。如果此一假設能成立的話，自然意味著我們必須以楊雄的思想型態，而不是以先秦道家的思想型態來規範何王。然則，眼前的問題即在筆者上述的假設是否能成立上了。

關於上述假設，這整套邏輯的關鍵銜接點，筆者以爲完全決定在荀粲的言不盡意論上[28]。這套邏輯是這樣的：由言不盡意論中，我們可以明確找到它和楊雄思想的銜接點；而也即在此論中，開啓了曹魏初期另一型態的新易學，管輅和何王恰好代表這一新易學的兩派，但以何王這派才真正是足以繼承楊雄的。這套邏輯當然需要足夠的證據來支持，因此底下筆者必須論證幾件事，其一，如何證明荀粲的問題來自於楊雄這一系思想？其二，如何證明曹魏的新易學乃由荀粲的問題而展開？其三，如何證明何王的思想是和楊雄相一致，而不是和先秦道家相一致？這幾件事看來都有些棘手，以下即請逐一論之。

[27] 參見拙文頁二三五～二七四。
[28] 從日人青木正兒〈清談〉一文開始，便有不少人賦予荀粲之說以許多遐想，以爲荀粲才是玄學之源。筆者自然反對此說，但願意從另一角度來解讀荀粲在玄學中之地位。

　　首先，關於荀粲和楊雄思想的關係這一問題，我們當然得先看一下〈言不盡意〉論的說法：

> 粲諸兄並以儒術論議，而粲獨好言道。常以為子貢稱夫子之言性與天道不可得而聞，然則六籍雖存，固聖人之糠秕。……蓋理之微者，非物之象所舉也。今稱立象以盡意，此非通於意外者也。繫辭焉以盡言，此非言乎繫表者也。斯則象外之意，繫表之言，固蘊而不出矣。[29]

這段話中，最值得注意的是「夫子之言性與天道不可得而聞」這句話。表面上看，這只是引述了一句古典而已，但如果進一層看，這句話的引述在當時通常表示了一個特殊的思想觀點。筆者嘗遍察今存的東漢典籍，發現曾引述到此語的，清一色皆是楊雄一系的學者[30]，而衡諸漢代災異論流行的環境，便可以知道這絕不是偶然的巧合，因為這句經證恰好是抵禦災異論天道觀的絕佳武器也。如今荀粲作此引述，對本質上仍未完全擺脫災異論氛圍的魏初環境，當然仍有一定的思想意義，這是可以以理推知的。再者，粲和其兄的論議不同，一是以「儒術」論議，一則好言道，從這個對比中，我們固無法看出荀粲論的是什麼道，但若從另一條資料──即荀顗之難鍾會易無互體──來看[31]，則大略仍可猜測到一些眉目。由於荀顗正是荀粲之兄，而他主張的乃是漢儒一貫的互體說，也就是說他是主張通過易之取象以明人事的，這也恰合於漢儒所謂的儒術。以此而言，則粲之好論道，應當即是超越於取象之意，以明易道之所指，而這一作法，衡諸兩漢易

---

[29] 見《魏志》卷十〈荀彧傳〉注引何劭〈荀粲傳〉，頁三三四。

[30] 參見拙作《從災異到玄學》頁一八六～一八七。

[31] 同注廿九，裴注引《晉陽秋》，頁三三四。

學之傳統，確近於楊雄一系的作法。因此，綜合上述兩點來看，我們雖無法進一步得知荀粲實質的論點，但若說他的問題意識是繼承於楊雄，則應該是不算離譜的判斷吧！只是看來荀粲只能繼承楊雄的思想方向，他也許想要將此一方向引入易學，可是他僅能消極地提供一個方法論原則，而並不能真提供一套完整的系統詮釋。

其次，關於曹魏時期的易學，主要當然還是繼承著漢易的傳統，尤其是荀爽的權威[32]。然而，當時也確實在醞釀著一些新的易學走向，而且事實上真正能聳動當時視聽，並成清談主軸的，也幾乎都只關乎這些新走向，傳統漢易彷彿一下就退潮了。這些新走向主要即是以管輅和何王為代表的兩派。於此，筆者要指出的是，這兩派的易學新論點，基本上皆淵源於「言不盡意」這一新方法論原則。關於這點，大概不會有人質疑荀粲和王弼的關係。至於管輅，在其〈別傳〉中有一段話云：

> 夫物不精不為神，數不妙不為術，故精者神之所合，妙者智之所遇；合之幾微，可以性通，難以言論……孔子曰：書不盡言，言之細也；言不盡意，意之微也，斯皆神妙之謂也……陰陽之數，通於萬類，鳥獸猶化，況於人乎！夫得數者妙，得神者靈。[33]

---

[32] 荀悅《漢紀》卷廿五頁二四八云「（荀爽）著易傳，據爻象，承應陰陽變化之義，以十篇之文解說經意，由是兗豫之言易者咸傳荀氏學。」這雖是漢末的狀況，魏初也還是如此，於是荀氏一門如荀顗、荀融等也皆以易名家。

[33] 見《魏志》卷廿九輅本傳注引其別傳，頁六九九。

從這段話中，毫無疑問地可以看到，管輅的確受到了言不盡意論的影響。然而雖說如此，他似乎並不願意追隨荀粲的問題意識而下，他的立場反而像是要調和漢易和荀粲，如其云「苟非性與天道，何由背爻象而任胸心者乎」即是[34]。其實管輅這話是有些微妙的，其字面的直接意思，乃是說既然性與天道不可得聞，也就是說我不是聖人，因此何敢「任胸心」以妄意天道，因此只能尊重爻象。這話反過來也就等於是指責了那些任胸心而不重爻象以窺天道者，而這些人是那些人呢？如依〈輅別傳〉所載，則何晏顯然是逃不掉的，這點當然很有意思。這且不言。我們要看的是，管輅一方面又要尊重爻象，另一方面又得顧全言不盡意這一原則，這如何能使他免於夾逼狀態呢？對於這點，管輅的辦法乃是求之於風角、占候之類的術數以補取象之不足，也就是言象固不足以盡意，但只要能「得數者妙」，這便有了足以把握卦意的方法，所謂「夫入神者，當步天元，推陰陽，探玄虛，極幽明，然後覽道無窮」是也[35]。王葆玹先生即將這一方法名之曰「微言妙象盡意說」[36]。然而坦白說，管輅這方法真能免於陷入夾逼狀態嗎？在筆者看來，所謂的術數其實也只是更廣義的象而已，換言之，管輅也只是以另一方式重新墮回漢易而已。因此，他雖受到荀粲的影響，但嚴格說並不是一路的。

　　再來則是何晏。晏無疑是贊成言不盡意論的。在〈管輅別傳〉中有一條材料云：

---

[34] 同上，頁六九四。

[35] 同上，頁六九七。

[36] 參見王葆玹《正始玄學》頁三三〇～三三三。

輅為何晏所請，果共論易九事，九事皆明。晏曰：君論陰
陽，此世無雙。時鄧颺與晏共坐，颺言君見謂善易，而語
初不及易中辭義，何故也？輅尋聲答之曰：夫善易者不論
易也。晏含笑而讚之，可謂要言不煩也。[37]

這段話中，何晏表達了兩個意思，我們從他輕重抑揚之間，大略
也可以感受到，他雖也推重管輅，卻未必贊同輅之論點；但在
「善易者不論易」這點上，何晏顯然是有深獲我心之感的。因此
我們可以相信，平叔是贊同荀粲這一方法論之革新的。

　　然而我們也必須進一步問，管、何、王皆贊同荀粲的新方
法，而管輅事實上和荀粲的問題意識是不相應的，那麼何王如何
呢？關於這個問題，我們首先還是得注意到管輅的一句話。〈輅
別傳〉中管輅曾批評何晏說「欲差次老莊而參爻象，愛微辯而興
浮藻」[38]，其中「差次老莊」一語之意茲暫不論，至少從這段話
中可以明確看到何晏之引入老莊，是為了解決易學的問題，這至
少在形式上確立了荀粲和何晏相關的思考，都是環繞在易學這一
核心問題上的。然而我們也不得不問「差次老莊」一語究竟何指
呢？這句話是不是如我們一般所想的，乃是所謂「援老入易」之
類，以老莊來解易的意思呢？還是如楊雄一系思想，只是借老莊
的概念以重構氣化論呢？這問題對如何詮釋何王之學，自然有關
鍵性的影響。然則其實情如何呢？

　　為了避免落入循環論證之嫌，因此上述問題似乎不宜直接就
何王本身文獻的詮釋上找證據，但我們可有足夠的旁證嗎？筆者
以為有一條材料十分值得注意。張湛在《列子注》中曾引及何晏

---

[37] 同注卅三，頁六九八。

[38] 同上，頁六九七。

的〈無名論〉[39]，在這一段文獻中，何晏引述了夏侯玄的一個說法云：「天地以自然運，聖人以自然用。自然者，道也。道本無名，故老氏曰彊爲之名。」我們不知道這是不是就是泰初〈本玄論〉的部分內容[40]，但可以確定的是，何晏是同意這說法的。而夏侯玄這段話中的「自然」一詞究竟何指呢？由於這段文字過於簡略，故不得而知，但他在〈辨樂論〉中則有一個說法謂：

> 阮生云：律呂協則陰陽和，音聲適則萬物類，天下無樂而欲陰陽調和，災害不生，亦以難矣。此言律呂音聲非徒化治人物，可以調和陰陽，蕩除災害也。夫天地定位，剛柔相摩，盈虛有時。堯遭九年之水，憂民阻饑；湯遭七年之旱，欲遷其社；豈律呂不和，音聲不通哉？此乃天然之數，非人道所協也。[41]

這段話中阮籍之言顯然猶是漢儒災異論立場下的禮樂論，而夏侯玄則明顯區隔了天道和人道兩個層面，天道是自然的，也就是純依天然之數的。這思想和前述「天地以自然運」的說法無疑有其一致性，因此我們當然可以說夏侯玄的「自然者道也」之自然，仍是廣義的氣化論意義下的自然。這也就是說如果何晏確是同意夏侯玄對自然的說法，則非常顯然的，他也只是藉老莊「自然」的概念，在重構氣化論而已，這當然只是楊雄一系的老路子，也完全呼應了荀粲的問題，而其實是和先秦道家無涉也。何晏的狀

---

[39] 參見楊伯峻《列子集釋》卷四〈仲尼篇〉頁七十五。

[40] 〈本玄論〉之名，在《魏志》卷九夏侯玄本傳注頁三二○引《魏氏春秋》，作〈本無〉，《世說·文學》注引《晉諸公贊》則作〈道德論〉（見《箋疏》頁二○二），而《文心·論說》則作〈本玄〉，今依王葆玹先生之考訂，作〈本玄論〉。參見《玄學通論》頁二六九～二七七。

[41] 《太平御覽》卷十六引，頁二一一。

況是如此，王弼又是如何呢？我們從《世說》的兩則記載，便可
以了解何王之理解雖有高下之分，卻無基本之歧異也[42]。大概當
時循此路向以求建立新易學者，實頗不乏人，如裴徽[43]、鍾會[44]等
恐怕也都是，王弼特其中最秀異之人耳。

　　當然，上述的證明大抵只是歷史性的考證居多，而假如這些
證明都有其一定的可信度，則它應也足以承當文獻詮釋的考驗，
因此，底下筆者即想直接取何王的文獻來分別和先秦道家、楊雄
一系的思想相比對，來進一步檢證前說。

　　就何晏而言，他所留下來的相關文獻非常有限，大概也只有
張湛引的兩條和《晉書‧王衍傳》裡的一點記載，其中比較重要
的是〈道論〉（王衍傳所引略同），此論云：

> 有之為有，恃無以生；事而為事，由無以成。夫道之而無
> 語，名之而無名，視之而無形，聽之而無聲，則道之全
> 焉。故能昭音嚮（響）而出氣物，包形神而章光景；玄以
> 之黑，素以之白，矩以之方，規以之員。員方得形而此無
> 形，白黑得名而此無名也。[45]

---

[42] 這兩則記載皆見《世說‧文學》，何晏自知王弼之老子注遠勝於己，遂不
　　復注，而以自己所注為〈道德論〉（見《箋疏》頁一九八、二〇一）。黃
　　宗羲〈易學象數論序〉云「論者謂其（王弼）以老莊解易，今讀其注，簡
　　易而無浮義，夫豈籠絡玄旨？」（《南雷文定》三集卷一）這其實是頗近
　　事實的說法。

[43] 《魏志‧管輅傳》頁六九七注引〈輅別傳〉云「冀州裴使君才理清明，能
　　釋玄虛，每論易及老莊之道，未嘗不注精於嚴瞿之徒也。」

[44] 《魏志》卷廿八鍾會本傳云「會嘗論易無互體」，其論雖無可考，但他反
　　對由互體以求象，則其易學方向當亦可以概見。

[45] 楊伯峻《列子集釋》卷一〈天瑞〉頁六～七。

這段話就字面上看，和上引夏侯玄之說是頗類似的。關於這能生
有之無，他也以無形、無名說之，此義亦見於〈無名論〉，如其
云：

> 夫道者，惟無所有者也。自天地已來皆有所有矣，然猶謂
> 之道者，以其能復用無所有也。故雖處有名之域，而沒其
> 無名之象。[46]

上引這兩段，其意旨很顯然是全等的，簡單說，道即是能生有之
無形、無名之無，而這無即處於有之域中，但「沒其無名之
象」。這最後一句話是特別值得注意的，如果這無只是沒其無名
之象，而非真無，則它是否即成一個本體論之概念呢？關於這
點，由於何晏的說法和王弼《老子注》的首章幾乎如出一轍，因
此筆者打算在下文再作討論，茲先按下不表。至於〈無名論〉的
另一個意思則是：

> 若夫聖人，名無名，譽無譽，謂無名為道，無譽為大。則
> 夫無名者，可以言有名矣；無譽者，可以言有譽矣。然與
> 夫可譽可名者豈同用哉？此比於無所有，故皆有所有矣。
> 而於有所有之中，當與無所有相從，而與夫有所有者不
> 同。

這意思的確應當即如王葆玹先生所說，乃是〈德論〉之核心內容
[47]。晏之意簡單說，道即是無所有，聖人比之於道，固仍是有，
但聖人卻能於有中而恆與無相從，因此他和一般之有是不同的。
依此意，很顯然和王弼之「聖人體無」的意思是完全一致的。王
弼體無義亦綜括於《老子注》首章，因此有關何晏與先秦道家及

---

[46] 同注卅九。

[47] 參見《正始玄學》頁一三二。

楊雄之對比，筆者擬完全併入王弼的討論中。以下即請專論王
弼。

　　歷來有關王弼的論者夥矣，王弼的著作份量亦巨，本文既非
專論王弼，則應如何處理他呢？所好者，筆者前曾有一蕪文，即
在專論王弼之哲學進路[48]，今茲略將拙文綜括如下，或可免辭費
也。在拙文中，筆者純從哲學上詳論了通過先秦道家哲學，也就
是從偏就「作用的保存」這一工夫論角度以說一套境界型態形上
學的方式，來論說王弼哲學，其實對王弼哲學的詮釋是不利的，
這原因乃在於它將無法「正視於王弼對一些儒家式實踐法則所賦
予的建構性功能」，從而導致王弼的老學和易學脫鉤的結果。筆
者在該文中明白指出，之所以會形成上述不適切解釋模式的原
因，乃是由於不曾注意到王弼在《周易略例・明象》一文中提出
「得意忘象」之原則時，對「忘象」一詞所出現的歧義，因而顛
倒了忘象和得意間的關係。然而：

> 如果我們注意到王弼前述的文字，便會很容易發現到他所
> 說的忘象，是作為得意的一種方式或手段，而所謂的意，
> 則顯然是指每一卦的「卦意」，這所謂的卦意，當然應是
> 指每一卦的時位，以及相應於此一時位概念的智慧而言，
> 而王弼從未只以一個「無」字來概括這一切。[49]

於此，筆者指出了「忘象」不能突出於「得意」之外，以為一個
獨立的實踐法則，因此我們也無法將忘象等同於莊子之「坐忘」

---

[48] 見拙作〈王弼哲學進路的再檢討〉，本文原發表於第三屆魏晉南北朝文學
　　與學術思想學術研討會，為便查考，茲收錄於本書附錄。
[49] 詳見前引拙文，本書附錄頁二五〇。

50。若非然者,必將使「得意」這概念在王弼易學中的關鍵性完全落空。以此,筆者以為原則上王弼所謂的忘象以得意,其實乃是類同於邵康節「觀物」的概念[51],亦即它並不是在強調坐忘祛執這一種精神上聖證的工夫,而是只以一種「冷汰於物」的方式,以某種隔離現實牽纏的態度,來相應於時位以把握最適切的處事原則,也就是說忘象這一工夫本身並不特指一個價值,它只是一種純工具性的工夫而已。

筆者依上述論證,大抵是比較哲學性地說明了並不適合用先秦道家的思想來籠罩王弼,因為它至少是和王弼的易學不搭調的。由此,筆者乃進一步提出了一個假說,亦即如果我們並不分離式地處理王弼的易學和老學的話,則我們就也沒有理由說王弼的老學乃是對先秦道家的復興,因此筆者通過另一方式,讓王弼和楊雄一系的思想形成了聯繫。關於此一假說,筆者在拙文中曾進行了一些初步的論證,當然該文的論證是相當粗疏的,如果真要進行嚴格的論證,至少必須先通過王弼的所有原始文獻。不過限於本文的體例,筆者事實上也不可能真的辦到這點,為了折衷起見,筆者乃擬在前述拙文論證的基礎上,選取一段最重要的文獻——即王弼《老子注》首章中「無名天地之始」以迄「常有欲

---

[50] 戴璉璋先生〈王弼易學中的玄思〉云「王弼所謂忘,應該是本於莊子坐忘的說法。」(《中國文哲研究集刊》創刊號頁二二二)

[51] 關於邵雍的觀物之說,筆者在拙作《儒家圓教底再詮釋》中曾云「(邵雍)觀之工夫,乃在於深入運會之幽微,而深入之道,在於一種至誠專一,不為一切主觀牽纏的冷汰萬物式的純客觀態度,因此他言『以物觀物』,言『誠』,其實重點乃在『心如止水之定』,在於不為情所擾,所謂『以物觀物,性也;以我觀物,情也。性公而明,情偏而暗』是也。」參見拙作頁三～四。

以觀其徼」這一小段－－來作一較精細的處理。之所以只選擇這一段的積極理由，乃是因爲它大致已可反映出王弼之學的基本原則，且足以籠括上述何晏的一些文獻之故。筆者的處理方式，乃是通過牟宗三先生對這一小段的疏解以爲對比[52]，來檢討這段文獻的恰當理解模式。

在「無名天地之始，有名萬物之母」下，王弼注云：

> 凡有皆始於無。故未形無名之時，則爲萬物之始。及其有形有名之時，則長之、育之、亭之、毒之，爲其母也。言道以無形無名始成萬物，（萬物）以始以成而不知其所以（然），玄之又玄也。[53]

這段文獻純字面地分析，王弼之意甚明，即道乃是無，此無是無形無名的，而無會生有，有即萬物，但萬物於長育亭毒中，無形無名之道仍是以玄之又玄的方式內涵於其中的，只是萬物皆不知其所以然而已。但如此說亦有一些麻煩，其問題乃出在「及其有形有名之時」這句話上，它彷彿是說道亦有「有形有名」一面的性質，因此牟先生的疏解即以爲王弼雖由無名、有名斷句，但實際上則和從無、有斷句並無不同，其意乃在「提練無與有爲兩個獨立概念，而結果無、有、物爲三層」[54]，有並不即下屬於物，這遂形成道之「有無雙重性」。然而這樣一來，弼注之下文便有問題，因爲下文似乎並不能顯示出有與物之分別。爲此，牟先生乃以爲弼注原文應有所增添，即在「道以無形無名始萬物」之下

---

[52] 參見牟宗三先生前引書頁一三○～一三五。

[53] 關於王弼注文，本文俱依據樓宇烈先生之《老子周易王弼注校釋》，下文茲不另作說明。

[54] 牟先生前引書頁一三○。

加上「以有形有名成萬物」這麼一句話，從而乃能使「無形無名
與有形有名俱指道說」[55]。

　　牟先生這樣的解法，實際上導出了一個後果，亦即他將王弼
和老子的原文作成了統一的解釋，它們皆以無有的二重性來代表
形上的世界，而與物所代表的形下世界成爲對蹠。筆者同意，牟
先生此一疏解的確頗足以創造性地展示出老子的義理結構，然而
它真適合用來說王弼嗎？筆者以爲牟先生對王弼注中「及其有形
有名之時」這句話實有誤讀，他很可能將「其」字誤當成了所有
格的代名詞，可是王弼明明是將「及其」二字連讀，如此一來，
注文中這幾句話乃成了另一個意思，它是說當萬物是有形有名之
時，那無形無名之道仍是內在於萬物之中，以長育之、亭毒之，
而爲萬物之母。這意思其實也完全表現於〈老子指略〉的第一段
中，在這段裡，王弼完全只提到道的無性，如其云「夫物之所以
生，功之所以成，必生乎無形，由乎無名，無形無名者，萬物之
宗也」，這只是無與物之二分而已。然後王弼復提到「四象不
形，則大象無以暢，五音不聲，則大音無以至。四象形而物無所
主焉，則大象暢矣，五音聲而心無所適焉，則大音至矣」[56]，其
中大象、大音自然是指「道」而言，它與四象、五音這些物形成
對蹠，同時正是在物無所主的狀況下，也就是說在不知物以何爲
主之下，道乃內在於其中了；這顯然即是在描述無形無名之道與
物的直接關係，而其中根本就看不到道的「有」性。如果我們真
承認〈指略〉是王弼的作品的話，則筆者以爲並不適合以有無二
重性來解王弼，換言之，牟先生之想以老子來範圍王弼的作法，

---

[55] 同上，頁一三一。
[56] 上兩段文俱見樓宇烈《老子周易王弼注校釋》頁一九五。

未必是恰當的。然則，當我們認爲王弼的思想中只保留了道的無性，有則下屬於物，成爲無與物二分的結構時，究竟會發生什麼影響呢？

關於這個影響，我們必須先看到王弼對「故常無欲以觀其妙，常有欲以觀其徼」的解釋。他說：

> 妙者，微之極也。萬物始於微而後成，始於無而後生。故常無欲空虛，可以觀其始物之妙。
>
> 徼，歸終也。凡有之爲利，必以無爲用。欲之所本，適道而後濟。故常有欲，可以觀其終物之徼也。

前一段的字面大抵沒問題，它是說無形無名之道生成萬物，而亦因道之無形無名，故唯無欲空虛乃足以窺見此道之無性。但後一段如何說呢？尤其是「終」字應該怎麼講？對於這意思，牟先生是如此說的：他將「利」解爲「有限之定用」，而「用」則爲「無限之妙用」，於是「凡有之爲利，必以無爲用」一語，乃順其無有物三層之格局，而理解爲「道之無性」乃是成就「道之有性」之落實而爲有限之定用的根據。從而，他乃將「欲」理解爲「欲向」，此欲向即聯繫於道之有性，此有性有一終成性，它即指向於定用；而欲向之有仍必本於無，故云「欲之所本，適道而後濟」也。因此，依牟先生的解法，「常有欲，可以觀其終物之徼」[57]一語，乃是說吾人必須常有一欲向，然後始能體會出由道之有性而來的終成性。

綜觀牟先生這樣的疏解方式，我們大略已可看出他的企圖，亦即他可在本體與工夫間作成一種聯繫：如果說道有「有無雙重性」，則工夫也有無欲和有欲這兩種相應的工夫，通過無欲足以

---

[57] 參見牟先生前引書頁一三四～一三五。

把握道之無性，通過有欲則足以把握道的有性。於是綜合無欲與
有欲，乃成為把握道的本質工夫。然後他復進一步說，這無欲與
有欲本質上乃是一種主觀上的聖證工夫，唯其是聖證的工夫，它
乃必然指向於某種意義性的精神境界，基於此，則所謂道的有性
與無性，也自必呼應於此一精神境界，因此牟先生乃肯定地指
出，王弼和先秦道家一致地表現出一種「境界型態的形上學」
[58]。

　　牟先生上述的論證，自然是十分縝密的。然而如我們已然指
出的，王弼事實上並不曾表示過道具有「有性」，那麼它會不會
使牟先生對王弼的全盤判斷皆告落空呢？如他自己所說的「若只
是常無欲，則道之為無，即為抽象之無。抽象之無，則無掛空而
不具體」[59]，這不就問題嚴重了嗎？筆者以為，牟先生的確為了
牽就無有物三層說，而導致了整個疏解太過緊煞，其實真有必要
如此嗎？在筆者看來，「凡有之為利，必以無為用」這一句，事
實上並沒有那麼曲折。如果「有」只是指「物」而言，則這句話
實只是〈指略〉所謂的「天生五物，無物為用」的同義語而已，
它乃是說物之所以能為我們所用，也就是說物之所以為物，是因
為無形無名之道內涵於其中的原故。照上下文來看，這句話是類
比著上面「萬物以始以成而不知其所以然」而來的，亦即從萬物
以始以成的角度看，物既已成矣，道自然即落在具體之物事上，
此即所謂「終物之徵」也。因此徵和終並沒有牟先生所想的那麼

---

[58] 就詮釋言，牟先生對王弼的理解，似乎是有預設框架的。他在許多重要的
　　語句上，並未將王弼注視為是一獨立的文本，而是根據他對老子的理解來
　　順通王弼注，這裡實在不免有依老子以詮釋王弼之嫌。

[59] 牟先生前引書頁一三五。

嚴重，它只是說道並不離於具體的存在而已。於是我們可以綜合而說，王弼這兩段注解，原則上乃是表示道生成萬物而即內在於萬物，但由於它是無形無名的，因此我們唯有通過無欲來從原則上把握道之生物，並通過有欲來把握那已內在於萬物之道。以此而言，無欲和有欲當然還是工夫義的，但它們顯然並不是指兩類工夫而言，因為它們所要把握的道是同一個的原故。然則在此一思路中之無欲、有欲和道之實義又應如何說呢？

既然按王弼的觀點，形而上的無形無名之道，必須和無欲、有欲的工夫形成為某種配稱的關係，則我們可以考慮幾種可能的詮釋方向，其可能性究竟如何？首先，我們當然還是得排除王弼之道乃是任何一種實有型態形上學之可能，這原因很簡單，蓋無欲、有欲之工夫無論是什麼意思，它都不太可能含著認知性的原故[60]。其次，由於道的「有性」不可說，則牟先生由某種聖證工夫所說的境界型態之形上學亦不可說，這是因為若非然者，則道之無必將落入牟先生所已明白指出的某種「抽象之無」之故。然則如此一來，寧非等於封殺了將王弼的觀點往形上學系統詮釋的絕大多數可能嗎？那麼我們還有什麼可考慮的方向？

筆者以為正是由於這個原故，我們乃必須鄭重考慮王弼思想和楊雄的關係。如前所述，楊雄思想的重點乃在嘗試將神格化的氣化論，修改為另一意義的自然氣化論，為此他乃將作為氣化創生核心之「玄」，推出去成為無形無名，不可得聞的存在，而後他則強調本人事以明天道，欲把握無形無名之玄，唯有從人事之立場著眼。這樣的一套思想自然不是一套嚴格的形上學，但它和王弼前述觀點的近似性不是很顯然的嗎？如果我們將楊雄之玄換

---

[60] 參見拙作〈王弼哲學進路的再檢討〉，本書附錄頁二三九～二四○。

成王弼所說的無、道，將楊雄之「以人占天」具體化而爲「無欲、有欲」以觀道始物之妙、終物之徼，則王弼豈非正是另一位活脫的楊雄嗎？當然，思想形式的近似性，只能是一個消極的理由，其更積極的理由則只是一點，既然王弼所說的無形無名之道，並不適合用任何形式的形上學、本體論來說，但它卻又同時是萬物生成之源，則這個道之無當然只能往氣化論的角度去想，亦即它乃是氣化意義下的萬物創生之源。基於此一意義，再加上王弼一再強調它是無形無名的，也就是說它是非神格化的，這就很自然地會聯繫到楊雄所說的「玄」之上。這也就是說，筆者於文獻上通過與牟先生疏解之對比，確認了王弼思想確實並不適合用先秦道家的思想來規範，依筆者如上批判性詮釋的結果，王弼思想的確是應管歸楊雄一系的。

根據如上這一義理型態的歸屬，我們才能進一步確認王弼所謂「無欲、有欲」這一工夫的實義。何以言之呢？如果說那無形無名的道乃是氣化意義下的萬物創生之源，而無欲、有欲又正是觀此道的工夫，則王弼所謂的無欲、有欲，其意義必定是很特別的，它一則不應從欲之劣義－－即欲望－－上去想，二則它也不應從聖證的工夫上去想，因爲這些想法和氣化意義的創生之源有何相關呢？於是，若想進一步解明其義，我們乃必須回到楊雄建構太玄這一體系的原初問題意識。前文我們曾提及，楊雄之所以建構太玄，乃是爲的要修改神格化的氣化論，但他並不是反對天命意志說，也不反對天命和人事有聯繫，他所唯一反對的只是將人事問題的解決完全歸屬於天命之占測而已，爲此他乃提出了「聖人以人占天」的說法，希望由對人事的解明而完成爲對天命的解明。當然，從嚴格的角度看，楊雄只是提出了這麼一個籠統的原則，至於更具體的實踐原則，他不但不曾提供，而且他整個

太玄的結構也多少是和他自己的原則有些矛盾的。這且不言。至少楊雄的問題意識指向著一點，即玄這一氣化意義的創生之原，它的天命意志乃是散在人事之中的。楊雄這一問題意識，無疑也正是王弼「卦以存時，爻以示變」的思路[61]，時是由天命而來的，而它即存於人事的情偽之變中。於是我們乃能通過對卦爻時變的把握，進而觀照到天命的奧祕。唯有把握住這個意思，然後我們才能想像居然可以讓無欲、有欲的工夫和氣化意義下的萬物之原發生關係。當然，這也在另一意義下，說明了王弼的老子學乃是必須附隨在他的易學之下的。

依照上述了解，則我們馬上可以作下的判斷，乃是無欲這個工夫即等於「忘象」之工夫，亦即它是一種工具意義上冷汰於物的姿態。因爲唯其如此，始能準確相應於時變而掌握住由天命所透露的智慧，進而窺見天命之奧祕也。這事實上也就是王弼說「聖人體無」的意旨所在。至於有欲也同樣作爲一個體道工夫，它自然不能離開上述的無欲來理解。王弼說「欲之所本，適道而後濟」，欲既是通往道而止，無欲亦是通往道的，則無欲、有欲便不應是一組背反，那麼這有欲應如何理解呢？如果無欲是指一種冷汰於物的姿態，則我們可以如此想，以一種冷汰之心應物，會不會導致某種和世間的抽象與隔離呢？而這種抽象與隔離真是必要的嗎？然則我們可不可以進一步想一種隔離而不隔離、冷汰而不冷汰的姿態？筆者以爲這後一種想法，恐怕正是王弼將有欲理解爲一種工夫的想法，也就是對比於忘象而說一種忘而不忘的工夫；當然我們也可以再讓無欲和有欲這兩種工夫來回倒，而說

---

[61] 參見王弼《周易略例》〈明爻通變〉、〈明卦適變通爻〉等篇。見樓宇烈《校釋》頁五九七～六〇九。

忘而不忘，不忘而忘也。何以知之？其實我們只要注意王弼的
「聖人有情」義，即可顯見上述的理解並不是沒有根據的[62]。

　　以上，筆者大致通過對王弼〈老子注〉首章部分句子的重新
疏解，再度確認了王弼思想和楊雄的淵源。當然，在這一確認過
程中，我們也的確發現王弼是將楊雄一系的思想作了高度的發
展，不過，這完全不影響我們對王弼之學的問題意識和哲學進路
的判斷。根據這樣的討論，我們再回頭看到前引何晏的說法，便
可以注意到，他一樣主張道是無形無名的，是「無所有者」，有
則下屬於物，所謂「自天地以來皆有所有矣」是也。可見他也一
樣採取有無二層論的立場。同時，他復云「有之爲有，恃無以
生」，「然猶謂之道者，以其能復用無所有」，可見他也主張道
能生有而且內在於有。這些說法無煩辭費，便可顯見它和王弼的
雷同處。因此，我們乃可如是斷定，何王之學的問題意識和哲學
進路，完全是繼承楊雄一系而下的，只是他們更能將這一漢代非
主流的思路，進一步和經典結合，並提供一套完整解釋而已。換
言之，通過如上各角度的證明，我們都必須肯定的說，以何王爲
代表的正始玄學，其內容其實只是漢代學術的延續，儘管王弼在
延續中也開創了新典範，但由於他們的問題意識仍是在原來的學
術傳統中，因此，筆者以爲何王最多只能說是別開生面，卻實在
不能說是開了一個新時代的。

---

[62] 王弼說「聖人有情」之義，包括兩組意思，一是「茂於人者神明也－－體
　　沖和以通無」，一是「同於人者五情也－－有哀樂以應物」（參見《魏
　　志・鍾會傳》頁六八一注引何劭〈王弼傳〉），這不恰好正是此處所說
　　「無欲、有欲」這一組工夫嗎？

　　然則這也就回到了本節開頭的問題，即正始玄學和竹林以下的玄學是一致的嗎？關於這問題，我們必須進至下節的討論。

第二節　嵇康的家世信仰與其問題意識

　　一般討論玄學的學者，無論其分期主張爲何，總是將玄學視爲是一個有別於漢代學術的完整單位。然而依照上節所述，何王之學雖亦不見得同意作爲漢代主流思想的神格化之氣化論，但他們基本上仍只是延續著漢儒的基本命題，所不同者，他們自有另一套模式以把握天命之道而已。如此一來，說玄學是有別於漢代學術的單位，當然就有些問題了。這時，我們是否還要將玄學視爲是一完整單位呢？如果它還是一完整單位，則玄學的整體都只是漢儒命題的延續嗎？這似乎更有違於一般的常識。如果它不再是一個完整單位，則玄學的新質素是何時、如何出現的呢？關於這個問題，由於一般皆公認正始和竹林代表玄學的兩個雖接續但又有明確區隔的時期，而竹林玄學又無疑是以嵇康爲核心，因此我們乃有必要先對比一下嵇康和何王的問題意識，來看看他們的異同。當然這一對比對於理解嵇康思想自亦具有關鍵性。

　　從表面上看，何王和嵇康之間似乎是有同有異的。嵇康不可能不知道何王，但他卻從未提過何王，我們也找不到任何他們曾有往來的證據，在嵇康集中也完全沒有引述過何王的任何論點（即使是暗暗稱引），這以何晏之傾動天下來看，的確有些不尋常。以嵇康之無懼當道，即使毋丘儉兵變被殺，他都還敢寫〈管蔡論〉爲之辯誣，我們當然很難假設他是爲了政治因素而不敢提

何王，更何況王弼也不可能觸犯什麼政治禁忌，但何以會有此現
象呢？尤其如果他們的思想有其一致性的話，這現象當然更是匪
夷所思的。再者，嵇康之論易似乎仍依漢儒矩矱[63]，這和我們說
何王是在嘗試構造一套新易學，又似乎是不太搭調的。但是，一
如前述，他們似乎又同樣支持自然氣化論。然則我們應如何判斷
他們的異同呢？

　　上述這些表面理由，固然指出了一些事實，不過還不足以構
成真正判斷的依據。嵇康是不曾反漢易，也不曾提及何王，但未
必就不能與何王思路相呼應，這就如何王亦不曾提及楊雄、王充
一般；同樣的，嵇康和何王雖共同主張自然氣化論，但它在各人
的義理系統中所扮演的效果也可以是各異的。因此我們有必要更
深入嵇康問題意識的內部。然而發覺其問題意識的線索何在呢？
在上一章中，我們看到了嵇康思想中屬於意識型態的一面，這當
然構成了其問題意識的一個部分。但我們也曉得它恐怕只是嵇康
思想中比較次要而負面的側面，而我們在嵇康集中，隨處可見的
關於養生延年、遊仙高蹈的說法，則顯然是其思想中一項主要特
色，這思想是從那裡來的呢？許多論者都很明確指出了道教所扮
演的角色，但一般人常以為這是因為嵇康受了現實刺激而產生的
思想轉向，如曾春海先生即云：

> 至於他（嵇康）羨慕神仙及篤信採食導養延年益壽的養生
> 說，明顯的是受了道教的影響。……至於他崇信道家、道

---

[63] 嵇康〈答釋難宅無吉凶攝生論〉云「乾坤有六子，支幹有剛柔，統以陰
　　陽，錯以五行，故吉凶可得，而時日是其所由，故古人順之。」（《校
　　注》頁二九六）依此說，則嵇康所理解的易學，顯然仍是漢儒的老說法，
　　而和王弼之觀點無關。

教養生說的時代背景，與他的歷史際遇有關。因為他經歷過正始以來，兩大集團基於權力鬥爭所興發的一波波殘酷殺戮，使苦短的人生，復因人為的外力干擾，使得寶貴的生命更顯倉促和有限，嵇康對人為的亂源及惡勢力，無力於扭轉。在隱忍和無奈於現實不合理的處境下，他對身外之物看得很淡泊。[64]

筆者以為，這樣的講法顯然是誇大了一些歷史事件對思想家基本思想的影響力。我們且不說高平陵事件的殺戮未必有魏諷事件慘，即使它確有影響，也只能說對思想家某一思想成素具有強化與突顯作用而已。在筆者看來，注意到道教對嵇康思想的影響，當然是很重要的，但我們尤其必須注意到的更是道教乃是其家世信仰這一狀況，而不是繞到現實事件上去找一些外緣理由。

嵇喜在〈嵇康傳〉中曾云嵇家乃「家世儒學」，看來這只是嵇喜為自家粧點門面的話。侯外廬的考證說他家出身寒素，應該是可信的[65]。嵇喜又謂康「學不師授」，康亦自云「不涉經學」，更是證明他和儒學沒有多大關係[66]。因此，對嵇康之成學過程，比較值得注意的乃是下述幾條材料：

長而好老莊之業，恬靜無欲，性好服食，常採御上藥。[67]

---

[64] 曾春海先生《嵇康》頁十。

[65] 參見侯外廬先生《中國思想通史》第三卷，頁一二七～一二八。

[66] 或謂嵇康曾入太學鈔古文，遂謂他亦曾為儒學。但鈔古文、學儒學和儒學出身自是兩件事。在〈難宅無吉凶攝生論〉中，康曾謂阮侃云「此皆足下家事，先師所立」（《校注》頁二八一），可見康自己亦未以儒學為其家事。

[67] 《魏志·王粲傳》注引嵇喜〈嵇康傳〉，頁五四二。

> 爰及冠帶，馮寵自放，抗心希古，任其所尚。託好老莊，
> 賤物貴身，志在守樸，養素全真。[68]
> 昔蒙父兄祚，少得離負荷，因疏遂成懶，寢跡北山阿，但
> 願養性命，終己靡有他。[69]

這幾條材料都已清楚地指出了他早在冠帶之前，即已好老莊之
道，而他所謂的老莊，可不是和易混在一起的老莊，而是養素全
真、採藥服食、導養性命的老莊，也就是道教所說的老莊。其時
間大略在正始以前，曹魏國勢鼎盛之時，也是他猶居譙國鄉間之
時。以此來看，嵇康之好老莊，和當時學術主流是沒什麼關係
的，他的家世也只是個寒素出身，父又早死，因此也不可能是什
麼家學淵源，在這狀況下，也許環境的氛圍是個很好的解釋吧！
於此值得注意的是他的籍貫。康是譙國銍人，而陳寅恪先生〈天
師道與濱海地域之關係〉一文，有一個頗饒興味的說法云：

> 自戰國騶衍傳大九州之說，至秦始皇、漢武帝時方士迂怪
> 之論，……皆出於燕齊之域。……神仙學說之起原及其道
> 術之傳授，必與此濱海地域有連，則無可疑者。故漢末黃
> 巾之亂亦不能與此區域無關係。……張道陵順帝時始居
> 蜀，本為沛國豐人，其生與宮崇同時，豐沛又距東海不
> 遠，其道術淵源來自東，而不自西，亦可想見，此後漢之
> 黃巾米賊之起原有關於海濱區域者也。[70]

說琅玡豐沛濱海一帶是神仙方術之起原地，可信度當是很高的，
《史記·封禪書》載宋毋忌、正伯僑、羨門高等人皆燕人，為

---

[68] 〈幽憤詩〉，《校注》頁廿七。

[69] 〈答二郭〉之二，《校注》頁六十二～六十三。

[70] 見《金明館叢稿初編》頁一～三。

「方僊道」、「形解銷化，依於鬼神之事」，即可證[71]。由此流衍而成道教，此一信仰亦以上述地域爲流行地，亦是很可想像的，而譙沛本即緊臨，因此說嵇康恰好生長在道教流行之地，應是可信的，加上他的寒素出身，受此民間信仰影響的可能性自然更高。綜合上述這些狀況，則我們應該有理由推斷，道教其實原本就是嵇康的家世信仰。而如果這一推斷不離譜的話，則我們便將擁有一個切入嵇康問題意識的關鍵點。

儘管道教能不能算是一個嚴格的宗教，也許尚有疑義，但它無疑是足以喚起信仰者深刻的宗教情感和宗教意識的，因此，如果道教真是嵇康的家世信仰，則我們便絕對有必要問它究竟喚起了嵇康什麼樣的宗教情感和意識？而它和嵇康的整個問題意識又形成了什麼樣的關係？再者，如果我們要對比何王和嵇康問題意識的異同，卻又找不到其它可資聯繫的線索時，道教可不可能會是整個判斷的關鍵所在呢？這也就是說何王的問題意識可不可能是通過道教而轉移到嵇康身上的？或者說儘管何晏是個好服寒食散的名士[72]，但何王之學和道教根本就扯不上關係呢？當然，無論是那一種情形，其關涉都是十分重大的。爲此，筆者有必要先對當時的道教發展作一歷史的與哲學的交待。

我們現在一般所謂的道教，固然都是斷自東漢中葉以後，也就是它開始有了儀軌和社會性的組織之後，但在內容上，它無疑

---

[71] 參見瀧川龜太郎《史記會注考證》卷廿八，頁五〇一～五〇二。

[72] 《箋疏》頁七十四云「何平叔云：服五石散，非唯治病，亦覺神明開朗」，注復引秦承祖〈寒食散論〉云「魏尚書何晏首獲神效，由是大行於世，服者相尋也。」

乃是流行於漢代之民間信仰與方術的綜合體，間亦夾雜由大傳統流衍而來的一些觀念[73]。日人窪德忠氏給道教的定義是：

> 以古代民間雜多信仰為基礎，以神仙說為中心，益以道
> 家、易、陰陽、五行、卜筮、讖緯、天文、占星諸說，及
> 巫術信仰；摹倣佛教體系與組織等宗教形式，整理構造為
> 一種以長生不老為主要目的，重視現實利益之自然宗教。
> [74]

這一定義大抵是堪稱完備的，只是如果漢代社會是以儒術為大傳統的主要內容的話，道教這一小傳統和大傳統間自亦有相當程度的交涉，這也就是如《中國道教史》所謂「早期道教神學都把維護禮教作為頭等教戒」的由來[75]。換言之，道教只是一個有著某些共同的思想、意識傾向，卻未必有著共同教義及方術內容的鬆散的宗教，這也就使得道教一名只是個眾多道派的總稱，而不是什麼定名[76]。這當然也就增加了我們描述上的困難，因為有時我們將很難區分出道教和一些方術流派的差別，也許像張道陵之流可能只能算是方術之士，但張角、張脩，以及陵孫張魯則因已有

---

[73] 有關大傳統與小傳統的區分，本文主要參考余英時先生借自人類學者的說法，它大約是近於高層文化與民間文化的區分。參見《史學與傳統》序言，頁十一～十七。

[74] 參見窪德忠《庚申信仰》，《中國之道教》頁一七七，此處文字轉引自李豐楙先生《魏晉南北朝文士與道教之關係》頁十八。

[75] 任繼愈等《中國道教史》頁十六。

[76] 按史籍所載，早期的道派至少就有張角的太平道、于吉的于君道、張陵的五斗米道，五斗米道奉天師之名，故又稱天師道，此後又有如李家道、帛家道等雜俗道派，故李豐楙先生前引書頁十八云「道教者實非特定教派之專稱，魏晉道派雜多，三張、二葛為主，惟皆未專用道教一名。」

完整組織型態，應該可算作嚴格的道教了吧！不過筆者亦懷疑它
們之間是不是一定可以明確界分。

　　然而如果我們從較寬泛的角度來看道教思想的形成，則大概
不會有人懷疑《太平經》的地位。這部長達一百七十卷的大經應
該不是一人一時的作品，如果從西漢甘忠可的《包元太平經》算
起，以迄東漢于（一作干）吉、宮崇的《太平清領書》，至此
經，它的成形至少經歷了兩百年以上[77]。就其內容來看，它其實
乃是兩漢所有方術思想的大雜燴；《雲笈七籤》等論此經之主旨
乃是所謂的「三一為宗」[78]，它主要包含了「精氣神」這三者的
結合，由之而言神仙之學，以及「天地人」三者的結合，由之而
言致太平之道。而這兩面的內容，俱由「元氣」一概念來統攝，
如以下兩段話云：

> 元氣有三名：太陽、太陰、中和。形體有三名：天地人。
> 天有三名：日月星，北極為中也。地有三名：為山川平
> 土。人有三名：父母子。治有三名：君臣民，欲太平也。
> 此三者常當腹心，不失銖分，使同一憂，合成一家，立致
> 太平，延年不疑矣。故男者象天，故心念在女也，是天使
> 人之明效也。臣者為地通譚，地者常欲上行，與天合心。

---

[77] 甘忠可造《包元太平經》事見《漢書》卷七十五〈李尋傳〉頁一四一○，
事在成帝時，由成帝迄東漢末，約有兩百年之久。于吉、宮崇事見《後漢
書・襄楷傳》頁三九○。關於從《包元太平經》以迄《太平經》這一源流
的考證，參見湯一介先生《魏晉南北朝時期的道教》頁二○～二十六。

[78] 參見《道教義樞》卷二〈七部義〉云「太平者，此經以三一為宗」（《正
統道藏》冊四十一，頁七八三），又《雲笈七籤》卷六〈四輔〉云「太平
者，三一為宗」（《正統道藏》冊卅七，頁一五○）。

> 故萬物生出地，即上向而不止，雲氣靡天而成雨。故忠臣
> 憂常在上，汲汲不忘其君，此地使之明效也。……[79]
> 夫人本生混沌之氣，氣生精，精生神，神生明。本於陰陽
> 之氣，氣轉為精，精轉為神，神轉為明。欲壽者當守氣而
> 合神，精不去其形，念此三合以為一，久即彬彬自見，身
> 中形漸輕，精益明，光益精，心中大安，欣然若喜，太平
> 氣應矣。脩其內，反應於外。內以致壽，外以致理，非用
> 筋力，自然而致太平矣。[80]

這意思是很清楚的，元氣代表的是一個最根本的質素，由這質素
乃決定了「天人交感」的一切層面，包括自然的、人文的，內在
的與外在的。由這簡單的說法中，我們可以確定的說，太平經其
實正是漢代天人感應這一主流思想的具體反映，換言之，道教的
起源思想是和災異論思想切不斷關係的。

在這樣的基本思想型態中，《太平經》也說明了它幾個中心
概念的關係，它說：

> 元氣行道，以生萬物，天地大小，無不由道而生者也。故
> 元氣無形，以制有形，以舒元氣，不緣道而生。自然者，
> 乃萬物之自然也。不行道，不能包裹天地，各得其所，能
> 使高者不知危。天行道，晝夜不懈，疾於風雨，尚恐失道
> 意，況王者乎？三光行道不懈，故著於天而照八極，失道
> 光滅矣！王者百官萬物相應，眾生同居，五星察其過失。
> 王者復德，德星往守之。行武，武星往守之。行柔，柔星

---

[79] 王明《太平經合校》頁十九。
[80] 同上，附錄引〈太平經聖君祕旨〉，頁七三九。

> 往守之。行強，強星往守之。行信，信星往守之。相去
> 遠，應之近。天人一體，可不慎哉！[81]

這段話顯然以爲，道乃是最基本的、具神格意味的最高位概念，元氣無形而依本於道，以生萬物。於此，經文復引入自然這一概念，但看起來，這概念似乎僅是指萬物之順元氣而已，故它僅是描述無形之元氣通往萬物這一行程，而初無深意也。故經文亦云「元氣自然，共爲天地之性也」[82]。在這樣一套氣化宇宙論的構架中，雖然看似引進了一個道家的概念，其實它的本質仍只是在強調道的神格性，以及由之而來的天人一體說，因此，它不惟是和先秦道家無涉，而且也和楊雄之引入道家的基本企圖有著本質的不同。不過，無論如何，它還是由此開啓了一條由神格化氣化論通往道教的道路，所謂「自然使天地之道守，行道不懈，陰陽相傳，相付相生也」[83]，也就是自然成爲道的一個通孔，這當然就使得《太平經》之思想很容易往道教接引了。

　　然而，真正在內容上足以促成由《太平經》通往道教的，則是「守一」這個概念。「守一」之說無疑是由老子中借用過來的[84]，但卻將之改造進它的神格化氣化論之中。當然，這一借用，《太平經》未必是始作俑者，魏伯陽的《周易參同契》即有另一

---

[81] 同上，頁十六，「以制有形」下疑有脫漏。

[82] 同上，頁十七。

[83] 同上，頁七〇一

[84] 同上，頁七四三，附錄引〈太平經聖君祕旨〉云「夫守一者，……元氣之首，萬物樞機。天不守一失其清，地不守一失其寧，日不守一失其明，月不守一失其精，星不守一失其行，山不守一不免崩，水不守一塵土生，神不守一不生成，人不守一不活生。」可以爲證。

種借用模式，因此，類似的借用恐怕早已流行在神仙方術中[85]，只是《太平經》更作了一些宇宙論理論的敷衍而已，如它說「一者，乃道之根也，氣之始也，命之所繫屬，眾心之主也」是也[86]。它在另一段中更云：

> 一者，數之始也；一者，生之道也；一者，元氣所起也；一者，天之綱紀也。故使守思一，從上更下也。[87]

然則守一即是守道，守道即是守住天人感應之格局，也即是求長生、致太平之工夫。所謂「夫守一者，可以度世，可以消災，可以事君，可以不死，可以理家，可以事神明，可以不窮困，可以理病，可以長生，可以久視」[88]，即是最明確的說明；由此，《太平經》當然也就可以和許許多多的方術構成直接的連繫。

我們必須注意的是：《太平經》的基本架構幾乎完全地轉移到《老子河上公注》、《老子想爾注》等，在早期道教思想中扮演著關鍵角色的作品之中。換言之，這些作品仍然是在天人感應說，神格化的氣化論籠罩之中的。如《河上公注》卅二章云「侯王動作能與天相應合，天即下甘露善瑞也」，四十七章亦云「天道與人道同，大人相通，精氣相貫。人君清淨，天氣自正；人君多欲，天氣煩濁。」[89]《想爾注》殘卷亦謂「上聖之君，師道至

---

[85] 湯一介先生以為此一借用早始於嚴君平《道德指歸論》，參見湯氏前引書頁一三二。另《周易參同契》下篇〈五相類〉云「引內養性，黃老自然；含德之厚，歸根返元。近在我心，不離己身，抱一毌舍，可以長存」。

[86] 同注七十九，頁十二～十三。

[87] 同上，頁六十。

[88] 同注八十四。

[89] 本文凡引及《河上公注》之文，俱參閱呂東萊重校《音注河上公老子道德

行，以教化天下，如治太平，符瑞皆感人功所積致者」，他如王
者行道，則「諸與天災變怪，日月運（暈）珥，倍臣縱橫，刺貫
之咎，過罪所致。五星順軌，客逆不曜，疾疫之氣，都悉止矣」
都是明證[90]。又如《河上公注》和《想爾注》亦屢言「治國、治
身」長生久視、致太平之道，關於這點與《太平經》的關係，近
人考證尤多，更是不煩詳論了[91]。當然，它們在大同之中，亦頗
不乏小異，而這小異也恰好可以看出道教思想發展的軌跡。

　　如果今人的考證大抵不差的話，則《河上公注》應該晚於
《太平經》而又早於《想爾注》，至於《想爾注》則大概即是張
魯的作品[92]。依這樣的時間順序，則有一點是十分值得留心的，
亦即「治國」和「治身」的本末先後關係。在《太平經》，求長
生和致太平大抵是平列的關係，並無孰爲本、孰爲末的問題。但
到了《河上公注》，則誠如湯一介先生所指出的，治身成爲了治
國之本[93]。如該書首章注，謂老子之「常道」爲「自然長生之
道」，又五十九章「有國之母，可以長久」注云「國身同也。
母，道也。人能保身中之道，使精氣不勞，五神不苦，則可以長
久」，都直接指向長生乃一切之本的論點。這一轉變是很有意思

經》，文中但註章數，不另說明。

[90] 關於本文引用《想爾注》文字，俱參閱饒宗頤先生《老子想爾注校證》，
上引兩段文字皆見該書頁四十四。

[91] 詳見饒宗頤先生前引書頁八十八～九十，湯一介先生前引書第四章。

[92] 關於《河上公注》、《想爾注》的時代作者，詳見王明先生〈老子河上公
章句考〉（《道家和道教思想研究》頁二九三～三二三），饒宗頤先生前
引書頁七十九～八十二，湯一介先生前引書頁九十七～一〇五、一一八～
一二二，李豐楙先生前引書頁六十一～六十四。

[93] 參見湯氏前引書頁一二三。

的，因爲表面上看，《河上公注》和《太平經》無論就道、氣或是自然等概念言，它們的意思皆是差不多的，如《河上公注》首章云「無名者謂道，道無形故不可名也。始者道本也，吐氣布化，出於虛無，爲天地本始也」，二章云「元氣生萬物而不有」，廿五章云「道清淨不言，陰行精氣，萬物自成也」，「道性自然，無所法也」，這些意思如和前述《太平經》之相關概念作一對照，其基本思路顯然十分相類。即使就「一」這個概念來看，《太平經》說一多偏就道言，《河上公注》則多就元氣而說，但它也只是輕重之間的差別而已，並無本質之歧異。此如《河上公注》十章云「言人能抱一，使不離於身，則長存。一者道始所生，大和之精氣也，故曰一」，五十一章亦云「道生萬物」，「德，一也，一主布氣而畜養」，似是把一放在氣上說，但廿一章又云「道唯恍忽，其中有一，經營主化，因氣立質」，這又顯然把一歸回到道上說。因此，《河上公注》就哲學上言，它和《太平經》可以說是一脈相承的，但就因著它對治身爲本的強調，使得它在說「守一」時，重點皆轉移到了身體之「愛氣養神，益壽延年」上，而言「專守精氣」，這和《太平經》之兼收諸方術不同。由此，我們當可察覺到，它似乎更接近了道教之爲一種宗教的更基本層面。因此，筆者以爲湯一介先生謂「《河上公注》作爲道教經典，較之《太平經》又前進一步」，這一判斷應該是正確的[94]。

上述這一趨勢，我們可以在《想爾注》上看得更明顯，而且可以看到本質的轉變，此即湯一介先生所謂，道之「人格」化，

---

[94] 同上。

李豐楙先生所謂，道之「擬人化」是也[95]。原來從《太平經》以迄《河上公注》，道固然含著神格性，但這神格性基本上是隱微的、外在的，它通過元氣以主宰著經驗事物，但它本身總不是純經驗的物事。然而《想爾注》卻有一個特別的說法云：

> 神成氣來，載營人身，欲全此功無離一。一者道也，今在人身何許？守之云何？……一在天地外，入在天地間，但往來人身中耳，都皮裡悉是，非獨一處。一散形為氣，聚形為太上老君，常治崑崙，或言虛無，或言自然，或言無名，皆同一耳。今布道教誡人，守誡不違，即為守一矣。[96]

依此說，道，或者如《想爾注》一再表示的「道氣」，也就是一，它依然是外在的，但它卻可「聚形為太上老君」，這說法的確很有意思，道至此豈不是成了一個人格性的存在了嗎？太上老君既可以是個經驗性的人格，也可以維持其神格，而所謂的守一，即是守此老君之教誡，以「積精成神，神成仙壽」[97]也。以此而言，到了《想爾注》，不只是維持著以治身為本的觀點，而且所謂的常道還進一步成為一個外在的、具體的、可崇拜的對象，這一本質的轉變對於道教之完成其宗教崇拜形式，無疑是具有決定性的。

---

[95] 湯氏說見前引書頁一一〇，但他所用之詞為「人格神」，但這個詞並不好，易生誤解，若道是老子之自稱，則至多只能說是「人格化」。李豐楙先生說亦見其前引書頁七十七。

[96] 饒宗頤先生前引書頁十二。

[97] 同上，頁十六。

　　《想爾注》這一轉變當然應和漢末對老子的神化有些關係。
桓帝立老子祠，這是神化老子的第一個表徵[98]，但照邊韶〈老子
銘〉所述，也許祠老子還未必是將老子當成神，或者它就像祠祀
孔子一樣吧[99]！但就像據信爲漢末魏初之作品的〈老子變化
經〉，便已明指老子乃是「自然之至精，道之根蒂，爲乘之父
母，爲天地之本根，爲生梯端，爲神明之帝君，爲陰陽之祖首，
爲萬物之魂魄」了[100]。從這一記載看起來，它和《想爾注》顯然
是有些關聯的。然而筆者以爲，老子之被神化，對道教的意義恐
怕還不只是在形塑了一個崇拜對象上，而也在形塑了另外一個可
以實踐地去模擬的人格對象上。雖然在《想爾注》乃至後來道教
的實際發展中，這一面向並不顯著，但既然它已存在此一可能，
也就使道教有可能轉回頭形成一種以人格實踐爲宗的「人文性宗
教」，因此它自然值得重視。關於此一面向，將會是本文一個重
要論點；不過此乃後話，茲先按下不表。

　　在簡單敘述了從後漢以迄魏初道教思想的發展後，我們可以
看出一個明顯的事實和趨勢，亦即道教一方面和漢代主流思想－
－即天人感應的災異論－－形成爲一種大傳統與小傳統的關係，
另一方面道教亦在此一發展中逐漸將災異論傳統中仍含具的人文
性、社會性，收縮到求長生這一宗教性的內容之上。現在，如果
我們將此一事實和趨勢拉回到嵇康和何王問題意識的比較上，便
會明顯看到道教並不足以構成他們之間問題意識的銜接點。這是

---

[98] 事詳《後漢書》〈桓帝紀〉頁一二九及〈祭祀志〉頁一一五五。

[99] 文見《全後漢文》卷六十二，依此文，老子仍是位「勞不定國，功不加
　　民，所以見隆崇于今，爲時人所享祀」的歷史人物。

[100] 此文轉引自李豐楙先生前引書頁四十二。

因爲何王問題意識的出發點，主要是銜接著楊雄這一系的觀點，而此系的主要觀點雖亦是從天人感應之神格化氣化論出發，但它整個說法卻是在尋求一條弱化此一氣化論之神格性，並轉而強調「以人占天」這一人文精神在天命系統中的地位。這樣一種觀點，無論在實質內容上離先秦儒家有多遠，也無論它是否吸收了道家的概念，但在基本精神上，毋寧卻是較諸董仲舒這一系的漢儒，還要更接近儒者之關懷的；而此一問題意識和道教思想雖有相同的來源，表面上看，它們在對無形無名之道的描述上亦頗有些近似性，甚至在最寬泛意義上說的氣化論上，它們亦有共同的哲學基點，但實在說，它們還是所同不勝其異的，因爲它們對這些概念的系統思考，根本就是兩個完全不同之路數也。我們也可以如此說，何王之學究其淵源，其實和災異論正是構成爲漢代學術大傳統中的兩個不同典範[101]，而何王之學的盛行，所代表的乃是原來漢代學術典範的崩潰和新典範的形成。然而道教則仍是忠實地在反映著漢代學術主流大傳統的小傳統，雖然這一小傳統終於也反回來修改了部分大傳統，但它和大傳統之典範轉移畢竟仍是不相干的兩回事也。於是，我們乃終於可以作下如此的判斷：亦即如果道教真是嵇康最重要的問題意識來源的話，則以嵇康爲代表的竹林玄學，便不能和正始玄學構成爲一個完整單位，換言之，基於問題意識的根本歧異性，我們有必要將竹林玄學根本當成玄學的另一新單位，而嵇康則是此一玄學新走向的關鍵性人物。因此底下我們乃必須進一步討論，道教究竟喚起了嵇康什麼樣的宗教情感和問題意識？

---

[101] 關於此義，詳見拙作《從災異到玄學》，所謂典範（Paradigm），筆者採用的是孔恩（T.Kuhn）在《科學革命的結構》一書中的用法。

照史料來看，固然一如前述，道教在嵇康問題意識的形成過程中，扮演了關鍵性的角色，但他似乎並不是以單純的信仰者來面對道教的，他在信仰過程中，仍保有了一定的批判性。最明顯的例子即是他在〈養生論〉中的立場。嵇康說他並不懷疑神仙的存在，但神仙只是「特受異氣，稟之自然」而已；他這一立場看來乃是當時道教中爭論得頗厲害的一個問題，《想爾注》中有一段話云：

> 今人無狀，裁通經藝，未貫道真，便自稱聖，不由本，而篇章自揆，不能得道言；先為身，不勸民真道可得仙壽，脩善自勲，反言仙自有骨錄，非行所臻，云無生道，□書欺人。此乃罪盈三千，為大惡人，至令後學者不復信道。[102]

這段話其實頗足以為嵇康的信仰立場作一註腳，由此也幾乎註定了嵇康終於不能成為「道士」、「仙士」的原由。而我們必須注意的是，如果這是天師道對類似嵇康立場所作的普遍批判，則對生活在此一信仰氛圍中的嵇康，會不會形成焦慮呢？

嵇康這樣的立場，其實有些類似於曹氏父子的立場。我們前文亦曾提到，曹家對天師信仰的態度是頗為曖昧的。這一曖昧的原因恐怕有許多層次。從曹操之清剿黃巾初露頭角開始，即下過禁淫祠之令，後來曹魏亦一直維持著這個政策，甚至將所有方士聚於京城，其考慮顯然是政治性的[103]。曹植〈辯道論〉即明白承

---

[102] 饒宗頤先生前引書頁廿三。

[103] 張華《博物志》卷五云「魏時方士，甘陵甘始，廬江有左慈，陽城有郗儉，始能行氣導引，慈曉房中之術，善辟穀不食，悉號二百歲人。凡如此之徒，武帝皆集之於魏，不使游散。」（范寧《博物志校證》頁六十二）

認魏之聚甘始、左慈、郤儉等方式，爲的是「誠恐斯人之徒，接姧宄以欺眾，行妖惡以惑民，故聚而禁之也」，這無疑是懲於黃巾之亂而有之舉措也[104]。此外，如曹操之不廢老子祠，曹丕甚至還下令修整此祠，固然都可以解釋爲意在懷柔教徒[105]，但如果說曹氏父子面對道教信仰，純只是以導禁兼施的政治手法來處理，而沒有任何個人主觀的情感成素在內，似乎也未必是事實。在文學史上，曹氏父子幾乎是遊仙詩的始作俑者，這看來不太可能是偶然現象[106]。如果說遊仙詩正好反映了曹氏父子宗教情感的層面，而另一方面基於政治顧忌，那麼我們對曹丕、曹植的一些依違之論，便不會感到奇怪了。尤其，在曹魏政權中，看來士族一派對道教是抱持著相當之敵意的，也許曹氏一再以相當程度的懷柔手段來籠絡天師信徒，甚至相當程度地得其效忠，都讓士族感受到壓力，這或者也是曹魏政權要一再下詔禁絕淫祠之故吧[107]！

「不使游散」一語已道盡玄機。

[104] 〈辯道論〉文見《魏志》卷廿九〈華佗傳〉注，頁六八七。

[105] 《全三國文》卷六葉四載曹丕〈敕豫州禁吏民往老子亭禱祝〉文云「此祠之興由桓帝，武皇帝以老子賢人，不毀其屋，朕亦以此亭當路，行來輒往瞻視，而樓屋傾頹，儻能壓人，故令修整。」其說詞遮遮掩掩，殊爲可笑，但亦以此透露出一些訊息。

[106] 如曹操之〈氣出唱〉、〈陌上桑〉，曹丕之〈折楊柳行〉，曹植之〈升天行〉、〈平陵東〉等等，這些作品固亦有承襲漢樂府遊仙之作的明顯痕跡，但卻是文人作遊仙詩的鼻祖則無疑。

[107] 曹家政權曾得天師信徒之效忠，最主要的證據便是〈大道家令戒〉（文見《正統道藏》冊三十洞神部戒律類之《正一法文天師教戒科經》所附，見頁五七○～五七四）。此文云「魏世承天驅除，歷使其然……今吾避世，以汝付魏淸政道治」（同上，頁五七三）。此文依大淵忍爾之考證，應爲魏時之作。說詳饒宗頤先生前引書頁一二五。

但從一些資料顯示，天師諸治在曹魏期間仍一直維持著某種組織
型態，只是已呈鬆散而乏橫向連繫的狀況[108]，可見只要不觸犯政
治禁忌，曹魏政權對道教的控制還是很鬆的，這應該多少也反映
著曹氏父子內心對道教的態度吧！

　　如果上述推斷是正確的話，那麼我們就可以進而論及曹氏父
子個人對天師信仰的立場。曹植在〈辨道論〉中，一方面說他們
父子以仙境爲調笑而不信，「豈復欲觀神仙於瀛州，求安期於海
島，釋金輅而履雲輿，棄六驥而美飛龍哉」，但另一方面，曹植
對郤儉之辟穀、左慈之房中術、甘始之老有少容都流露了相當的
興趣。由這些說法，可見他們對這些仙真信仰和方術的態度，大
約介乎疑信之間，這態度若對照於他們在遊仙詩中所流露出的兩
種截然不同的說法，也是若合符節的[109]。

　　比較而言，嵇康對道教的信仰度，是要比曹氏父子高得多
的，但顯然也不曾高到一個全然信仰者的程度，而嵇康此一立場
無疑將會牴觸到當時天師信仰的整個氛圍。在另一方面，嵇康的
信仰背景既遠離了當時的學術主流，事實上也不見容於名教之
徒。因此，這也就必然迫使嵇康的信仰之途進入到某種夾逼狀
態，一方面他必須對質疑者進行辯護性的論證，另一方面他也必
須在信仰中看到自己的定位，此所以他在〈養生論〉開宗明義即

---

[108] 關於此一狀況，直接的史料還是來自前引之〈大道家令戒〉和〈陽平治〉
　　（出處同前，見頁五七四～五七五），詳論則請參閱任繼愈等《中國道教
　　史》頁五十三～五十六。

[109] 在曹氏父子的遊仙詩中，其實感情是矛盾的，一方面固有「齊年與天地，
　　萬乘安足多」（曹植〈遠遊篇〉）的嚮往，但另一方面亦有「造化之陶
　　物，莫不有終期」（曹操〈精列〉）「虛無求列仙，松子久吾欺」（曹植
　　〈贈白馬王彪〉）的懷疑。

說「世或有謂神仙可以學得，不死可以力致；或云：上壽百廿，古今所同，過此以往，莫非妖妄者，此皆兩失其情也」。類似這樣的處境，人的焦慮自然難免，而它也非常容易讓有著終極關懷之人進入到某種存在式的思考中，這就像齊克果之從一個基督的信仰者，逼迫著轉移到一個存在的基督徒一般。筆者以為，這樣的背景才真正地形構了嵇康另一面的問題意識，一個和現實利益、意識型態完全無關的問題意識，我們唯有從這樣的問題意識出發，然後才能真正看到嵇康的創造性，看到嵇康思想中真正有價值的東西。於是，我們乃終於可以找到描述「玄學的嵇康」之基點。下一節，筆者即擬以〈養生論〉為核心，依照上述的問題意識，來描述出他對自己的信仰所作的創造性貢獻。

第三節　「玄學的嵇康」之創造性及其影響

在上節中，筆者曲折地論證了嵇康最具存在意義的問題意識。這個問題意識首先告訴了我們一點，即嵇康的主要思想，是必須拉到道教信仰之高度上的。因此，我們乃會發現〈養生論〉和「治身」、〈聲無哀樂論〉和「治國」之間，似乎的確存在著某種微妙的關係。這兩篇文章無疑代表著嵇康最核心的思想，那麼我們可不可以說，這兩篇文章正是嵇康為自己尋找信仰定位的宣言呢？因此，對於這兩篇文章，我們要注意的，乃不只是嵇康和向秀、秦客的辯論，更須注意的是那隱藏在這些辯論之後的和道教之辯論，由此我們乃不只可看出他的論點，且可試圖看出嵇

康思想的突破點，並從而確定這一突破點的意義與影響。由於〈聲無哀樂論〉筆者打算專章處理，再則道教信仰畢竟是以「治身」為本，是以本節將只集中在〈養生論〉和相關之〈難宅無吉凶攝生論〉諸篇上。

就〈養生論〉而言，要歸納其論點是不難的，一般論者大抵皆能指出，嵇康在此文中雜取了莊子和道教的養生觀，而構成了他以「養神」為主、「養形」為輔的養生觀。然而筆者以為，光是指出這一事實，固然也足以看出嵇康養生觀的特色和殊勝處，如高柏園先生即云：

> 嵇康在〈養生論〉一文中，明白地指出養生的精神，此即神形交養，恬智互補，既要少私寡欲，清虛靜泰，又要呼吸吐納，服食養生，以使形與神相親，而表裡互濟也。是養生不單只在主觀心境上修養，同時也要注意現實生命之調養，此即較莊子只重內在精神境界之形態更進一步，而凸顯一境界與實有互濟的養生論。[110]

這段話指出，嵇康之論是有進於莊子的，當然自亦有進於道教。可是類似的說法卻存在一個根本問題，亦即它很難有機地將〈養生論〉放到嵇康思想的形成，乃至整個玄學思想形成的歷史脈絡中，去解釋他每一個論點的歷史因果。正是源於這個問題，筆者乃有必要以另外的方式來重新處理這篇文章。

〈養生論〉當然不是偶然形成的。如前所述，嵇康此文其實有兩方面的針對性。然而一般論者似乎只注意到其中一面，而且可能是比較不重要的一面，亦即許多人皆以為嵇康此文僅在為益壽延年的可能性作辯護而已。之所以如此，可能是受到了向秀文

---

[110] 高柏園先生〈論莊子與嵇康的養生論〉，《宗教與文化》頁五十。

章的影響，因為向秀只是從否決延年益壽上著眼，遂讓人有此錯覺。但如果我們注意到嵇康認為神仙只是特受異氣、稟之自然者，這樣的觀點事實上和當時的道教信仰氛圍有嚴重牴觸時，便應該會想到它不應只是一篇為長生之說辯護的文章而已，在他所有的辯護理由中，其實是會暗藏玄機的。如今筆者即是想揭發此一玄機。

此一玄機藏在何處呢？關於此一問題，我們可先設想，道教是如何論證長生之可能性的呢？一旦我們注意及此，則便會立即發現以「養神」和「養形」之二分來說〈養生論〉，固然不能算錯，但卻會發生嚴重的混淆。何以言之呢？此原因即在道教亦自有一套由養神和養形而說長生的辦法。我們前已述及，道教之論述長生，是以「守一」這個概念為樞紐而展開的。由守一往上說，它有一套由「道」與「元氣」二而一而說的氣化論以為背景，道與元氣是生生之源，亦是一切生物內在之動力，因此道教乃主張，只要能守住此元氣，即是守住此道、守住生理，由此即能長生，如《河上公注》所云「人能抱一使不離於身，則長存」（十章）是也。由此而下，它乃有一套工夫意義上的說法，以為人身乃是「精氣神」之三合一的結構。所謂精氣神，並不能以今天我們流行的生理、心理二分的結構來想像類比，精氣神乃是一體而相通的，精大抵是最明確的，它固可泛指精血而言，但主要恐怕還是指陽精、陰精之類。而精和氣是不可分的，氣與元氣相通，它內藏於腎者為精，鼻則是元氣與人身之氣的通孔。至於神，則特指氣之清通而言，它和精氣可以說乃是同質而不同層者，氣能去濁返清，則神明乃茂，而耳聰目明有神采也。《河上公注》「成象」第六曾詳述它們的關係云：

　　神謂五藏之神也。肝藏魂，肺藏魄，心藏神，腎藏精，脾藏志。

　　玄天也，於人為鼻；牝地也，於人為口。天食人以五氣，從鼻入藏於心；五氣清微為精神，聰明音聲。五性，其鬼曰魂，魂者雄也，主出入於鼻，與天通，故鼻為玄也。地食人以五味，從口入藏於胃，五性濁辱為形骸骨肉血脈。六情，其鬼曰魄，魄者雌也，主出入於口，與天地通，故口為牝也。

　　鼻口之門，是乃通天地之元氣所從往來。

依此而整個守一的關鍵乃在鼻口，所謂「不死之有在於玄牝」是也。更進一步說，守住鼻口，就形言，即是守住精氣，所謂「專守精氣使不亂，則形體能應之而柔順」（十章），「人能以氣為根，以精為蒂，如樹根不深則拔，蒂不堅則落，言當深藏其氣，固守其精，使無漏泄。深根固蒂者，乃長生久視之道」（五十九章），這可名之曰早期道教之「養形」。而另一方面，如何守住精氣之清通，則又有另一類工夫，這工夫主要集中在「無為」、「見素抱樸，少私寡欲」上，如《河上公注》云「常道當以無為養神」（一章）、「法道無為，治身，則有益精神」（四十三章）、「人能除情欲、節滋味、清五藏，則神明居之也」（五章）、「人所以生者，為有精神，託空虛，喜清淨」（七十二章），《想爾注》亦云「精結為神，欲令神不死，當結精自守」[111]，「道人當自重精神，清靜為本」[112]，皆是此意。這類工夫的

---

[111] 饒宗頤先生前引書頁九。

[112] 同上，頁卅三。

重點主要乃在意志上的自我克制，當然也許也可以輔以房中之類的方術也。此可名之曰早期道教之「養神」。

　　在此必須注意兩個方面，其一是道教的長生論述，在養形和養神兩面，也是以養神爲重，如《河上公注》云「使吾無有身體，得道自然，輕舉昇雲，出入無間，與道通神，當有何患」（十四章），這是明白以神重於身的說法。《想爾注》亦云「志欲無身，但欲養神耳」[113]。換言之，並不是只有嵇康才強調養神的重要性也。其二，關於養神的工夫，基本上即是無爲和寡欲，這當然甚合於老子字面的說法，但道教所謂的無爲寡欲，究竟是什麼意思呢？《河上公注》云：

> 見素者，當抱素守真，不尚文飾也。抱朴者，當見其篤朴
> 以示下，故可法則。少私者，正無私也。寡欲者，當知足
> 也。（十九章）

此處顯然是從外欲之排除上著眼，所謂「不尚文飾」、「可法則」是也。它雖亦是心上作工夫，但此一工夫乃是類似於宗教上持戒之工夫，卻並不類於我們平常說的某種遮撥執著之智慧。對於這點，《想爾注》有段說法是更爲清楚的。它說：

> 常清靜爲務，晨暮露上下，人身氣亦布至，師設晨暮清靜
> 爲大要，故雖天地有失，爲人爲誠，輒能自反，還歸道
> 素。人德不及，若其有失，遂去不顧，致當自約持也。[114]

依此說，清靜乃是一種當自約持的教誡，則所謂養神之種種工夫自然皆只是宗教上的戒行而已，而並不是宗教的目的與智慧之所在也。此一分別甚重要，也值得特別注意。

---

[113] 同上，頁十六。

[114] 同上，頁十九。

　　以上筆者簡述了道教論述長生之可能性的方式，如果我們注意比較一下的話，上述的一些求長生的工夫原則，嵇康基本上都是接受的，雖然在一些具體的方術上，彼此的側重點也許不一定相同，但這並不很重要。嵇康採取方術的原則乃是「兼」[115]，因此他不曾提及的，不一定代表他反對，如嵇康強調的是「呼吸吐納，服食養身」[116]，「內視反聽，愛氣嗇精」[117]之類，乃至於只在《太平經》中說過，而不曾見之於《河上公注》等之卜宅之法[118]，嵇康都還特別強調其重要性，可見其兼容並蓄的態度。然而我們必須注意的是，嵇康原則上乃將道教所說的長生工夫，都擺在次要的地位上，當他提及「守之以一，養之以和」[119]這一修煉精氣神之工夫時，他總是將之和另一類工夫區以別，這是很值得玩味的。他何以會如此呢？

　　關於這問題，我們首先必須看到，他對道教養神養形之區別，似乎採取了不同的理解方式，這導致了他對養神的說法和道教之說養神，出現了本質的差別。其實當他說「精神之於形骸，猶國之有君也，神躁於中，而形喪於外」[120]時，道教應也可以接受這個說法，但什麼是「神」呢？筆者以為在這點上，嵇康不只

---

[115] 《校注》頁一九四，〈答難養生論〉云「然人若偏見，各備所患；單豹以營致斃，張毅以趣外失中……此皆不兼之禍也。」可見「兼」乃嵇康取用方術之原則。

[116] 同上，頁一四六。

[117] 同上，頁一七九。

[118] 參見《太平經合校》頁一八二～一八三〈葬宅訣〉。

[119] 《校注》頁一五六。

[120] 同上，頁一四五。

是在和道教上，而且在他自己的理解中，均出現了重要的滑轉。
如〈養生論〉云：

> 世常謂一怒不足以侵性，一哀不足以傷身，輕而肆之；是
> 猶不識一溉之益，而望嘉穀於旱苗者也。是以君子知形恃
> 神以立，神須形以存，悟生理之易失，知一過之害生，故
> 修性以保神，安心以全身，愛憎不棲於情，憂喜不留於
> 意，泊然無感，而體氣和平。[121]

照嵇康之講法，神原則上是指喜怒哀樂之心理活動，這和道教之
說精氣神的神，當然有不同；但若從道教之由清靜寡欲上說養
神，則說神恆連繫於情志之活動，亦非不可通，因此這差別還算
小。然而當嵇康由愛憎不棲於情，憂喜不留於意上說修性以保神
時，這個神還是指一般意義的心理活動嗎？於此，我們乃碰到了
一個重要的哲學問題。

　　簡單地說，我們可以問一個問題，即能讓愛憎不棲於情之
情，它能夠仍維持其作為一個心理活動能力之性質嗎？這話再說
得白一點，即我們的情感活動真能無關心於一切愛憎嗎？這顯然
有矛盾在，既是情感便不可能真的泊然無感。因此，凡能讓愛憎
不棲於情之情，它絕對不能再是什麼心理活動的能力，那麼它該
是什麼？看來這問題似乎頗不好說，但我們也可以如是想，能讓
愛憎不棲於情之情，它必是一活動，這活動並不是一認知性的，
也非道德性的，它的活動形式亦不離於情，但它卻可主動切斷由
愛憎而來的情感心理的牽纏，由這切斷牽纏，而顯此一活動本身
的主動性、自我抉擇性，以及它所指向的自由性和整個活動所顯
示的價值性。於是，我們固然還未必能確指讓愛憎不棲於情之

---

[121] 同上，頁一四六。

情，其內容究竟為何，但它必是一「主體」之活動無疑，而這整個活動也必導向於此一主體之價值抉擇的活動，活動之以顯這「主體」的特殊價值性也。

關於這點，如果純哲學地分析，當然猶有許多勝義可說，然而此處筆者只擬簡單指出，其實嵇康在說「修性以保神」時，他已將神的意涵由心理活動義滑轉為一個價值主體了。如此一來，也就使得他所謂的養神，成為了充分貫注人文性的，由某種價值主體出發的意義實踐活動，由這樣的活動來對比於道教所說的養神，其差別當然是至為顯著的。蓋道教所說的養神，其核心的概念乃是元氣，這是一個由純自然的概念而被神格化的東西。因此道教之養神固也是由人身而說的某種價值實踐，但此一實踐恰是在抹去主體、抹去人文性，以歸返於一樸素自然之神格性存在。然則由此我們乃看出了嵇康論養生之重大不同所在。

但我們亦必須問，嵇康對此一重大不同，他自己有沒有自覺呢？在筆者看來，如果純從哲學分析上說，嵇康對一些概念的使用，確實不夠嚴謹而屢有滑轉，但在大原則上，他卻是很有自覺的。何以言之呢？我們前曾述及，嵇康此文除了想為長生辯護外，尚有另一針對性，亦即他也同時反對神仙可以學得，而他反對的理由乃在神仙只是特受異氣之人而已。由此一論點，我們可以明確看到他把神仙從神格性的角度降了下來，而只賦予了人格性。這其實是很重要的觀點轉換，它等於抽掉了道教神仙說的一個重要基礎。而我們同時也看到了他在說養神時，強調的卻是主體的實踐工夫，而把道教所說的其它工夫，只視為是次要工夫，這不正好和他強調神仙的人格性是若合符節的嗎？然則我們能相信這兩者的相符，只是偶然的巧合嗎？這麼重大的關節處，如果嵇康都嗅不到其原則所在，則他還配稱為重要思想家嗎？

　　於是筆者以爲，正是在養神工夫的轉換上，我們得以勘破
〈養生論〉的玄機所在，同時也發現了嵇康是如何爲他個人找到
信仰之定位點的。這無疑是個重要的突破。在前節中，筆者曾提
及從漢末起，老子逐漸被神格化了，這固然促成了道教之儀式崇
拜，但亦有可能型塑出另一類人格典範，從而促使道教轉回來變
成爲以人格實踐爲宗的人文性宗教。然則，我們不是正好在嵇康
身上看到了這個情形嗎？換言之，嵇康信仰的是人格性的神仙，
他整篇〈養生論〉論證的只是這一個基調，而正是在這個基調
上，我們乃可以充分地勾勒出「玄學的嵇康」之面貌，並看出其
創造性所在。同時，我們也可以通過此一基調，看出竹林玄學和
正始玄學的基本不同所在。尤有進者，當嵇康開始強調由主體之
價值實踐意義上說養神時，我們乃找到了將嵇康和莊子學相對照
的充分基礎，以下我們即可由此再進一步論及〈養生論〉和〈答
難養生論〉。

　　在《莊子・刻意》中，作者區分了所謂的「山谷之士，非世
之人」、「平世之士，教誨之人」、「朝廷之士，尊主強國之
人」、「江海之士，避世之人」以及「吹呴呼吸，吐故納新，熊
經鳥申，爲壽而已矣。此道引之士，養形之人」[122]。然而作者以
爲這些人格境界皆非至極，真正至極的人格境界，乃是：

> 若夫不刻意而高，無仁義而修，無功名而治，無江海而
> 閒，不道引而壽。無不忘也，無不有也，澹然無極，而眾
> 美從之；此天地之道，聖人之德也。[123]

---

[122] 參見郭慶藩《莊子集釋》頁五三五。

[123] 同上，頁五三七。

這樣的人格境界乃是通過「去知與故，循天之理」、「不思慮，不豫謀」、「純粹而不雜，靜一而不變，淡而無爲，動而以天行」[124] 之工夫而至的，此一工夫亦即所謂「養神之道也」。在〈刻意〉的說法中，無論它對養神、養形的區分，乃至它對至極人格境界的描繪，和嵇康之所說不是極爲類似嗎？〈養生論〉云：

> 善養生者則不然矣，清虛靜泰，少私寡欲。知名位之傷德，故忽而不營，非欲而強禁也。識厚味之害性，故棄而弗顧，非貪而後抑也。外物以累心不存，神氣以醇白獨著；曠然無憂患，寂然無思慮。又守之以一，養之以和，和理日濟，同乎大順。然後蒸以靈芝，潤以醴泉，晞以朝陽，綏以五絃。無爲自得，體妙心玄；忘歡而後樂足，遺生而後身存。若此以往，庶可與羨門比壽，王喬爭年。何爲其無有哉！[125]

如果我們定要說嵇康這段話的字面義和〈刻意〉有何不同，則大約就是嵇康更正面地賦予了養形在養生中的意義，但這也只是程度問題而已，當〈刻意〉說「眾美從之」時，其實也隱括地承認了養形和養神至少是不矛盾的。《莊子·天地》亦說「執道者德全，德全者形全，形全者神全，神全者，聖人之道也」[126]，然則莊子對形之輔神的立場不也是很清楚的嗎？

但我們若更深入些來看，嵇康在這段話中所謂的養生，事實上其工夫主要是在養心；而所謂的養心，其重點完全不在制欲

---

[124] 同上，三句分別見於頁五三九、五四四。

[125] 《校注》頁一五六～一五七。

[126] 《莊子集釋》頁四三六。

上，因此當他說「外物以累心不存」時，乃非指於心上撥除作為對象義之外物，於是不存者乃只能是心之撲著外物的撲著相，這也就是心之恢復其獨立自在之自己。這一義的心當然只能是我們前文所說的某一價值性之主體義，無為自得者，乃自得此復返於自己之主體也。於是所謂忘歡之忘、遺生之遺，所忘所遺者乃皆只是對歡、對生之撲著相、愛欲相，而非真指心理意義上之除去歡樂、愛戀生命之欲也。嵇康此義甚明，但莊子呢？〈刻意〉之所謂忘是不是也是這個意思呢？《莊子‧天道》中有句話，很清楚地表達了這點，所謂「聖人之靜也，非曰靜也善，故靜也；萬物無足以鐃心者，故靜也」[127]，這也就是說聖人並非因好靜，也非因覺靜是好的而靜，聖人之所謂靜，純只是因其心之不為任何外物所牽纏擾動，故此心之靜，實非對比於動之靜，而純是心之在其自己也。而〈刻意〉之由「不刻意」來說「忘」，無疑也是此意，甚至我們也很容易由此意思來理解〈大宗師〉之由「墮肢體，黜聰明，離形去知」上來說「坐忘」。這意思當然和嵇康之論心是完全一致的。由此，我們乃看到「玄學的嵇康」其實即意味著嵇康思想之向著先秦道家老莊之學的回歸；此一回歸當然不只是簡單的重複，而是在不同問題意識下的以重複為創造也。換言之，魏晉玄學其實是直到嵇康身上，才真正完成了向老莊的回歸，同時嵇康也藉著此一回歸存在地反省了他的信仰，並為他的信仰找到了一個新的定位點，一個敢於和時俗的宗教氛圍相抗衡，而建立為一個存在的信仰者之定位點。

　　在前述的基礎之上，嵇康復藉著向秀之引發，在〈答難養生論〉中辯論了一個重要的課題，亦即對比於世俗一般所承認的價

---

[127] 同上，頁四五七。

值，如智用、富貴之類，則回歸於自足自在的主體乃是一個更根本的，而且和前述這些世俗價值爲不同層次的「終極價值」，同時也唯有在服務於這一終極價值之下，智用等等的世俗價值才有意義可言。嵇康此一論辯甚精采，如云「古之人知酒肉爲甘鴆，棄之如遺；識名位爲香餌，逝而不顧。使動足資生，不濫於物，知正其身，不營於外。背其所害，向其所利。此所以用智遂生之道也。故智之爲美，美其益生，而不羨生之爲貴」[128]，「聖人不得已而臨天下，以萬物爲心，在宥群生，由身以道，與天下同於自得。穆然以無事爲業，坦爾以天下爲公。雖居君位，饗萬國，恬若素士接賓客也。雖建龍旂，服華袞，忽若布衣之在身。故君臣相忘於上，蒸民家足於下。豈勸百姓之尊己，割天下以自私，以富貴爲崇高，心欲之而不已哉」[129]。類似說法不只足以發莊子之覆，甚至還有進於莊子，牟宗三先生每謂嵇康這些意思直接啓發了向郭的莊子注，這確是定評[130]。依上引之義，嵇康乃綜結云：

> 君子識智以無恆傷生，欲以逐物害性，故智用則收之以恬，性動則糾之以和。使智上於恬，性足於和。然後神以默醇，體以和成，去累除害，與彼更生。[131]

這從去累除害而說的冥默、恬和之神體，也就是恬默自足的主體，它的醇成，乃成爲終極價值之所在。嵇康這樣的理解模式，當然已遠不同於道教之以三一爲宗的價值關懷，原則上，嵇康已

---

[128] 《校注》頁一六九～一七〇。

[129] 同上，頁一七一。

[130] 參見牟先生前引書頁三三一。

[131] 《校注》頁一七五。

將道教所追求的歸返於一樸素自然之神格性的、非人文的價值實踐，修改爲一純屬人文世界的，對一主體人格的價值關懷。坦白說，這對道教之發展言，其實具有非常關鍵性的意義，換言之，嵇康通過對其信仰之存在性思維，其實已在思想上爲道教指出了另一個發展路向。當然，由於特殊的歷史因緣，使道教在當時並不見容於上層階級，而嵇康也終於沒有成爲道教的改革者，但他對道教的新思維，畢竟還是間接地影響了後來道教的發展[132]，這是我們不能忽視的一個影響。

不過，筆者以爲更重要的一點，則是由於嵇康依一主體之價值實踐，而建立了一個新的終極關懷，於是他乃能取得一個新的價值立場，以反對名教之作爲一個價值。如果說如上一章所述，嵇康依一意識型態的立場以反名教，並無正面而積極的意義的話，則如今他若依這一新價值立場來反名教，便有了正面的、客觀的、具備真理性的意義。何以言之呢？其原因也很簡單，蓋因嵇康所追求的主體（事實上也就是莊子「心齋」等概念所涵蘊的主體義），絕對是一個可以通過存在式的實踐，而把握到的具有人性論意義之真實的主體之故也。關於這一點，今天其實已有不少哲學論證可資證明，爲免辭費，本文茲不旁及[133]。但我們還是

---

[132] 關於嵇康對後世道教的影響，恐怕必須必較曲折地來看。以嵇康和葛洪爲例，葛洪的思路和嵇康幾乎完全背道而馳。然而《世說・文學》載王導過江「止道聲無哀樂、養生、言盡意三理而已」（《箋疏》頁二一一），而我們必須注意到，王家乃五斗米世家（參見陳寅恪先生〈天師道與濱海地域之關係〉），然則這兩者間有些什麼關係？當然是個值得觀察的有趣問題。

[133] 參見牟宗三先生《現象與物自身》頁四三〇～四三五，《圓善論》頁三〇一～三〇五，牟先生的論證，仍是迄今爲止最具典範性的。

有必要看一下嵇康是如何表達其依上述立場以反名教的。〈答難養生論〉中論楊雄、桓譚之反對仙人、養生之事云：

> 凡若此類，上以周孔為關鍵，畢志一誠；下以嗜欲為鞭策，欲罷不能。馳驟於世教之內，爭巧於榮辱之間，以多同自減，思不出位。使奇事絕於所見，妙禮斷於常論；以言變通達微，未之聞也。[134]

這樣的評論對名教當然未必是公平的，名教的背後原本也可以有一超越的價值關懷[135]，不過嵇康當時的名教之徒，多的是以嗜欲為鞭策，爭巧於榮辱之間的人，他們完全不足以抉發名教背後的超越價值，則也是事實，因此他自能以自己所把握到的終極價值，反過來批判名教。這遂使自然名教之爭出現了另一個面向，即價值觀衝突的面向。這一面向對比於意識型態衝突的面向，無疑是更具哲學意義的。面對於任何具有宗教性、真實生命關懷之人而言，除非名教亦能發展出同樣的超越面向，否則它是很難對抗嵇康由自己的宗教體驗和存在實感，所發展出來之論證的。在這個意義上，筆者的確必須推崇嵇康是中國思想史中罕見的宗教思想家，他憑藉對道教的反省，更明確地為老莊之學貫注了宗教關懷的面向，這也是「玄學的嵇康」最大的創造與貢獻所在。

在此，筆者還須從一特別的面向提及阮侃和嵇康關於卜宅的論辯。坦白說，這一論辯的本身是很無聊的，論辯的雙方都既沒肯定什麼，也沒否定什麼。尤其是嵇康，他以如此大的氣力來進行辯論，除了表達了他接受道教信仰可以兼收卜宅之類的方術，以為養生之助的說法外，其它則根本就不足以證明什麼，甚至這

---

[134] 《校注》頁一八七～一八八。

[135] 此即孔子所說「人而不仁，如禮何」之仁，宋明儒大抵皆能把握此義。

一辯論還有可能模糊了他在〈養生論〉中的主要論點，因此這一辯論完全不足以增益對嵇康的了解，我們也大可不必費心去討論其論辯的內容。對比之下，阮侃的論點還較近於常情，在〈宅無吉凶攝生論〉中，阮侃基本上只承認「專氣致柔，少私寡欲，直行情性之所宜，而合於養生之正度，求之於懷抱之內而得之矣」[136]，而以爲其它諸如安宅葬埋之類的方術，其實都是出於無知之忌祟。他由這一立場乃推論到「性命自然，不可求矣」[137]，而所謂卜筮之與吉凶，不過是「吉凶可知而不可爲」[138]而已。而在〈釋難宅無吉凶攝生論〉中，阮侃復進一步補充說，他並非主張沒有鬼神，但性與天道不可得聞，「甚有之則愚，甚無之則誕」[139]，因此對鬼神之事，存而不論即可，重點只在「命者，所稟之分也；信順者，成命之理也」[140]。這也就是說不必假方術以改變吉凶，但只知命而從人事之信順上著手即可，故云「緣人理以從事」也。

　　於此值得注意的有兩點，其一是照阮侃和向秀的說法，他們所認可的養生，最多僅及於專氣致柔、少私寡欲，也就是純只就身心之調理而言，這可能也是當時一般人的看法，它和嵇康之就宗教意識、終極關懷而說的養生，其實根本就是兩回事。其二更重要的則是阮侃的哲學立場。照前文所述，阮侃無疑是相信純粹自然之氣化論的，他主張緣人理，而對天命存而不論，此一立場

---

[136] 《校注》頁二六八。

[137] 同上，頁二六九。

[138] 同上，頁二七二。

[139] 同上，頁二八五。

[140] 同上，頁二八六。

顯然和何王的思路是一致的。換言之，以阮侃實是儒學中人來看，何王之哲學基本思路，其實已成爲當時儒學界的共識。或者此話應修正爲，楊雄一系之基本哲學立場已成爲當時儒學之主流。這當然一方面也再度提供了何王之學仍是儒學主脈之一支的旁證，因而也證實了嵇康和何王的基本思路確然不是同一路線。另一方面也表示了何王之學的基本立場，是和其政治背景乃至意識型態完全不相干的，這也就是說何王之學乃是一非政治性的純學術命題，而嵇康則是完全拔出於當時學術主流的另一支全新的思想。於是綜合這兩點來看，我們乃能更加確定，「玄學的嵇康」確實具有睥睨當時學術主流的原創性。至於他站在此一立場以反名教，則完全不能視爲是一政治性的命題，它表示的是對儒學傳統的真正掃落，和促成了另一個價值立場和學術立場的誕生。由此來看，玄學的嵇康就其思想內容而言，固然並非無可指摘，但原則上說，它對魏晉學術發展的確是具有劃時代意義的。

　　以上筆者大略說明了「玄學的嵇康」之具體內容，這一內容涉及了對正始玄學學術路線的徹底轉換，並完成了向老莊之學的真正回歸，同時並揚棄了道教作爲一個神格性宗教的路向，而轉成以人格實踐爲主的人文性宗教，從而他也將這一由道教轉來的宗教意識，創造性地賦予了老莊之學。這樣一個玄學的嵇康，它所強調的自然是具體的人格實踐，實踐之以求回歸於一自在自足之主體自身。這一實踐境界，嵇康即名之曰「自然」，〈答難養生論〉云「順天和以自然，以道德爲師友，玩陰陽之變化，得長生之永久，任自然以託身，並天地而不朽」[141]，即充分說明了此一境界。這也就是說「自然」已成爲一個道地的價值性概念，一

---

[141] 同上，頁一九一。

個具有終極關懷意義的概念，如是，它乃能超越於名教而成一個具體的價值指歸。

　　然而在第一章中，我們也從嵇康對自然的另一歧義性的使用，發現了嵇康還曾賦予自然這概念以意識型態性，這就無可避免地將政治的內涵貫注到自然這概念之中。如今，我們固可運用這兩章的分析，將歷史的嵇康和玄學的嵇康作一清楚的區隔，但問題是嵇康卻顯然經常地混淆了「自然」義的兩個層面，然則這會產生什麼後果呢？此一後果就嵇康自身而言，當他將一宗教性的價值關懷不加界定地滲入到政治意識型態中，就必然導致他會誤選了實踐場域；反過來說，當他把某一政治立場無限上綱地轉至宗教性堅持的層次，當然也會形成其實踐上的混淆，這或者就是造成嵇康人格表現之不一致的主因吧！我們不知道當他在說「昔慚柳惠，今愧孫登」[142]時，是否已有了此一警覺，但此一破裂現象，嵇康無疑是必須自我負責的。

　　不過，筆者更關切的乃是當嵇康成為竹林領袖後，他的這一混淆究竟又產生了什麼影響呢？這一影響是好的呢？還是不利的呢？關於這一後續性的評估，也正是下一章的主題，在下一章中，筆者將轉以七賢為核心，來評估嵇康對後來玄學發展的影響形式。

---

[142] 同上，頁廿九。

第 3 章

嵇康、竹林玄學與名士風度

　　在前兩章中，我們描述了嵇康思想中截然不同的兩個側面，而由這兩個側面所共同組成的嵇康，無可避免地形成了他人格表現中的一些破裂與帶累[1]。他有太多現實的關懷，也有非常強烈的宗教意識，但偏偏他這兩面又無法相諧，這似乎就註定了他悲劇的命運。不過嵇康對當時玄學的影響，也是世所公認的，向秀注莊之脫胎於叔夜，固無論矣；而阮籍無論學問、行事之轉變，大約也在和嵇康共作竹林之遊的前後。由阮籍而下開劉伶、阮咸之縱放，寖假而成名士之流放浪形骸之典範；由向秀而下啟郭象之注莊，而成元康玄學之核心。從這些簡單的因果來看，嵇康無疑是最具關鍵性的人物。然而我們也需要質問的是，由於這一流衍過程，基本上並不是經過什麼口傳師授的方式，然則嵇康之學會以什麼形式發生影響呢？而我們又如何評估此一影響和嵇康原貌之關係呢？以此，本章的重點將是針對嵇康與竹林玄學的關係，以及名士風度之形成這兩大主題作一檢討，如此當可對嵇康之學的全貌作一完整之交待。

第一節　竹林七賢與竹林玄學

---

[1] 《校注》頁七〇～七十一，阮德如答嵇康的兩首詩有句云「幸子無損思，逍遙以自寧」，「願子盪憂慮，無以情自傷」，都可看出嵇康性格和其理想間的破裂。

　　歷來的玄學史，幾無不將竹林玄學當成一個獨立階段，這當
然是事實，然而問題是這樣的講法，總是直覺地將竹林玄學和竹
林七賢掛鉤，從而也就自然地將七賢當成一個完整的團體，並以
為他們都擁有共同的思想傾向、學術立場，甚至是有著一致的政
治態度[2]。可是這樣的想法是否符合歷史事實呢？筆者以為我們在
處理竹林玄學之前，實有必要將它與七賢的關係作一分疏，庶免
許多誤會也。

　　就比較可信的資料來看，有關七賢的記載確有許多模糊和矛
盾難解處。其中最可信的資料，當然是相關諸人的文章了。在
〈嵇康集〉中，他明確提到有交往的七賢人物，只有山濤、阮籍
和向秀，如果從他和阮侃交好來研判，也許他和阮家諸人多少都
有交往，則他知道阮咸當非太奇怪，但是否有交往就難說了[3]。山
公諸人著作或少、或多已佚失，唯阮籍著作所存猶多，但全無一
語提及七賢人物。至於向秀〈思舊賦〉也只提及嵇康、呂安，而
不及其他諸人[4]。這也就是說從直接史料上看，似乎看不出有七賢
這個群體的痕跡。可是其它後出的材料，卻對七賢的輪廓有愈來
愈清楚的描繪。這些材料至少包括戴逵〈竹林七賢傳〉、袁宏所
撰諸人之〈別傳〉、虞預《晉書》、臧榮緒《晉書》、干寶《晉

---

[2] 今天幾乎所有玄學史的著作，如任繼愈、侯外廬、許杭生、王葆玹、何啓
　民等先生，皆作如此主張，詳見諸先生前引著作。

[3] 嵇康和阮侃交好，見《嵇康集》中二人相互贈答之詩，又有關宅有無吉凶
　的辯論，也是出自二人手筆。由此也可見清談之論敵是常出自友朋之間
　的。

[4] 《全晉文》卷七十二葉五，向秀〈思舊賦〉云「余與嵇康、呂安，居止接
　近。」

紀》、孫盛《魏氏春秋》、《晉陽秋》、陶潛《聖賢群輔錄》[5]，
而材料最豐富的當屬《世說新語》。至於《水經注》復引郭緣生
《述征記》，而直指竹林所在，《元和郡縣志》等又述而廣之。
這當然是個奇怪而啓人疑竇的現象。就這些記載來看，自然不可
盡信，比如說有些說法謂嵇康好酒，但照嵇康〈家誡〉所說，康
似乎斷非縱酒貪杯者，也有一些說法間彼此有些矛盾，或不盡情
理的地方。不過一般來說，這些材料常是我們了解魏晉史事的重
要來源，似又不容盡疑。然則我們應如何平衡此一矛盾現象呢？
陳寅恪先生有一推測云：

> 大概言之，所謂「竹林七賢」者，先有「七賢」，即取論
> 語「作者七人」之事數，實與東漢末三君八廚八及等名同
> 為標榜之義。迨西晉之末僧徒比附內典外書之「格義」風
> 氣盛行，東晉初年乃取天竺「竹林」之名加於「七賢」之
> 上，至東晉中葉以後江左名士孫盛、袁宏、戴逵輩遂著之
> 於書，而河北民間亦以其說附會地方名勝，如水經注玖清
> 水篇所載東晉末年人郭緣生撰著之述征記中嵇康故居有遺
> 竹之類是也。[6]

此一推測有關竹林之說，原本於湯用彤先生的懷疑，不過今人多
不採信[7]。但七賢之數是本於《論語・憲問》「賢者辟世，其次辟
地，其次辟色，其次辟言，子曰：作者七人矣」的說法，大概是

---

[5] 這些記載大致皆見於《魏志》注、《世說》注，以及諸如《太平御覽》、
　《藝文類聚》等類書所引，戴逵之作又見於《全晉文》卷一三七葉八～十
　一。
[6] 〈陶淵明之思想與清談之關係〉，《金明館叢稿初編》頁一八一。
[7] 參見許杭生等《魏晉玄學史》頁一五一～一五三。

無可疑的。換言之，以七賢名諸人，大約即代表當時人視嵇康等為避世、避地之人，此證諸司馬昭謂向秀云「聞君有箕山之志」，當可顯證。唯陳先生亦未解決七賢之名何時而起的問題。

看來七賢之名自不可能是諸人之互相標榜，但事出總有因，只是這因頭究竟是後人硬湊七人之數呢？抑或是他們七人真是常有聚會，故後人可假以為說呢？《世說·任誕》云：

> 陳留阮籍、譙國嵇康、河內山濤，三人年皆相比，康年少亞之。預此契者，沛國劉伶、陳留阮咸、河內向秀、琅玡王戎，七人常集于竹林之下，肆意酣暢，故世謂竹林七賢。[8]

孫盛的說法則保守一些，說他們是「相與友善，遊於竹林」[9]。但此一說法，其實有一個頗大的缺陷。照歷史來看，七人若真有竹林之遊，則其時間只能在嘉平一至三年之間而已，因為高平陵事件之前，嵇康以婚於長樂公主，而為中散大夫，而康之去職隱居，看來自應在嘉平之後。而山濤於正始八年去官之後，大約在嘉平四年便又出仕[10]。其時，阮籍雖亦一直有官職，但因屬備位

---

[8] 《箋疏》頁七二七。

[9] 《太平御覽》卷四百七頁二○一一引孫盛〈魏氏春秋〉。

[10] 《晉書》卷四十三山濤本傳頁八四五，謂濤「與宣穆后有中表親，是以見景帝」，司馬師在嘉平四年接其父主政，三年後師卒，則濤再出仕之下限乃在正元二年。而以其本傳所載，司馬師「命司隸舉秀才，除郎中，轉驃騎將軍王昶從事中郎，久之，拜趙國相，遷尚書吏部郎」，他為吏部郎的時間，依《魏志·王粲傳》注引山濤行狀（頁五四四）所載，事在景元二年，上距嘉平四年約有九年，其間尚歷官郎中，王昶的從事中郎和趙國相，傳又說他做了很久的從事中郎，綜合這些狀況，看來山濤比較可能是在司馬師一接任，便去求官了。

性質，問題還不大。如果此一推測無誤的話，則王戎在當時只是個十六至十八歲的弱冠少年，而山濤、阮籍都已是四十以上的年歲，這不是有些奇怪嗎？[11]當然人亦可說，這些人本就有些奇特而不可以常情論。不過其中尚有一大破綻，此即完全沒有安排呂安的位置。嵇康和呂安的交情之深，是所有材料都一致的。袁宏〈向秀別傳〉云：

> 向秀字子期，少為同郡山濤所知，又與譙國嵇康、東平呂
> 安友善，其趨舍進止，無不畢同，造事營生，業亦不異。
> 常與康偶鍛於洛邑，與呂安灌園於山陽，收其餘利，以供
> 酒食之費。或率爾相攜，觀原野，極遊浪之勢，亦不計遠
> 近，或經日乃歸，復修常業。[12]

然則康安與秀常浪遊應是事實。依此文，似乎康居洛邑，安居山陽，秀則遊走兩地，但《魏氏春秋》亦云「康寓居河內之山陽縣」[13]，雖然其時間點是否銜接已不可考，但從嵇康集來看，康安之過從甚密則確無疑義，然則七賢之遊如何可能不包括呂安呢？而若說呂安之重要性尚不及阮咸、劉伶等，又何以康集中卻無一語提及伶、咸他們呢？這裡確有不可解者。更何況就他們彼此橫向間的關係言，從沒有任何記載說嵇康曾和阮咸、劉伶說過什麼話，山濤是舉薦過阮咸，阮籍和王戎的關係也厚一些[14]，王

---

[11] 七賢中，山濤生於漢獻帝建安十年（205 A.D.），阮籍晚濤五歲（210 A.D.），嵇康則生於文帝黃初四年（223 A.D.），王戎生於明帝青龍二年（234 A.D.），餘人無可考。以此而言，嘉平元年（249 A.D.）時，山濤四十五歲，阮籍四十歲，嵇康二十七歲，而王戎則只有十六歲。

[12] 《箋疏》頁七十九，〈言語篇〉注引。

[13] 《魏志·王粲傳》注引，見頁五四二。

[14] 《世說·任誕》云「阮與王安豐常從婦飲酒」（《箋疏》頁七三一），

戎大概也因劉伶和阮籍的關係，而曾引劉伶爲建威參軍[15]，但向秀和王戎一殿爲臣許多年，卻不聞他們有何往來，山濤和王戎亦然，今天僅有的關於他們二人的記載，只是在《世說·賞譽》中，王戎對山濤作了一個品目，從這品目上也看不出他們有什麼交情，倒是山簡和他們可能還有些交往，但這已是餘事了[16]；向秀少見知於山濤，但濤典選舉多年，位極人臣，卻也從未聞他對向秀有何照拂。假如說他們真是竹林間相與酣飲的至交，這些現象難道不奇怪嗎？像嵇康被難時，山濤未發一言，已有人感到奇怪了，但畢竟山濤還是照顧了嵇紹[17]，然則誰能解釋上述奇特現象呢？何啓民先生云「雖昔之載籍，留存於今者寡，亦殊不足以解此惑也」[18]，這確是事實。

針對上述問題，則我們不得不懷疑他們七人的關係是不是一個緊密的團體。其實綜合了許多狀況來看，筆者以爲可以如此來勾勒七賢的關係：這關係乃以嵇康爲核心，而呈一大多是單線的關係。嵇康和向秀誼在至交，應無問題，但嵇康和阮籍就不一定如此緊密了，不過他們之間大概還是心靈很相契的君子之交。至於嵇康和山濤的關係可能就疏淡很多，也許只是互相知道對方的

〈簡傲篇〉云「王戎弱冠詣阮籍」（《箋疏》頁七六六），皆可爲證。

[15] 《晉書》卷四十九劉伶本傳頁九四四云「爲建威參軍」，亦即建威將軍之參軍，建威將軍正是王戎伐吳之軍職。

[16] 《箋疏》頁四二三，〈賞譽篇〉云「王戎目山巨源：如璞玉渾金，人皆欽其寶，莫知名其器。」又頁六三八，〈傷逝篇〉云「王戎喪兒萬子，山簡往省之」可證王戎和山簡有往來。

[17] 《箋疏》頁一七一，〈政事篇〉云「嵇康被誅後，山公舉康子紹爲秘書丞。」

[18] 《竹林七賢研究》頁十二。

好處而已[19]。另外嵇康也許認得王戎，但未必有什麼交往。這有一項證據，王戎說他未嘗見康有喜慍之色，但像孫登說康「性烈」[20]，康亦自云「剛腸疾惡」，康之知交阮德如答康詩亦有「願子盪憂慮，無以情自傷」之語，而康在〈家誡〉中則叮囑其子在外言語須慎。可見嵇康大概只在知交前容易流露真性情，這大約也可反證叔夜、濬沖之間並無深交吧！而嵇康和阮咸、劉伶，筆者猜測，很可能他們根本就不認得，或知其名而無往來，或即使曾往來，亦很疏淡[21]，阮劉二人之入七賢之數，恐怕根本就是因阮籍而帶進來的。由此來看，七賢這一組合不但是由後人湊出來的，而且恐怕出現這一組合的時間不會太早，至少湊出此一組合之人，可能並不會很了解這七人間的關係才對，否則他總應知呂安吧！至於為何要湊出這一組合，則當是因為他們至少都有一段時間曾隱居過吧！

如果上述的推斷不算離譜的話，則我們毫無疑問地可以斷言，七賢的組合決不代表一個完整的團體。在這基礎上，他們大約可以確定具有一個共同點，即至少曾在人生的某一階段中嚮往過避世、避地的生活。然而這一共同點是否代表他們有著共同的學術思想，或是政治立場呢？這裡曾引來了相當多的推論，比如說他們皆好老莊，或說他們皆反司馬氏，甚至還有更離譜的推論，聯想到山陽乃是漢獻帝遜位後的封地，嵇康等之隱居山陽，

---

[19] 參見嵇康〈與山巨源絕交書〉。

[20] 王戎語見《箋疏》頁十八，〈德行篇〉所載。孫登語見《魏志‧王粲傳》注引〈嵇康別傳〉，見頁五四四。

[21] 《箋疏》頁七八一，〈排調篇〉云「嵇阮山劉在竹林酣飲，王戎後往。步兵曰：俗物已復來敗人意。」這記載若對照前引〈簡傲篇〉所載，阮籍對王戎的推重，便可看出它的可信度是不高的。

乃爲表達義不食周粟的政治立場[22]。不過筆者以爲，這些推論其實都是不周延，甚至是有些深文周納的[23]。就思想傾向言，七賢多傾向老莊固是事實，但其傾向老莊的內涵是否一致，則猶待考。而山濤雖非簪纓世族，但也是個小族出身的禮教之士，在所有的記載中，我們完全看不到他傾向老莊的證據。《世說・賞譽》云「人問王夷甫：山巨源義理何如？是誰輩？王曰：此人初不肯以談自居，然不讀老莊，時聞其詠，往往與其旨合」，這是一個山濤不讀老莊的明確證據。雖說王衍認爲山濤之詠頗有老莊之氣味，但七賢原即有避世味，這氣味原即近於老莊，而不必同於老莊，因此我們並不能由此推論他也是老莊信徒。即此一例，已足以推翻七賢俱是老莊信徒的全稱肯定判斷。至於在政治立場上，傾向於反名教、反司馬氏的，除了嵇康、阮籍之外，大概就是劉伶了，劉伶在〈酒德頌〉中流露了相當清楚的反名教態度。其它諸人中，阮咸的態度不明，他是否和其叔阮籍同一立場[24]，亦不得而知。至於王戎，根本就是世族出身，司馬氏得勢後，濬沖更以沖齡即登高位；向秀則由〈難養生論〉看來，似乎並不是反名教之人。而山濤的政治立場更是十分明顯。他雖因出身不夠高，至四十歲始出仕[25]，但他的政治敏感度的確是一流的。正始

---

[22] 參見王葆玹先生《玄學通論》頁三三四～三三七。

[23] 丁冠之先生《嵇康》頁一六三云「竹林七賢的政治態度和思想傾向並不是完全一致的」，這說法是正確的。

[24] 《全晉文》卷六十六，葉一，劉伶〈酒德頌〉云「有貴介公子，縉紳處士，聞吾風聲，議其所以，乃奮袂攘襟，怒目切齒，陳說禮法，是非鋒起」，但大人先生卻是「無思無慮，其樂陶陶，兀爾而醉，慌爾而醒。」其無視禮法亦可見矣。

[25] 《晉書》卷四十三山濤本傳頁八四五云「濤年四十，始爲郡主簿，功曹，

八年時，曹爽等硬駕空逼退了司馬懿，導致懿稱疾不視事，山濤立刻察覺事有蹊蹺。虞預《晉書》載此事云：

> （山濤）為河內從事，與石鑒共傳宿。濤夜起蹋鑒曰：今何等時而眠也，知太傅臥何意？鑒曰：宰相三日不朝，與尺一令歸第，君何慮焉？濤曰：咄！石生無事馬蹄間也。投傳而去。果有曹爽之事，遂隱身不交世務。[26]

這表示山濤很警覺到政局的微妙訊息，遂為明哲保身之計，避免和曹爽一黨有牽扯，為自己留下政治上的不利印記。然後在嘉平四年後，遂假和宣穆后之表親關係，而謀得官職。這裡我們多少也可以猜到，他沒有在司馬懿一奪權成功時，即出來求官，大概他也在評估司馬懿政權的穩定性吧！這一猜測其實和他後來所表現之謹慎的政治性格，是頗相一致的。以此來看，山濤如何可能是個反名教、反司馬氏，或是政治上親漢、親魏的人呢？說山濤是個迅速變節的人，恐怕根本是不瞭解他的。

如此看來，如果把目標鎖定在竹林七賢，希望由七賢這一「團體」的性格，來觀察所謂的竹林玄學的話，恐怕是找不到什麼焦點的。七賢的隱居，有的是真的想逃開政治枷鎖，有的也可能是嚮往一個宗教的世界或是世外的清靜，有的可能只是任性放浪，有的則是隱居養望待時而已，以這麼紛雜的隱居目的，我們可以冀求他們表現出什麼深刻的內涵嗎？因此之故，我們乃有必要將七賢和竹林玄學分開，亦即竹林玄學只代表正始玄學以後，玄學的另一發展階段，而這一發展是由一般所謂的竹林七賢中的少數人所完成的。其中最主要的當然就是嵇康了，另外足以在竹

上計掾，舉孝廉，州辟部河南從事。」

[26] 《箋疏》頁一六七，〈政事篇〉注引。

林玄學中佔一席之地的,則只有阮籍和向秀,其他如山濤等人,則完全不預焉。所以當我們要討論嵇康與竹林玄學之關係時,事實上即只是在處理嵇阮和嵇向的關係而已。

關於此一關係,其最重要的形式特徵,當然就是將以易、老爲核心的玄學,轉變爲以莊子爲核心的玄學。這一轉變從很多面向來看,大概都應從嵇康而起。是嵇康創造了一種莊子式的隱居形式,從而吸引了阮籍、向秀;而且從思想發展的軌跡來看,莊子和阮、向原初之學也不相契,而獨對嵇康原初的問題意識具有本質的關係,這都顯示了竹林玄學的基本特徵乃是由嵇康賦予的。然而,由嵇康分向阮籍、向秀發展,其發展的軌跡是否相一致呢?它們之間有著什麼樣的問題呢?對於這點,今天玄學界的看法似乎頗不一致,由於這些問題的釐清,有賴對阮、向實質論點的討論,因此筆者擬於下兩節再作討論。唯於進入此一討論之前,我們還必須先確定另一個重要的邊際問題,此即阮、向二人的出身背景。

從前文乃至許多相關討論中,我們都曉得家世背景對魏晉人某些思想立場,其實具有關鍵性的作用。以嵇康而言,其父雖有官職,但恐怕只是因漢末的亂局,追隨曹操而在軍中謀得了一個督軍糧的治書侍御史的職位,因此他出身寒素大概是可以確定的[27]。這一出身對他思想的某些層面之影響已如前述,但阮籍和向秀的出身如何呢?

阮籍的家世比較明確,他雖不能算是大士族出身,不過絕對是具世族身分的地方名門無疑。就現存的記載來看,嗣宗的先世

---

[27] 《魏志・王粲傳》注引〈嵇氏譜〉云「康父昭,字子遠,督軍糧持書侍御史」,見頁五四一。

已不可考，只知其父即是建安七子之一的阮瑀。依《魏志》瑀本傳所說，他「少受學於蔡邕」[28]，這說明了他家世儒學的士族背景。此外，《世說・任誕》中亦載阮咸居道南，諸阮居道北，「北阮皆富，南阮貧」，看來除了阮咸一家之外，其它諸阮家道皆甚富厚，足證阮家定是尉氏一地的望族無疑[29]。因此，他雖不像潁川荀氏，琅玡王氏一般的顯赫出身，但總也是高門子弟也。

可是向秀就比較成問題了。依現在所有可考的史料，完全找不到向秀先世的記載，因此以一般的標準言，他應該是出身寒素的。但也有幾條狀況、證據值得考慮，其一乃是他少時即為山濤所知。當然，這所謂的「所知」意涵實在太不確定，很難據以判斷什麼。其二則是假如他是寒素出身，他又何以能離鄉而浪遊於京師附近呢？而且依其〈難養生論〉所述，以及他弱冠時曾撰〈儒道論〉[30]，他又顯有儒學背景，這背景又是怎麼來的呢？其三，在嵇康被難之後，〈別傳〉說他「秀遂失圖，乃應歲舉，到京師……隨次轉至黃門侍郎、散騎常侍」[31]。所謂的「秀遂失圖」，後人固有許多聯想，但其義恐怕只是說嵇康已死，他無法再過隱居生活而已，未必真有那麼多曲折之考慮也。因此值得注意的倒是他應歲舉這件事。

---

[28] 《魏志》卷廿一，頁五三五。

[29] 《世說・任誕》關於此一記載的原文乃是「阮仲容步兵居道南，諸阮居道北」，《箋疏》頁七三三引李慈銘之說，以為步兵二字當是衍文，這說法應可信，因此居道南者應只有阮咸一家。

[30] 《箋疏》頁七十九，〈言語篇〉引〈向秀別傳〉云「弱冠著儒道論，棄而不錄」。

[31] 同上。

　　當然，照魏晉之選舉，寒素並非不能被舉，但其可能性自然
低了很多。依毛漢光先生的考證，大約從正始十年（249 A.D.）
以後，寒素經選舉一途入仕者，已大幅降低，顯見門第思想已隨
著士族之壟斷政權，而告確立[32]。嵇康被殺是在景元三年（262
A.D.），則秀之應舉至少也在景元四年以後，也就是說，它已極
接近司馬炎篡魏（265 A.D.）了，這時的寒素想要應舉，至少
是越來越難了。更何況向秀又長期不在本郡，然則他如何能以寒
素之身，說要本郡來薦舉他，他便辦得到呢？而以他和嵇康之隱
於山陽，應和朝中權貴並無交遊，亦無跡象顯示山濤曾保舉他，
那麼他能說應舉便應舉，豈不可怪？

　　尤其更奇怪的是，魏晉的中正評品，凡寒素出身者，其品次
例不甚高，能評至三品者，已是不得了的了[33]。而依慣例，中正
的品次為二品者，其起家的官品大約是五品或六品，至於中正品
次為三品以下者，其起家官品至多是七品，通常則在七八品之間
[34]。但我們看看向秀的情形。他被本郡中正評為幾品固不得而
知，但他似乎決沒有重要到即使是寒素出身，也可以被超擢到二
品的程度。可是從他所歷官職來看，他隨次轉至黃門侍郎和散騎
常侍，經查黃門侍郎為五品，散騎常侍雖係閒缺，卻為三品[35]，

---

[32] 參見《中國中古社會史論》頁卅五～五十。

[33] 毛漢光先生《兩晉南北朝士族政治之研究》頁八十一云「寒素特優者，稱
　　為灼然二品」，可見寒素出身者，一般皆在三品以下。

[34] 參見前注引書頁八十一～八十六。

[35] 《晉書》卷廿四〈職官志〉頁五四二云「自魏至晉，散騎常侍、侍郎與侍
　　中、黃門侍郎，共平尚書奏事」，散騎常侍和黃門侍郎皆由漢之官制轉
　　來，依杜佑《通典》卷卅七，〈職官〉十九所列晉之官吏秩品，黃門侍郎
　　為五品，散騎常侍則為三品，見王文錦等《校點本》頁一〇〇三～一〇〇

如依《晉書‧任愷傳》和《通鑑》所述，則至遲在泰始八年之前已居上述某一官職[36]，這距離秀之出仕只有短短不到十年的時間。以此推測，由於子期並無顯赫功業，而能在十年或甚至更短的時間內升至黃門侍郎等要職，則其起家官品至少也應在六品以上才有可能，如此換算他的中正評品，恐怕也至少有二品的品次，以這樣的品次，則向秀可能是寒素出身嗎？

綜合這些情況，則筆者以為子期的先世雖無可考，但遽爾即認定他出身寒素，恐怕也有些違離事實。漢末喪亂，魏初中正制始行，因此於地方著姓之認定也應不如後世嚴格，是以我們實不應直接依後世門第定型化後的標準來區分，以此而言，向秀的出身固非大士族，應該也還是可算作士族的一員也。至於此一出身的意義究竟何在，則尚有待下文分疏。於是我們乃可以進入下一節的主題。

第二節　阮籍的思想及其與嵇康思想的關係

阮籍無疑是位才華橫溢的大詩人，但平心而論，他無論是人格、性情、學問、生命各方面，也都是矛盾衝突的混合體，他有極真情率意的一面，也有極矯揉虛偽的一面，於是他可以極厭禮

四。

[36] 《晉書》卷四十五〈任愷傳〉頁八八七載庾純、張華、溫顒、向秀、和嶠等「皆與愷善」。愷之廢，依《通鑑》繫於泰始八年，（見卷七十九，頁二五二二～二五二三），向秀既與愷善，則賈充任事之後，秀自不可能升官，可見向秀在此之前應即已升至散騎常侍了。

教，也可以文不加點地寫勸進表[37]；表現在學問上，他也可以既守舊復趨新，這使得描述者常感到難以掌握到一條清晰的主線。不過一般論者大致也都承認，阮籍的思想以正始為界，大概可明確分出前後兩期，換言之，高平陵事件前後的政治陰霾，構成了阮籍生命中某種意義的「極限情境」[38]，這的確是很值得仔細評估的一個狀況。不少人以為這是因為阮籍陷入了政治效忠對象的尷尬之中，但筆者以為這似乎和政治效忠根本扯不上關係。廣義來說，此一事件並未導致曹魏的滅亡和朝廷的解體，只是當權者的更迭而已，阮籍事實上也未效忠於曹爽。而且以他士族的出身，司馬氏的當權更不應構成他效忠上的困擾才是。因此筆者以為，這大約只是由於其本傳所謂，因「天下多故，名士少有全者」所興起的某種對政治的倦怠感吧！在激烈的政治鬥爭中，奪權的雙方常不是以理相拼，而只是比陰鬥狠而已，它原就沒有誰比較高明的問題，阮籍並沒有明顯的黨派色彩，因此理論上他恐怕未必關切誰勝誰敗，但由於奪權鬥爭所形成的冷酷政治環境和對人性的斲傷，卻很可以使人油生政治疏離感，進而在某些人的心靈中引生存在意義的反省。筆者以為從這一角度來看阮籍的轉變，也許是比較恰當的吧！由此筆者乃可以進一步指出一個有趣的現象，即前期的阮籍大抵是一個思想內在充滿衝突，但外在行為仍算一致的人；可是後期的阮籍就思想言，似乎是趨向統一

---

[37] 此事參見《晉書》卷四十九阮籍本傳，原文參見陳伯君先生《阮籍集校注》（以下簡稱《阮校》）頁五十～五十八，以下有關阮籍之引文，俱依據本書，為便翻檢，故但註明頁碼，不另說明。

[38] 此詞借自雅斯培（Karl Jaspers）" ultimate situations " 的說法，指一些無可逃而又將存在逼至某種絕望之境的情境。參見周行之譯，雅斯培之《智慧之路》頁四十二。

了，但這個統一卻是導致他人格性情和行為上極度破裂的主因。而筆者以下對阮籍思想的描述，即想由這個有趣的現象開始。

　　就前期的阮籍而言，基本上乃是個儒學世家子弟，受著典型的詩禮之教。他自己在〈詠懷詩〉中亦言「昔年十四五，志尙好詩書，被褐懷珠玉，顏閔相與期」[39]。這時期最足以反映他基本教育背景的，大約應屬〈樂論〉這篇文章。此文如王葆玹先生所考，應是因明帝時卞蘭和高堂隆關於樂之重要性的爭論而起無疑，作成時間雖未必定在劉劭的〈樂論〉之後，但約在正始之初，則是合理的推斷[40]，也就是說它是阮籍第一篇重要的作品。就這篇作品的內容以論，他只是和高堂隆、劉劭一樣，在論證何以移風易俗莫善于樂而已。至於他的論點，幾乎只是承襲《禮記‧樂記》「大樂與天地同和，大禮與天地同序」這一老的儒家樂論傳統，並延續著漢儒主流禮樂與天地陰陽相諧的觀點，而並沒有任何添加，所謂「樂者，天地之體，萬物之性也」，「故律呂協則陰陽和，音聲適而萬物類，男女不易其所，君臣不犯其位，四海同其觀，九州一其節，奏之圜丘而天神下降，奏之方岳而地祇上應，天地合其德，則萬物合其生，刑賞不用，而民自安矣」，「貴重故可德以事神，不忘故可得以化人，其物係天地之象，故不可妄造，其凡似遠物之音，故不可妄易，雅頌有分，故人神不雜」是也[41]。從這些論點來看，毫無疑問可以確知，此期的阮籍只是一位漢儒主流思想傳統下，規行矩步不敢稍有踰越的古典主義者。

---

[39]《阮校》頁二六五～二六六。

[40] 參見《正始玄學》頁一三九～一四〇。

[41]〈樂論〉文字參見《阮校》頁七十七～一〇四。

　　然而這一面貌的阮籍顯然是有壓抑的，他看來從小便有一顆隱藏而隨時在躍動著的心靈，本傳謂其「嗜酒能嘯，善彈琴，當其得意，忽忘形骸」[42]，孫盛亦謂其自幼即「性恬靜，兀作長嘯，以此終日」，這一頗含浪漫之美感的心靈，和那嚴肅的禮樂是不太可能相容的。唯其如此，其生命必有掙扎、有破裂，他也必不滿意於沉耽在〈樂論〉的境界裡，此所以他必會趨新，蓋新思想才有衝決網羅，有爲他找到平撫掙扎的可能。於是當時聳動一時的何王之學出現時，我們幾乎可以直覺判斷，他必定會捨舊而趨新的。果然，他乃有〈通老論〉及〈通易論〉之作[43]。

　　我們必須注意，這其實是阮籍思想的第一次改宗。在〈樂論〉時的阮籍，其思想和何王的基本問題是對立的，前文中我們曾引到夏侯玄的〈辨樂論〉，在該文中，太初即已敏銳地批判了阮籍的觀點，這是個極明確的證據。然而短短數年間，他卻幾乎轉成了何王的信徒，這自然是很有意思的一件事。何王解易，重點原有二，一是恢復以象象文言繫辭來解卦爻的傳統，二是抑低漢儒所賦予易的神格性，轉而強調由人事以明天道。而這兩面，我們在〈通易論〉中可以看得十分清楚。比如說他大量引象辭和文言來明易和各卦的通義，如「乾元初，潛龍勿用，言大人之德隱而未彰，潛而未達，待時而興，循變而發」[44]，這顯然是隱栝乾文言「龍德而隱」「潛之爲言也，隱而未見，行而未成」之

---

[42] 參見《晉書》卷四十九籍本傳頁九三〇，以及《太平御覽》卷六百二頁二八四一引孫盛《魏氏春秋》。

[43] 王葆玹《正始玄學》頁一四一引丁冠之先生的說法，以爲這兩篇作於正始時期，但他卻定位在正始初，這一推論恐怕有問題，倒是丁先生將之與何王玄學相提並論，較近乎事實。

[44] 《阮校》頁一一〇。

義。「裁成天地之道，輔相天地之宜，以左右民」[45]更是直接引自泰卦象辭。類此者甚多。至於阮籍在此文最後綜結性地說「明乎天之道者不欲，審乎人之德者不憂，在上而不淩乎下，處卑而不犯乎貴，故道不可逆，德不可拂也。是以聖人獨立無悶，大群不益，釋之而道存，用之而不可，既由此觀之，易以通矣」[46]，這無疑是突出了由人以占天的方向。換言之，阮籍看來的確是自覺地在追隨何王，我們當然不知道他是否察覺到這一新立場，其實已離開了他在寫〈樂論〉時的老觀點，但這一轉變的軌跡無疑還是很明顯的。

至於〈通老論〉就更明顯了。在今存的三條資料中，阮籍說「道者法自然而為化，侯王能守之，萬物將自化，易謂之太極，春秋謂之元，老子謂之道」[47]，前三句是老子的句子，但後三句其實直接出自桓譚的〈新論〉[48]。而筆者在上章中已清楚地指出何王之學和楊雄一系思想的淵源，然則這不是一條明確的證據嗎？再者，他說「聖人明于天人之理，達于自然之分」[49]，這和夏侯玄說「天地以自然運，聖人以自然用」的意思不也是如出一轍嗎？太初駁其〈樂論〉在前，他則隱括太初之義於〈通老論〉，這其中究竟透露出什麼訊息，不也很明白了嗎？而猶必須了解的是，阮籍這次思想的改宗，並無其它外緣因素可說，因此我們可以確定，它必是出之於其內在生命不容已的要求也。

---

[45] 同上。

[46] 同上，頁一三一。

[47] 同上，頁一五九。

[48] 《全後漢文》卷十五葉八，桓譚《新論・閔友》云「宓羲氏謂之易，老子謂之道，孔子謂之元。」

[49] 同注四十七。

　　然則我們要問的是，阮籍這次思想的改宗真足以調伏其內在生命的躁動嗎？其實我們只要從一點來看，就知道是不樂觀的。蓋何王之學作為一套新易學，固因著何晏的地位，而有聳動視聽的效果，但其創新的背後，一則仍是一個漢代學術的老問題，這個問題的本質原不是個生命上的、存在上的問題，再則依王弼的進路，解決此一學術問題所應依憑的生命情調，還是一個純智性的情調，凡此皆是與阮籍心靈那本質的浪漫的躍動不搭調的，因此我們也勢必難以想像阮籍得以在這次改宗中得到安頓。不過無論阮籍的內心世界曾有過幾許翻騰，至少在這時，他的行為是還不曾出軌的。

　　阮籍之進入狂飆式的轉變，如前所述，當然是在高平陵事件之後。其實我們只要注意一下他的〈達莊論〉和〈大人先生傳〉乃至〈詠懷詩〉，便會清楚地發現，何王之學根本已從其生命中被連根拔除了[50]。我們很可以想像，此一事件對阮籍的巨大震動。就現有資料來看，此一震動似乎是環繞著兩大主題而展開的，其一乃是對現實政治強烈的疏離感，這是一個負面的、決絕的情緒，但我們已說過，這一情緒似乎是不能用政治效忠的困境來解釋的。我們且看一些材料，比如說他在一些賦作中，幾乎都表達了同一個主題，即現實世界乃是豺狼遍地，舉目皆無乾淨土的。在〈東平賦〉中，他說「強禦橫于戶牖，怨毒奮于床隅」，「居之則心昏，言之則志哀」[51]。在〈鳩賦〉中，他則說「值狂

---

[50] 這些作品無疑皆作於正始之後，參見王葆玹先生《玄學通論》頁三六六～三六七。

[51]《阮校》頁六及九。

犬之暴怒，加楚害于微軀」[52]。在〈獼猴賦〉中，他更直接假猴而指桑罵槐云「外察惠而內無度兮，故人面而獸心」[53]。而在〈亢父賦〉中，則是最露骨地指陳現實世界的慘瘁，最後則結云「故其人民側匿頗僻，隱蔽不公，懷私抱詐，爽慝是從，禮義不設，淳化匪同。先哲遺言，有昭有聾，如何君子，栖遲斯邦」[54]。像這些說法，那裡像是只指陳某一政權的暴戾而已呢？它根本已經從對政治的疏離而轉至對人間世的疏離了。即使像頗具象徵意義的〈首陽山賦〉，阮籍之意也似乎並不在強調他義不食司馬氏之粟上，他說「彼背殷而從昌兮，投危敗而弗遲，此進而不合兮，又何稱乎仁義」[55]，這似乎說明了他自己對曹家和司馬家的兩不著邊，怎麼也稱不上是「義」。由此，我們當能感受到阮籍發自生命深處的強烈疏離意識。

　　另外一個主題則大約是由上述疏離感而湧起的對人生之虛無感吧！不過要知道，這兩種感受間並沒有必然的發展關係，阮籍之所以會由疏離感而興虛無之悲嘆，外在的政治事件多半只能扮演導火線的角色，他生命中原已內蘊的生命情調和價值意義的衝突，恐怕才是他墮入此一存在之虛無中的主因吧！換言之，阮籍其實是由對外在世界的強烈懷疑，進而引生了他對如何確立自我價值的普遍懷疑，這一懷疑甚至亦否決了他原已由何王之學中所得到的表面安頓。筆者以為這一感受也正是他在〈詠懷詩〉中所一直想傳達的最基本感受。如所謂「春秋非有託，富貴焉常保」

---

[52] 同上，頁四十八～四十九。

[53] 同上，頁四十四。

[54] 同上，頁二十三～二十四。此文題目他本多作〈元父賦〉。

[55] 同上，頁廿七。

[56]「繁華有憔悴,堂上生荊棘……一身不自保,何況戀妻子」[57]「暑度有昭回,哀哉人命微;飄若風塵逝,忽若慶雲晞」[58]「人生若塵露,天道邈悠悠」[59]這樣一種「自然有成理,生死道無常」[60]的最本質之存在的無奈,幾乎貫串在他所有的詩作中。由此一存在的無奈,他更累積出對人情世界的許多悲憤,如云「百年何足言,但若怨與讎」[61]「人知結交易,交友誠獨難,險路多疑惑,明珠未可干」[62]「膏火自煎熬,多財爲禍害,布衣可終身,寵祿豈足賴」[63],類似的憤懣所引生的「誰云玉石同,淚下不可禁」的感愴[64],也許正是他「夜中不能寐」的主要原因吧!從這裡,我們可以清晰地感受到,由一政治事件在阮籍內心所引起的波瀾,已把他逼到了某種存在的絕境中。在這樣一種直接由存在的虛無、絕望之感所逼至的極限情境裡,我們看到他不斷地在回憶他少年時的浪漫理想,卻又禁不住地總又給自己一些嘲弄。例如他說「壯士何慷慨,志欲威八荒,驅車遠行役,受命念自忘」[65]「少年學擊刺,妙伎過曲成,英風截雲霓,超世發奇

---

[56] 同上,頁二一九,〈詠懷詩〉之四。

[57] 同上,頁二一六,〈詠懷詩〉之三。

[58] 同上,頁三二四,〈詠懷詩〉之四十。

[59] 同上,頁三一〇,〈詠懷詩〉之卅二。

[60] 同上,頁三五〇,〈詠懷詩〉之五十三。

[61] 同上,頁三九七,〈詠懷詩〉之七十七。

[62] 同上,頁三八一,〈詠懷詩〉之六十九。

[63] 同上,頁二二九~二三〇,〈詠懷詩〉之六。

[64] 同上,頁三五二,〈詠懷詩〉之五十四。

[65] 同上,頁三二一,〈詠懷詩〉之卅九。

聲」[66]「儒者通六藝，立志不可干，違禮不爲動，非法不肯言」[67]
這裡清楚地反映他兩類的理想，但到頭來，不是說「悔恨從此
生」[68]，就是說「委曲周旋儀，姿態愁我腸」[69]。平心而論，這種
對理想的自我嘲弄，其實是很有可能將阮籍推入絕望之深淵的。
然則我們應問，阮籍是否曾試圖躍出這個由自己逼至的深淵呢？
若有的話，是什麼樣的因緣提供了此一機會？而這個機會真的協
助他獲得安頓了嗎？

　　毫無疑問的，阮籍不曾因跌入此一令人「怖懼至死」的存在
深淵，而自尋絕路，或是即因此而將自己變成一個頹廢的遊魂，
就表示他生命的躍動還在嘗試尋找出路。但出路何在呢？筆者以
爲此時有兩個人物的出現，對阮籍的生命言，是有其關鍵意義
的。尤其當禮樂乃至何王之學，都已顯然和他的生命掛搭不上
時，這兩個人的出現，似乎恰好提供了阮籍一個自我安頓的機
會，從而讓阮籍後期的思想，終於得以歸趨到另一條他似乎較能
滿意的路子上去。這是阮籍思想的第二次改宗，而這次的改宗恐
怕也是比較自覺的，而不只是應時趨新而已。提供這次改宗機會
的，一個是孫登，另一個則是嵇康，也許是上天的眷顧吧！這兩
個人竟然同時出現在阮籍的生命裡。

　　就今存的資料看，我們不知道阮籍先碰到誰，但原則上說，
孫登對阮籍的影響乃是純粹人格上的感動，戴逵即說阮籍的〈大

---

[66] 同上，頁三六五，〈詠懷詩〉之六十一。

[67] 同上，頁三六三，〈詠懷詩〉之六十。

[68] 同注六十六。

[69] 《阮校》頁三七七，〈詠懷詩〉之六十七。

人先生傳〉便是以孫登爲藍本，由此可以想見孫登對阮籍的震憾[70]。《世說・棲逸》云：

> 蘇門山中，忽有真人，樵伐者咸共傳說。阮籍往觀，見其
> 人擁膝巖側。籍登嶺就之，箕踞相對。籍商略終古，上陳
> 黃、農玄寂之道，下考三代盛德之美，以問之，仡然不
> 應。復敘有爲之教，棲神導氣之術以觀之，彼猶如前，凝
> 矚不轉。籍因對之長嘯。良久，乃笑曰：可更作。籍復
> 嘯。意盡，退，還半嶺許，聞上�363然有聲，如數部鼓吹，
> 林谷傳響。顧看，迺向人嘯也。[71]

這段頗富戲劇性的記載，其實對有著存在體驗的人而言，是頗爲
驚心動魄的。要知道，此時的阮籍正是一個「常率意獨駕，不由
徑路，車跡所窮，輒痛苦而反」的人[72]，也就是說他此時正跌落
在存在的痛苦深淵中，而孫登這麼一個「真人」之人格的出現，
對阮籍自然是具有挑戰性的。我們可以想見，阮籍其實大概是想
藉盛陳歷史掌故、養生方術乃至他最擅長的長嘯來擊敗孫登，以
企求保住自己僅剩的尊嚴；但孫登居然可以不理他，然則阮籍退
時之挫折感當可想像。而孫登最殘忍的則是竟然又在嘯聲上擊敗
了他。但是也許連孫登亦不自知的是，虧得他這一聲長嘯，終於
能將阮籍那僅餘的矜持亦告打掉，這時的阮籍也才能有足夠的心
靈空間，來容納孫登巍然壁立的人格形象，進而能依此一儀型來
思考自己的出路。關於這一過程，筆者以爲如此的詮釋，固有越

---

[70] 《箋疏》頁六四八，注引〈竹林七賢論〉云「籍（自蘇門山）歸，遂著大
　人先生論，所言皆胸懷間本趣，大意謂先生與己不異也。」

[71] 同上，〈棲逸篇〉文。

[72] 同上，注引孫盛《魏氏春秋》。

乎文字之嫌，但對於任何有過類似存在體驗之人，都會知道這一過程實有其客觀性之理路在也[73]。於是我們可以看到，孫登在阮籍這一思想劇變的過程中，究竟扮演了什麼角色；他雖不著一字，但實已給了阮籍一個他最迫切需要的人格典範。

對比於孫登，嵇康對阮籍似乎就不曾產生過類似之人格的震憾。嵇康和阮籍實際的交往情形，今已不得其詳，但阮籍大約是在和嵇康交往之後，在其作品中才出現求仙長生之類的主題，則也是事實，因此我們可以推知嵇康對阮籍的影響，大概是集中在思想之啓發上的。也許在阮籍遭遇到存在性的巨大危機時，嵇康對仙人存在的論述便成爲他尋求存在之安頓的依據吧！蓋假如真有所謂的仙人，則其長生便足以克服存在之絕對虛無感也。在〈詠懷詩〉中，我們常可看到阮籍流露的這種心情，如云「王子年十五，游衍伊洛濱，朱顏茂春華，辯慧懷清真。焉見浮邱公，舉手謝時人。輕蕩易恍惚，飄颻棄其身，飛飛鳴且翔，揮翼且酸辛」[74]，如果我們將王子晉當成是阮籍的自述的話，就可以明確感受到他所面臨的存在之掙扎，而浮邱公則構成爲一種彼岸的接引力量。他在另一首詩中云「焉見王子喬，乘雲翔鄧林，獨有延年術，可以慰我心」[75]更可顯見長生延年對阮籍當時所發揮的存在意義，此誠所謂「繫累名利場，駑駿同一輈，豈若遺耳目，升

---

[73] 牟宗三先生在《五十自述》中，曾引存在主義之說，很生動而具體地交待了此一理路。參見該書〈文殊問疾〉一章，尤其在論「悲情三昧」的部分。

[74] 《阮校》頁三七一，〈詠懷詩〉之六十五。

[75] 同上，頁二四七，〈詠懷詩〉之十。

遐去殷憂」也[76]。於此我們乃可看到嵇阮的遇合，對阮籍構成爲
何等的大事因緣。

上述有關阮籍存在心境的描述，更具體地表現在〈達莊論〉
和〈大人先生傳〉之中，所以這兩篇東西也成爲代表阮籍後期思
想的最重要作品。不過如果從義理討論的角度來看，〈大人先生
傳〉之思想雖顯與〈達莊論〉相一致，但它原則上只偏於大人先
生境界的描述。它通過與一些縉紳先生、隱者和薪於阜者之對
比，而突出「與造物同體，天地並生，逍遙浮世，與道俱成，變
化散聚，不常其形，天地制域於內，而浮明開達於外」的大人形
象[77]，這個大人先生當然就是〈達莊論〉的主人翁，而在〈達莊
論〉中，阮籍有段長文論證了所由以達致此一境界之道，這是一
段最關緊要的義理文字：

> 天地生于自然，萬物生于天地。自然者無外，故天地名
> 焉；天地者有內，故萬物生焉。當其無外，誰謂異乎？當
> 其有內，誰謂殊乎？地流其燥，天抗其溼，月東出，日西
> 入，隨以相從，解而後合。升謂之陽，降謂之陰；在地謂
> 之理，在天謂之文；蒸謂之雨，散謂之風，炎謂之火，凝
> 謂之冰，形謂之石，象謂之星，朔謂之朝，晦謂之冥，通
> 謂之川，回謂之淵，平謂之土，積謂之山。男女同位，山
> 澤通氣，雷風不相射，水火不相薄，天地合其德，日月順
> 其光。自然一體，則萬物經其常。入謂之幽，出謂之章，
> 一氣盛衰，變化而不傷。是以重陰雷電非異出也，天地日

---

[76] 同上，頁二九九，〈詠懷詩〉之廿八。

[77] 同上，頁一六五。

　　月非殊物也。故曰自其異者視之，則肝膽楚越也；自其同
　　者視之，則萬物一體也。

　　人生天地之中，體自然之形。身者，陰陽之積氣也；性
　　者，五行之正性也；情者，遊魂之變欲也；神者，天地之
　　所以馭者也。以生言之，則物無不壽；推之以死，則物無
　　不夭。自小視之，則萬物莫不小；由大觀之，則萬物莫不
　　大。殤子為壽，彭祖為夭，秋毫為大，泰山為小。故以死
　　生為一貫，是非為一條也。[78]

假如這段話代表了阮籍對莊子的理解的話，則阮籍顯然是有嚴重
的誤解的。因為阮籍在這段話中所謂的自然，明白地只是指陰陽
氣化的自然；由此而說之「自然一體」，因而也只是氣化之一
體。在這樣的一體中，萬物固皆在氣化流轉中因緣變滅，但如此
而說的萬物，至多只能如佛家所說的幻化，可是幻化之物仍是個
殊的，我們並不能因其為幻化，遂泯其分際，而說萬物為一體。
因此，阮籍顯然完全掌握不住莊子所說的自然之旨，更不明瞭莊
子所說萬物一體之義。若從《莊子・齊物論》說「萬物與我為
一」之旨來看，它純是指主體之由成心是非之對偶中超越而出的
境界[79]，因此如我們前已論及者，莊子之自然恆是連繫於主體之
工夫義而說的境界概念，但阮籍卻將之滑轉成了氣化義的自然，
而此義的自然既套在因緣流轉中，則在莊子看來，它適成「他
然」也。阮籍由此而下，仍順陰陽氣變以說人，這當然仍無從真
正掌握莊子死生一貫之旨也。如果說阮籍真只是站在這角度上而

---

[78] 同上，頁一三八～一四〇。

[79] 關於此義，請參見拙作〈齊物論釋〉一文之相關段落，見《鵝湖月刊》二
　　三二期，頁四十四～四十五。

說至人之「恬于生而靜于死」，則至人之恬靜，亦只是衝向天地
自然這一氣化之蒼茫而已，這裡面其實並不涵著任何精神上的實
踐義，它至多只表示了一個屬於文人的浪漫想望與企慕，此一企
慕雖未必不可顯示一意境，但由此意境所顯示之蒼茫的美感，往
往只是人生之荒涼與虛無的透示，初不意味任何的人文性和價值
性也。牟宗三先生有一個相當恰切之評論云：

> 阮籍之衝向，如欲契接道家，則不能停於此文人生命之衝
> 向。文人生命常只是不安與挑破，其所衝向之混沌與原始
> 之蒼茫並不能安其生命也。故此種衝向常只是四無掛搭之
> 虛無主義。而道家則必予人以安定與寧靜。其所衝向之
> 境，如「大者恬其性，細者靜其形」云云，如欲真實現
> 之，則必須由「純然之衝破」轉向於自心上作工夫之凝
> 成，由此凝成上言道、無、一、玄、自然與渾化，方真是
> 老莊之教也。此步轉折是重要之關鍵。[80]

這裡顯示了阮籍思想上的嚴重弱點，他本質上只是個文人，而不
是個思想家，故他只能將一「理境」隱約地體會成一個不相干的
意境。其實，嵇康之學是能把握這理境的，但我們由〈達莊論〉
也可以看到，阮籍實在並不能懂嵇康。於是，可以想像的是，阮
籍憑藉和嵇康的遇合所迸出的思想火花，還是難以真正為他解決
存在之困境的。這當然又是他的不幸了。

今天，我們在〈詠懷詩〉中，便還可以看到這一思想在他內
心中所起的掙扎。在他許多以遊仙為主題的詩作中，我們常可看
到他又刻意地對求仙之舉提出質疑，如以下的三首詩，他就表達
了三種幾近矛盾的質疑：

---

[80] 《才性與玄理》頁三〇五～三〇六。

昔有神仙士，乃處射山阿，乘雲御飛龍，噓吸嘰瓊華。可
聞不可見，慷慨嘆咨嗟。自傷非疇類，愁苦來相加。下學
而上達，忽忽將如何？[81]

天網彌四野，六翮掩不舒；隨波紛綸客，汎汎若凫鷖。生
命無期度，朝夕有不虞。列仙停修齡，養志在沖虛；飄颻
雲日間，邈與世路殊。榮名非己寶，聲色焉足娛？採藥無
旋返，神仙志不符；逼此良可惑，令我久躊躇。[82]

十日出暘谷，弭節馳萬里；經天耀四海，倏忽潛濛汜。誰
言焱炎久，旄沒何行俟。逝者豈長生，亦去荊與杞。千載
猶崇朝，一餐聊自已。是非得失間，焉足相譏理？計利知
術窮，哀情遽能止。[83]

其中第一首阮籍似在表達求不得神仙境界之愁苦，第二首則又表
示了對此路之躊躇，第三首則更是一切都算了吧的慨嘆。類似如
此矛盾交織的心情，當然表示了他終於還是無法由孫登的震憾和
嵇康的啓發中，得到自我生命之安頓的悵惘，然則他終於在縱酒
佯狂的頹廢生活中含恨以終，也是很可想像的了。王忱說「阮籍
胸中壘塊，故須酒澆之」[84]，王忱是否知道阮籍之壘塊為何，固
不得而知，然此語誠可謂知言也。

　　據上所述，則我們可以進而比較嵇阮之學。很明顯的，他們
無論是在問題意識或是在思想內容上，都談不上有多少交集點。
嵇康自亦有其矛盾處，但純就內在生命言，嵇康是統一而無搖擺

---

[81] 《阮校》頁三九八，〈詠懷詩〉之七十八。

[82] 同上，頁三二六～三二七，〈詠懷詩〉之四十一。

[83] 同上，頁三四八，〈詠懷詩〉之五十二。

[84] 《箋疏》>頁七六三，〈任誕篇〉文。

的。他的宗教意識特強，亦有思想上之原創性，因此能將源自先秦道家由主體之自我回歸而說的人文性實踐精神，賦予道教，而成另一種有別於求精氣神長生的宗教實踐，在這點上，嵇康是一以貫之的。而嵇康的矛盾是在他終不能忘情於現實政治，他一定要將在價值論上對名教的批判，轉爲一種現實政治上的決絕態度，這點看來他是不自覺地受到了他個人政治立場的左右，從而也爲他的生命帶來了負累。不過撇開這點，嵇康終於還不失爲是有條理、明白洞達、有創造力的豪傑之士也。然而阮籍的問題意識是完全不同的，神仙長生對他而言，不是個宗教，而只是個可能有助於他脫離存在之困頓的東西。他有著深沉的存在虛無感，這個虛無感的產生固是由政治事件而起，但它的本質並不來自於政治事件本身，應該說政治事件只是一個導火線，慘酷的政治鬥爭固然會讓許多人和政治疏離，但由此一疏離而引生存在的危機，則斷然是因其內在原已有著一些生命本質的難題在，此一事件不過是挑起此一危機的因子。平心而論，這是個意義危機，而嚴格說，若他真能懂嵇康，則嵇康之學是可能幫他解決危機的，但他終於沒能由此危機而跨入信仰或價值自覺、主體實踐的層次，這或者是由於他生命中的悲劇感太強，以致他恆被一種自我撕裂的氛圍籠罩所致。筆者常懷疑，阮籍爲何不能就追隨孫登，乾脆就一走了之了呢？無以名之，也許他根本就不自覺地酷愛著這種悲劇的美感吧！這樣的生命，如實說來，是有美感的，但卻是不條暢的，於是他會掙扎於真與僞、神聖與邪惡間，一下子蔑視禮法，一下子又敷衍胡混（此之謂「謹慎」），於無法統一間，假佯狂以統一。然而可惜的是，阮籍的佯狂以求真，卻常是

以最虛偽（如不臧否人過，母喪時猶故意飲酒食肉等等）的弔詭方式來成全其真性情[85]，結果只是把自己推落「途窮而慟」這樣的更加撕裂的深淵，坦白說，這既不符老莊安時而處順之旨，恐怕也是錯會了莊子說弔詭之義也。〈齊物論〉說「滑疑之耀，聖人之所圖也，為是不用而寓諸庸，此之謂以明」，這表示莊子說弔詭之義，其目標終在化除弔詭而「寓諸庸」上，唯庸言庸行中乃可能有真正之真者[86]，然而阮籍卒以佯狂終其身，豈非不幸也哉！後人每以佯狂避禍為其開脫，但阮籍真會感謝此一開脫嗎？也許他長期掙扎在真偽之間而無從安頓，這種存在的悲痛根本就是生不如死吧！雖然如此，阮籍畢竟不同於一些徒有狂態之人，而是一個磊落、有真性情的人，他的真即在他能如實面對其存在的實感上，即此實感，便不是任何佯狂虛偽之姿態所能掩者，而他的真亦終可使人不在意其虛偽的姿態，而為之同聲一嘆也。

　　然而無論如何，我們皆已確定嵇阮之學，除了形式上還有些近似之外，實質上根本就不是一路的。嵇康確影響了阮籍，而且這一影響亦不可謂不重要，但是嵇康的真精神卻在這一影響過程中完全走了調，至少我們在阮籍身上是看不到真正嵇康之痕跡的。而很不幸的，嵇康雖是竹林玄學的領袖人物，但他並未直接對後世發生影響，竹林玄學的影響主要是通過阮籍、向秀而產生的，其中尤以阮籍為大宗，這當然就使嵇康的影響力更加曲折而隱晦了。不過此乃後話，請容下文再作申論。

---

[85] 牟宗三先生對阮籍此一奇特的性情，有極透闢的討論，參見牟先生前引書頁二八八～二九〇。

[86] 此義亦請詳見前引拙文〈齊物論釋〉相關段落，見《鵝湖月刊》二三〇期，頁四十七～四十八。

第三節 向秀的思想及其與嵇康思想的關係

　　向秀和嵇康的私人情誼是很確定的，但以現存材料來看，向秀的面貌卻相當模糊。首先，他的家世出身，生卒年月均無可考[87]，我們所能拼湊起來的認識，大概只有他和嵇康、呂安曾在一起隱居了相當時日，當嵇康死後，他旋即應舉出仕，武帝泰始時，他歷官黃門侍郎、散騎常侍，晉書本傳謂其居官，不過容跡而已，而後亦死於任上。其留傳的著作只有〈難養生論〉和〈思舊賦〉是完整的，另外可確定的是他曾注莊、注易。這些著作若以思想的角度而論，〈思舊賦〉和易注都不重要，《世說》亦謂其易注「未若隱莊之絕倫」[88]，而今天殘存的幾條佚文，也不含思想性，故可置勿論。至於他的莊子注，依今人的勾稽輯佚，則大約還保存了超過兩百條的佚文，這對理解向秀的思想，自然是有大幫助的。一般而言，我們也可以將向秀的思想區隔為前後兩期，〈難養生論〉代表的是他的前期想法，莊子注則表現了他的後期思想。之所以能夠作此區隔，主要是因為〈難養生論〉只反映了出自名教的世俗觀點，其中並不含著任何玄論之故。當然，如其本傳所說，也可能有人認為向秀之作〈難養生論〉，只是為「發嵇康之高致」，乃故作俗情之論；但若說向秀是在已認同了

---

[87] 湯一介先生以向秀生於 227 A.D.，卒於 280 A.D.，參見《郭象與魏晉玄學》頁五十八。

[88] 《箋疏》頁二〇六，〈文學篇〉注引〈向秀別傳〉。

嵇康的觀點下，故意作此違心之辯難，恐怕也太失之矯情了吧！
因此謹慎的說法還是認為應將此文歸入其前期思想為宜[89]。

　　不過在進入向秀實質思想的討論前，筆者多少還是得先交待
一下我對有關向郭莊子注這一公案的看法。今天的玄學學者，為
郭象辨誣者似乎頗多，從實際的材料上看，恐亦難以絕對坐實郭
象剽竊之名。王叔岷先生云：

> 今據莊子釋文、列子注、及他書所引，詳加纂輯，得向有
> 注郭無注者四十八條，向郭注全異者三十條，向郭注相近
> 者三十二條，向郭注相同者二十八條，列此明證，然後知
> 郭注之與向注，異者多而同者少，蓋郭雖有所採於向，實
> 能推而廣之，以自成其說者也。豈僅自注秋水至樂二篇，
> 及易馬蹄一篇而已哉？……蓋向秀亦本崔譔之義，述而廣
> 之，與郭象本向注述而廣之者實同，則獨加郭象以竊名，
> 不亦冤乎？[90]

雖然王先生之輯佚未盡詳備，但綜觀今天所有的輯佚資料，王先
生的論點大致是可信的，如此自然反證了《世說》所載確有不盡
不實處。然而筆者亦以為，向郭注莊的性質原和其它訓詁式的古
注，如崔譔等所作，實有不同。若只是訓詁式的注解，則確如王
叔岷先生所說，「亦時有偶同之例，兼有不得不同之例」[91]，此
同不必意味任何意義。然而向郭之注莊原本即是義理性的注解，
因此即使郭象確經精細之處理，故可逃開剽竊之名，但若其義理

---

[89] 許杭生先生《魏晉思想史》頁一七一亦云「向秀難養生論一文，似應作在
　　他的莊子注以前，文中尚無多少道家思想的影響，而儒家思想較濃。」
[90] 王叔岷先生〈莊子向郭注異同考〉，《莊學管闚》頁一一四～一一五。
[91] 同上，頁一三〇。

方向完全一致的話，則恐亦難脫侵犯智慧財產權之譏也。然則實際情形究竟如何呢？關於這點，以事涉向秀思想實質內容，故請容後再論。以下筆者即擬先簡述向秀前後兩期的思想。

就向秀前期思想而言，從〈難養生論〉所透露者來看，它大抵只是最素樸的功利主義式的論點。依其論點，他原則上承認人的自然之性，只是欲望之表現，初不含著價值性，所謂「嗜欲，好榮惡辱，好逸惡勞，皆生於自然」「富貴，天地之情也」「人含五行而生，口思五味，目思五色，感而思室，飢而求食，自然之理也」「生之為樂，以恩愛相接。天理人倫，燕婉娛心，榮華悅志；服饗滋味，以宣五情；納御聲色，以達性氣。此天理自然，人之所宜，三王所不易也」是也[92]。在這基礎上，出之於社會功利性的要求，他乃主張「富與貴，是人之所欲也；但當求之以道義。在上以不驕無患，持滿以損儉不溢」[93]。他也即依此而肯定情與智的作用，所謂「人受形於造化，與萬物並存，有生之最靈者也。異於草木；草木不能避風雨，辭斤斧。殊於鳥獸，鳥獸不能遠網羅，而逃寒暑。有動以接物，有智以自輔，此有心之益，有智之功也。……有生則有情，稱情而自然，若絕而外之，則與無生同」是也[94]。在這樣的功利性考量下，他亦可以承認「節哀樂，和喜怒，適飲食，調寒暑」[95]這一限度之內的養生，除此而外則不許焉。

---

[92] 以上四段引文，分見《校注》頁一六二、一六四、一六六～一六七。

[93] 同上，頁一六三。

[94] 同上，頁一六二。

[95] 同上，頁一六一。

　　綜觀此一想法，則此時之向秀顯然並不能理解嵇康之由宗教意識和價值論立場所說的養生。他的思路甚清晰，亦符合常識，大抵順俗情而想者，多能同意其論點。而我們若由張叔遼的〈自然好學論〉來看的話，此一觀點恐怕也正是名教中人的普遍看法。換言之，此時的向秀顯然是接受名教之思想的。不過向秀作此文的時間，應該已是在和嵇康一起歸隱之後，也就是應已在嘉平之後。如果此時向秀基本上仍是接受名教之思想的，則他之歸隱，恐怕就決不是爲了任何政治立場的考量[96]。另一方面，向秀居然能認同於這樣一個不具任何價值理想意味的俗情觀點，而不見其生命內在的掙扎，這也不禁令人懷疑其理想性的強度。阮籍在〈樂論〉中固也認同於當時一般說的名教，但無論如何，他總還是由理想性的一面在考量問題，這和向秀是絕對不相類的。因此，看來向秀固是個聰明又「好讀書」之人，但究其生命的本質，恐怕也還不脫是個俗情中人也，而他之歸隱，或者也只能歸之於某種浪漫之欣趣吧！

　　然而向秀終能追隨嵇康，又不能不說是他的慧眼。嵇康對向秀的生命和理境而言，似乎均發生了定盤針的作用，尤其嵇康因著向秀的論難，而有了〈答難養生論〉這篇最重要的大文章之

---

[96] 呂安也是個顯著例子，安和康私交甚篤，每相思輒千里命駕，乃是事實。安父昭，依《魏志‧杜恕傳》所載，曾任鎮北將軍，並領冀州，注引《世語》云「長子巽，字長悌，爲相國掾，有寵於司馬文王」（俱見頁四六一），《箋疏》頁七六九，〈簡傲篇〉注亦引《晉陽秋》云呂安爲「冀州刺史招之第二子」。綜合這些資料，則呂安實乃世家出身，且家族與司馬家實有深厚關係，嵇康亦曾與呂巽交好，這些都顯示，安之歸隱實在不太可能是基於政治因素。

後，此文的主要觀點幾乎全盤成爲向秀注莊的主脈絡[97]，我們便可看出嵇康對向秀的關鍵性影響。由此，我們乃能進而論及向秀的後期思想。

關於向秀的後期思想，筆者想先從他和郭象的義理方向是否一致這個問題談起。在今天幾乎所有爲郭象辨誣之論者皆以爲，他們兩人的義理方向是不一致的。王叔岷先生首發此難云：

> 由二氏注文之出入，以推其旨趣，亦大有逕庭。即如前舉
> 達生篇郭注「同是形色之物耳，未足以相先也」，向注多
> 「以相先者，唯自然也」二句，而歸趣遂殊。蓋向氏立
> 論，常持有不生不化之主宰，故謂自然爲「形色之物」之
> 先，觀其「若使生物者亦生，化物者亦化，則與物俱化，
> 亦奚異於物？明乎不生不化者，然後能爲生化之本」之
> 說，其理益著。郭氏則重在物之自生自化，觀其「誰得先
> 物乎哉？吾以自然爲先之，而自然即物之自爾」之說，其
> 理益明。自然既爲「物之自爾」，則物之外自無所謂主宰
> 矣。又如「故天也者，萬物之總名也。莫適爲天，誰主役
> 物乎？故物各自生，而無所出焉，此天道也」「死生出
> 入，皆欻然自爾，自爾耳，無所由，故無所見其形也」，
> 並可證郭之旨與向迥別。[98]

這一觀點在後來諸如何啓民、湯一介先生等人的作品裡皆有所發揮，湯一介先生並進而推論云「竹林時期向秀的思想正是正始時

期王弼『貴無』向元康時期郭象『崇有』的過渡」[99]，王葆玹先生亦支持類似推論，但他卻有另外的詮釋，他說「向秀思想乃是由本體論到存在論的中間環節。過去人們常覺得對向秀思想不易把握，有人以爲他的思想與郭象完全一致，另有人以爲他的思想乃是沿襲王弼。其所以有種種不同的解釋，乃是由於向秀思想本身就是矛盾的，是不統一的，其中既有本體論的成分，也有存在論的成分」[100]。其中前一半的說法，王先生仍延續了前此諸人的論點，也就是認爲向秀思想有和王弼一致的部分，但很有意思的則是他可能是大陸學者中，頭一位放棄以有無這一組範疇來詮釋郭象的人。他雖然並未能引入任何哲學論證，來證明他借用存在主義以說向秀、郭象的合法性，但他似乎已嗅到了一個重要的訊息，亦即他可能以爲向秀和郭象思想中的實踐取向，似乎並不宜用本體論式的崇有、貴無等概念來說。這當然是個重要的轉向。不過無論如何，王先生仍然還是認爲向秀和郭象有著不同的義理方向。

　　然而筆者以爲如果我們順著王葆玹先生的思考方向往回問，假如向秀真的是在提供一條由本體論跨向所謂的存在論的路子，則他還會像王弼一般地看待「自然」這個概念嗎？王先生所謂存在論的說法固然未必站得住腳，他所提供的論證也的確有些一廂情願，而不見得有什麼哲學意義，但這並不影響我們的提問。這也就是說我們真有必要將向秀和王弼牽上關係嗎？從王叔岷先生

---

[99] 湯一介先生《郭象與魏晉玄學》頁一五八。許杭生先生亦有相同說法，參見《魏晉思想史》頁一六二。

[100] 王葆玹先生《玄學通論》頁五三六。

開始，他們所據以區隔向郭思想者，便只有這麼一條證據，但若是前述問題並不成立的話，則我們還能區隔向郭之義理方向否？

現在的問題乃只在一點上，亦即向秀是怎麼說「自然」這個概念的？一般論者所注意的主要是《列子・天瑞》和〈黃帝〉兩篇中引向秀的兩段話，茲再錄之如下：

> 吾之生也，非吾之所生，則生自生耳，生生者豈有物哉？故不生也。吾之化也，非物之所化，則化自化耳，化化者豈有物哉？無物也，故不化焉！若使生物者亦生，化物者亦化，則與物俱化，亦奚異於物？明夫不生不化者，然後能為生化之本也。[101]

> 同是形色之物耳，未足以相先也。以相先者，唯自然也。[102]

許多人大抵皆注意到向秀所說的「自生、自化」義，和郭象的說法是一致的。郭象說自生、自造之處頗多，不煩詳引[103]。但郭象並未說不生不化為生化之本。所謂「不生不化」，當即指自然，這是無可疑的，換言之，向秀以為自然即是生物之本。這說法就字面形式上看，確和夏侯玄、何晏、王弼之說一致，因此論者遂以為向秀之說出自王弼，其所謂之自然乃是一個本體論的概念，它指向一種「造物主」之思路。而另一段話中，向秀之語恰比郭象多出了「以相先者，唯自然也」這幾個字，偏偏者幾個字剛好

---

[101] 楊伯峻先生《列子集釋》頁三。

[102] 同上，頁三十。

[103] 《莊子集釋》頁五十，郭象注云「無既無矣，則不能生有，有之未生，又不能為生。然則生生者誰哉？塊然而自生耳。」又頁一一一，象注云「明眾形之自物，而後始可言與造物耳」皆是。

表示了自然爲「形色之物」之本的想法；可是郭象在〈齊物論〉注中，明白反對造物主的說法[104]，是以論者也以爲郭象之刪除上述幾個字，乃是刻意爲之，意在否決由自然以生物的想法。如上的論證，看起來似乎是頗近理的，無論王弼所說的自然是不是一個本體論式的概念，大概都不至於影響到上述論證。然而我們卻也有必要考慮一個問題，亦即如果說「無爲有之本」的確乃是王弼之首出命題的話，對向秀而言，自然爲生化之本是不是也是向秀的首出命題呢？除非我們能證明這點，否則王弼和向秀說法，其表面的一致性便不一定真具有意義。因此我們有必要比較全面地考察一下，向秀通常在什麼脈絡裡使用自然這個概念？

以下茲先引述一下向秀關於自然的重要說法：

1. 《列子·黃帝》注所引云「得全於天者，自然無心，委順至理也。」[105]

2. 同篇注所引云「萌然不動，亦不自止。與枯木同其不華，死灰均其寂魄，此至人無感之時也。夫至人之動也天，其靜也地，其行也水流，其湛也淵嘿。淵嘿之與水流，天行之與地止，其於不爲而自然一也。今季咸見其尸居而坐忘，即謂之將死；見其神動而天隨，便謂之有生。苟無心而應感，則與變升降，以世爲量，然後足爲物主，而順時無極耳，豈相者之所覺哉？」[106]

---

[104] 同上，頁一一一，郭象有一辯論云「請問：夫造物者，有耶無耶？無也，則胡能造物哉？有也，則不足以物眾形。」

[105] 楊伯峻先生《列子集釋》頁卅一。

[106] 同上，頁四十四。

3. 同篇注所引云「任其自然而覆載，則名利之飾，皆為棄物。」[107]

4. 同篇注所引云「居太沖之極，皓然泊心，玄同萬方，莫見其跡。」[108]

5. 同篇注所引云「醉故失其所知耳，非自然無心也。」[109]

6. 〈大宗師〉「翛然而往」條下，〈釋文〉所引云「自然無心而自爾之謂」。[110]

上述由佚文輯出的五條有關自然的說法，連同「皓然泊心」這一近似的用法，毫無疑問皆指某種工夫境界而言。其中有三處皆提及「自然無心」，亦即自然是由無心來規定，無心者，委順之謂也。故它純是心上之事，由此而說至人之無感。無感者，非真無所感也，所謂「萌然不動，亦不自止」，這表示至人用心之無感，非指心之不動，亦非指心之不止，由此雙遮，而知此心非心理意義之心也。此心無動相，亦無止相，它只是物來斯應，「與變升降，以世為量」而已，然則此心豈非即同於嵇康所說之「神」乎？這也就是說，向秀所意指之心，實際上乃是指一個純粹自由、自在，而無任何牽纏之主體自己。由此主體之純然的在其自己，回歸其自己，而說無心，於是由此回歸而顯主體之自在相，此即所謂自然也。然則，如果向秀在其它所有地方使用此詞時，皆同指某種主體實踐工夫的境界，那麼他可能在說自然與物之關係時，忽爾讓自然變成一個非主體的造物主之類的概念嗎？

---

[107] 同上，頁四十四。

[108] 同上，頁四十五。

[109] 同上，頁卅一。

[110] 郭慶藩《莊子集釋》頁二二九。

哲學地說，這兩個思路是完全搭不在一起的，因為若真從造物主與被造物的關係上看，則它恰是「他然」而非自然也。換言之，「自然為生化之本」這個命題，看來決不應是向秀的首出命題，因為若非然者，則向秀其它地方的自然義皆將不可解，這當然會造成更大的問題。既然如此，則我們便不見得連繫得上王弼和向秀的關係，當然由此證據以區隔向郭的說法也勢必面臨考驗。

上述說法當然也還有啟人疑竇的地方，即無論如何，向秀「自然為生化之本」的命題，總還是一個具有宇宙論意義的命題；如果我們否認它作為首出命題的可能性，而認為它應是隸屬於某種主體實踐下的導出命題，則又如何涵容此一命題的宇宙論意義呢？關於這樣的懷疑，則筆者以為牟宗三先生所說的「境界型態的形上學」，仍是解決此一疑竇的最好方法，也就是說「自然生萬物」之生，乃是一種「不生之生」，它是由主體之向自我歸返，以讓開一步，不挫折萬物，以讓萬物自生自成的方式來成全萬物，遂由此一主體之實踐境界倒映回去，而說一種不生之生，並將此一境界轉化為一種宇宙論之表述，這樣便能將上述命題消融為某種主體實踐之境界也。牟先生云：

> 道之生萬物，既非柏拉圖「造物主」之製造，亦非耶教之上帝創造，且亦非儒家仁體之生化。總之，它不是一能生能造之實體。它只是不塞不禁，暢開萬物「自生自濟」之源之沖虛玄德。而沖虛玄德只是一種境界，故道之實現性只是境界型態之實現性，其為實現原理亦只是境界型態之實現原理，非實有型態之實體之為實現原理也。故表示「道生之」的那些宇宙論的語句，實非積極的宇宙論之語句，而乃是消極的，只表示一種靜觀之貌似的宇宙論語

句。此種宇宙論之語句，吾名之曰「不著 之宇宙
論」。[111]

依這樣的理解模式，則我們並沒有必要把一切宇宙論的表述，皆
視爲實體性之創造也。只是牟先生以爲王弼之說道生萬物時，即
已涵蘊了此一型態的形上學，可是筆者以爲這一理境實必須等到
向秀始告完成，這也就是說我們不應把向秀的後期思想，視爲是
由王弼到郭象的過渡；向秀和王弼儘可能形式上相近的表述，但
其背後的義理型態則完全不一樣，這是第一個必須注意的地方。
其次，如果向秀對自然爲生化之本的表述，背後乃是一套境界型
態形上學的話，則是不是有此一表述，便不構成決定向郭義理方
向之同異的因素，然則取消了這一區隔因素之後，我們其實有相
當充足的理由，將向郭的思想根本當成是同一系統。於是我們也
就從根源處解決了一重公案。

　　解決向郭這重公案，其最重要的意義，其實乃在確認一件事
情，亦即向秀思想的核心，必須從主體之向自在自足之自我回歸
這一價值實踐的立場來考慮。關於這點，我們還可以有更多的證
據。如《莊子·庚桑楚》「趎勉聞道達耳矣」下，〈釋文〉引向
注云「僅達於耳，未徹入於心也」[112]；〈養生主〉「而神欲行」
下，〈釋文〉引向注云「從手放意，無心而得，謂之神欲」[113]；
《文選》嵇康〈養生論〉注引向秀云「虛其心，則純白獨著」等
等[114]，向秀一再提及「無心」「徹入於心」，這思路是很顯然

---

[111] 《才性與玄理》頁一六二。

[112] 《莊子集釋》頁七七九。

[113] 同上，頁一二〇。

[114] 《昭明文選》卷五十三頁七四三。

的。尤其最重要的，則是《世說‧文學》注所引的那段向郭逍遙
義：

> 夫大鵬之上九萬，尺鴳之起榆枋，小大雖差，各任其性，
> 苟當其分，逍遙一也。然物之芸芸，同資有待，得其所
> 待，然後逍遙耳。唯聖人與物冥而循大變，為能無待而常
> 通。豈獨自通而已，又從有待者不失其所待，不失則同於
> 大通矣。[115]

此段文與今存郭象之注文字雖略有不同，意思則完全一致，劉孝
標直指為向郭逍遙義，可見此義實出於向秀。依此義，則向秀實
以為能得逍遙者，有兩種情形，一是有待者能得其性分之條件，
如大鵬之得巨風之類，始可逍遙；二是聖人可以依憑於一切條件
而無所待，亦即一切條件，聖人皆可因之而得逍遙也。且聖人亦
可順一切有待者之條件，而與一切有待者同其逍遙。然而無論是
那一種情形，逍遙都是不離開條件的，因此所謂的逍遙，絕對不
是從條件之泯除上著手，而是從安於其當得的條件上著手，既是
從安、從任、從順上著手，這自然是從心上而說心之不撲著於任
何條件，亦即我們平常所說之「知足」也。然亦須知，真正的知
足，必是一主體之行為[116]，它決不是指對外欲之克制這一心理性
的意志行為，這兩者之間當甚易區別，不煩詳論。換言之，向秀

---

[115] 《箋疏》頁二二〇。

[116] 牟宗三先生《才性與玄理》頁一八二～一八三云「真正之逍遙決不是限制
網中現實存在上的事，而是修養境界上的事。」它是「直就至人之心越此
依待而顯各物圓滿自足之逍遙」，這乃是一種「心止即一切皆止之主體中
心」的方式。牟先生說道家依本於「主體中心」者，這說法是極有見地
的。

在如上的說法中，其實已深刻地將其思想定位在某種主體之價值
實踐上了，而其所欲實踐的價值即是自然、即是逍遙。

以上，筆者大體描述了向秀後期思想的基本內容。毫無疑問
地，此一思想內容和「玄學的嵇康」之核心內容，就概念言，乃
是完全一致的。這也就是說向秀的確不愧為一位善讀書者，他能
夠完全放下前期的思想，因著嵇康之啟發，而充分且不走作地將
嵇康之具原創性的意見，忠實地表現在莊子注中，這是他非常了
不起的地方。在理解嵇康的程度上，向秀無疑是遠超過阮籍的。
然而筆者以為，向秀和嵇康間亦有一個不容忽視的歧異點，即在
對名教的態度上。我們得問的是，這個歧異點是如何產生呢？

有幾條資料都說明了向秀並不認為自然和名教是有衝突的。
最有名的一條，即《世說・言語》注所引秀與司馬昭對答的一段
話，子期云「常謂彼人不達堯意，本非所慕也」[117]，意即向秀自
謂箕山之志本非所慕，如達堯意則未必須慕隱者，堯雖處廟堂之
高，而實與隱者之精神無異也。此意顯然即為郭象「堯實冥矣」
之所本。就向秀此語之效果言，堯自然代表了名教中之聖人，因
此他這話等於在告訴司馬昭，自然與名教是不二的。後世有不少
人以為，此語可能是秀自污之辭，然而若照子期在莊子注中所
說，則恐怕也並不能證明他是為了自污以避禍的，如《列子・黃
帝》注引向云：

> 變化頹靡，世事波流，無往不因，則為之非我；我雖不
> 為，而與群俯仰。夫至人一也，然應世變而時動，故相者
> 無所用其心，自失而走者也。[118]

---

[117]《箋疏》頁七十九。
[118] 楊伯峻先生《列子集釋》頁四十六。

既然至人是要與群俯仰的，則他自然不必出世，以此而言，向秀
會以堯爲「自然」之人格的最高標準，自也不令人意外。另外，
謝靈運在〈辨宗論〉中亦說「向子期以儒道爲一」[119]，這一記載
當亦足以作爲有力的旁證也。

　　然而上述說法，其實是有問題的，何以言之呢？原則上說，
在人格境界實踐逍遙、自然的價值，自不必預設任何特定的現實
條件，因爲它只是主體自由地自我抉擇的問題，而任何現實條件
固均有形成困擾此一抉擇的可能，卻並無絕對扼阻抉擇的決定論
條件，所以隱者可能逍遙，廟堂之人亦可能逍遙，這是沒有問題
的。相反的，假如硬要預設任何現實條件以爲逍遙的先決條件，
比如說預設隱居始能逍遙等等，則這一現實條件卻必然返而構成
無法逍遙的因素，因爲此一條件必將形成一種外求的壓力也，這
也是《莊子‧逍遙遊》說宋榮子「猶有未樹也」的原因。而且究
極來說，人生世間，必是與群俯仰的，人並無絕對離群索居的可
能，因此若要論逍遙的實踐，則必然得以人群爲基本場域，這是
很容易理解的，當然這也並未排除相對而言是離群索居者，其逍
遙之可能，只要他並不將逍遙和此一現實條件作成必然的掛鉤即
可。如果從這一角度來解讀向秀的說法，倒也沒有問題，即使嵇
康也不會反對此一說法，如其〈答難養生論〉云：

> 聖人不得已而臨天下，以萬物爲心，在宥群生，由身以
> 道，與天下同於自得。穆然以無事爲業，坦爾以天下爲
> 公。雖居君位，饗萬國，恬若素士接賓客也。雖建龍旂，
> 服華袞，忽若布衣之在身。故君臣相忘於上，蒸民家足於

---

[119] 《全宋文》卷卅二，葉六，**謝靈運**〈辨宗論〉〈答法勖問〉語。

　　下；豈勸百姓之尊己，割天下以自私，以富貴為崇高，心
　　欲之而不已哉？[120]

此意至為顯然。然而我們卻須注意，嵇康並不因此而說儒道為
一，自然與名教不二；他仍然要說越名教而任自然，為什麼如此
呢？因為即使身處名教之中，並不一定表示他不能逍遙，但若某
人真在名教中而得逍遙，這必表示此人在價值論上選擇了自然這
一價值，而同時放棄了名教這一價值。以此而言，在價值論的立
場上，自然與名教是不能為一的，這並不因為我們可以假名教這
一現實條件以踐履自然，遂謂二者為一的。因此，假如向秀真因
主張堯實冥矣，遂說儒道為一的話，則他便顯然混漫了價值論的
分際。由此，我們也看到了嵇向二人的歧異點。

　　然則，此一歧異點是如何產生的呢？筆者以為，其原因恐怕
仍不外是由於將自然與名教這一區分，又從價值論的性質滑轉為
意識型態的性質所致。由於此一誤認，遂使向秀以為既然名教並
不妨自然的實踐，則自然和名教這兩個意識型態自亦不應有任何
歧異，於是自不必站在自然的立場上去反名教也。從這裡當然也
就透露了一個訊息，由於向秀只在這一點上和嵇康唱反調，那麼
我們自也很容易想到，它恐怕正是由於嵇向二人出身背景有異的
原故吧！如前文所論，向秀原即是名教中人，那麼他會刻意地主
張這點，就一點也無足為奇了。不過我們亦須知，向秀之所以在
理解自然與名教之關係時會出現上述滑轉，其實亦是由嵇康有以
啓之，只不過向秀的滑轉更屬害了一些而已！嵇康雖亦時將自然
滑轉為意識型態的概念，但至少在他自覺地進行價值實踐時，還

---

[120] 《校注》頁一七一。

能清楚地掌握此一分際，但向秀對此一分際的把握，顯然並不像嵇康那麼準確。

也正因爲向秀的滑轉更厲害了，它乃有可能產生一個完全始料未及的影響，那就是可能將嵇康通過宗教意識，所賦予自然這一概念的價值論意義，給模糊掉了。向秀在某個意義上，固然比較像是個「知解宗徒」，這本來就會影響到他的實踐精神，不過這還不太關緊要，至少在莊子注中，他的理解原則上仍是準確的。但是一旦當他在某些狀況下，又把握不住「自然」作爲一個價值論概念的意涵，則必然會使「自然」所意味的主體實踐精神，受到進一步的模糊。此一現象在向秀身上雖猶不顯著，但它對後來的玄學發展，的確產生了一個非常不好的影響，甚至導致完全走失了「玄學的嵇康」中最富意義的東西，這當然是十分不幸的。關於這點，我們有必要進至下一節的討論。

第四節　名士風度的形成和竹林玄學精神的變化

我們一般所謂「名士」這一特殊的人格姿態，無疑是在玄學影響下所出現的一類人格典型，但我們所意指之名士究竟該如何定義呢？它又是在什麼樣的玄學思想影響下而產生的呢？若考名士一詞，則它當非起於魏晉。《後漢書・方術傳》蔚宗之論云：

> 漢世之所謂名士者，其風流可知矣。雖弛張趨舍，時有未
> 純；於刻情修容，依倚道藝以就其聲價，非所能通物方，
> 弘時務也。[121]

這一義的名士，自是東漢名教流風，黨人清議下的產物，清議中
彼此以名相高，故有所謂「刻情修容，依倚道藝」之說也。此可
謂名士之第一義，而名士之所以為名，純以符不符合名教來規
範。但此義之名士，似與我們平常所意指之名士不相符合，它只
是指某人是否為眾所公認符合名教之價值規範而已，無論他能否
通方濟時，總還只是指世俗意義下的有名之士。

　　上述第一義的名士，到了魏初，隨著時勢的轉移，其意義似
乎也有了轉變，其原因或者當和清議形式的轉變有關。袁宏嘗作
〈名士傳〉，以夏侯玄、何晏和王弼為正始名士[122]，此一說法大
概當時諸人也都能接受吧！而何王和夏侯泰初何以能成一時名士
呢？這恐怕和他們在清談上的傑出表現有密切的關係。正始清談
乃是清談史上聲光最盛的一段時日，這是一般人所公認的[123]。而
他們這幾個人又是當時談坐上最享盛名的翩翩佳公子，可能正是
因此而使他們得享重名。《世說‧文學》注引〈文章敘錄〉云
「晏能清言，而當時權勢，天下談士多宗尚之」這是何晏為當時
談坐之翹楚的明證[124]。至於夏侯玄是否曾預談坐，雖乏明證，但
《魏氏春秋》謂其「風格高朗，弘辯博暢」[125]，而〈傅子〉亦以

---

[121] 《後漢書》卷八十二上頁九七二。

[122] 《箋疏》頁二七二，〈文學篇〉注。

[123] 關於正始清談，參見何啟民先生《魏晉思想與談風》頁七十四～一〇二，
唐翼明先生《魏晉清談》頁一九〇～二〇七。

[124] 《箋疏》頁一九六。

[125] 同上，頁二八五，〈方正篇〉注引。

玄爲何晏等人之「宗主」[126]，應也足以表示他在清談中的領袖地位。而王弼在當時雖僅是弱冠少年，但《世說‧文學》云「何晏爲吏部尚書，有位望。時談客盈坐，王弼未弱冠往見之，晏聞弼名，因條向者勝理語弼曰：此理僕以爲極，可得復難不？弼便作難，一坐人便以爲屈。於是弼自爲客主數番，皆一坐所不及。」[127]這段話尤可證弼在清談中的聲名。雖然何王在學術上亦有大成就，但就當時言，他們最被稱道的，畢竟還是在清談上的表現。這例如說《世說‧賞譽》所云「衛伯玉爲尚書令，見樂廣與中朝名士談議，奇之曰：自昔諸人沒以來，常恐微言將絕，今乃復聞斯言於君矣」[128]，衛瓘是曾預何晏之談坐者，他之津津樂道於此，當可想見時人的評價，後來「正始之音」亦成兩晉人仰慕的對象[129]，凡此均可證何王等人能成名士之原由也。然則很顯然的，魏初所謂的名士，已不再是指清議推重的人物，而是指清談之領袖了，這遂成了第二義的名士。當然推考其源，這兩義的名士雖來自不同的評價標準，但其間亦有明顯的遞嬗軌跡，此即源自清議和清談的血緣關係。於此，筆者無意介入清談是否乃由清議直接轉來的爭論[130]，不過有一點是不容否認的，亦即清議和清

---

[126] 《魏志》卷廿一〈傅嘏傳〉頁五五七，裴注所引。

[127] 《箋疏》頁一九六。

[128] 同上，頁四三四。

[129] 同上，頁四五〇，〈賞譽篇〉注引〈衛玠別傳〉，王敦云「昔王輔嗣吐金聲於中朝，此子今復玉振於江表，微言之緒，絕而復續。不悟永嘉之中，復聞正始之音。」

[130] 一般論者，如青木正兒、陳寅恪、唐長孺等人，皆主張清談源於清議，這看法幾有成定論之勢，然唐翼明先生前引書之第一章曾有詳辨，以爲清談和清議乃是兩回事，在該書余英時先生之序中，余先生亦表示了相同看

談在某一意義上，均是當時士人競標身價的工具。即此一點，我
們便可看到清議和清談在演變上的關係，以及時代風會的轉變。

不過，這第二義的名士也似乎很快就走過了歷史舞台，接下
來的名士，照袁宏所說，即是七賢人物。然而七賢是如何取得名
士之身價的呢？七賢當然多數都談不上合於清議的標準；正始之
後，清談之音響亦驟歇；七賢人物也非都有學術的貢獻，那麼七
賢是如何聳動一時之視聽的？於此，我們得先再澄清一點：如前
所論，筆者原則上並不以爲七賢乃是一特定的群體，而且七賢中
在曹魏時即有顯赫聲名者，似乎也只有嵇阮二人，因此七賢之所
以能得名士的評價，其實反映的恐怕是晉以後的標準，這和前兩
義的名士是不同的。所以我們其實很可以將袁宏所說的中朝名士
之評價標準，作爲當時評價七賢的依據。而事實上也有證據顯
示，在所謂的中朝名士中，確有人是以他們心目中七賢之人格風
標爲自己之立身標準的[131]，這就表明了竹林名士和中朝名士間，
確有較緊密的關係。因此我們確有理由依據標準較清晰的中朝名
士，來返而觀察竹林名士。那麼，中朝名士的評價標準是什麼？

關於中朝名士的評價標準，我們可依袁宏所舉諸人的一般評
價，來嘗試作一歸納：

1. 裴楷：依《世說‧賞譽》所載，鍾會、武陔俱以「清通」
   目之，這大略是一定評。[132]

法，可參看。

[131] 如《箋疏》頁五一三，〈品藻篇〉注引鄧粲《晉紀》云「鯤與王澄之徒，
慕竹林諸人，散首披髮，裸袒箕踞，謂之八達。」

[132] 同上，頁四一九、四二六。

2. 樂廣：虞預《晉書》云「清夷沖曠，加有理識……在朝廷用心虛淡，時人重其貞貴」。[133]

3. 王衍：王戎目之云「自然是風塵外物」[134]，虞預則謂之云「以清虛通理稱」。[135]

4. 庾敳：《世說・雅量》云「庾子嵩縱心事外，無跡可閒」[136]，袁宏《名士傳》則云「敳不為辨析之談，而舉其旨要」。[137]

5. 王承：袁宏《名士傳》云「承沖淡寡欲，無所循尚」[138]，《江左名士傳》云「承言理辯物，但明其旨要，不為辭費，有識伏其約而能通」。[139]

6. 阮修：《名士傳》云其「好老易，能言理。不喜見俗人，時誤相逢，即舍去。傲然無營，家無儋石之儲，晏如也」。[140]

7. 衛玠：其〈別傳〉云「玠少有名理，善易老（案：他處又作莊老），自抱羸疾，初不於外擅相酬對。時友歎曰：衛君不言，言必入真」。[141]

---

[133] 同上，頁八十七，〈言語篇〉注引。

[134] 同上，頁四二八，〈賞譽篇〉語。

[135] 同上，頁八十五，〈言語篇〉注引虞預《晉書》。

[136] 同上，頁三五三。

[137] 同上，頁四四四，〈賞譽篇〉注引。

[138] 同上，頁一七三，〈政事篇〉注引。

[139] 同上，頁五一〇，〈品藻篇〉注引。

[140] 同上，頁二〇七，〈文學篇〉注引。

[141] 同上，頁二一〇，〈文學篇〉注引。

8. 謝鯤：《晉陽秋》謂其「性通簡，好老易」[142]，《江左名士傳》則云「鯤通簡有識，不修威儀，好〔老易，〕跡逸而心整，形濁而言清。居身若穢，動不累高」。[143]

另有一段綜合性的資料，亦值得錄之於如下，〈晉諸公贊〉云：

> 于時侍中樂廣、吏部郎劉漢（漢）亦體道而言約，尚書令王夷甫講理而才虛，散騎常侍戴奧以學道為業，後進庾敳之徒皆希慕簡曠。顧疾世俗尚虛無之理，故著崇有二論以折之。才博喻廣，學者不能究。後樂廣與顧清閒欲說理，而顧辭喻豐博，廣自以體虛無，笑而不復言。[144]

綜合上述資料，形式上說，諸人雖皆長於清談，但他們之所以得成名士，重點卻並不在談坐上的言辯表現，而是在人格表現上的清通簡曠、超邁脫俗；因此就一般意義言，像裴頠、王澄之類，當都屬名士之流亞[145]，但誠如王玄批評其叔王澄所謂「何有名士終日妄語」[146]，裴頠之辭喻豐博，恐怕也正是他在名士評價上終遜裴楷一籌的原故吧！王衍、裴楷常說「與樂君言，覺其簡至，吾等皆煩」[147]，可見「簡」這一標準之重要，由簡而可說簡明、簡約、簡淡、簡傲諸義，這些意思乃合成名士之規格也。

另外，我們亦須注意一點，上述諸人雖多好老莊，而由「簡」這一標準所表現的人格姿態，卻未必定然和老莊思想有

---

[142] 同上。

[143] 同上，頁四七五，〈賞譽篇〉注引。

[144] 同上，頁二〇二，〈文學篇〉注引。

[145] 如《箋疏》頁三五五，〈雅量篇〉即以裴頠與王衍等「皆當時名士」，又頁四三八，〈賞譽篇〉注亦引〈王澄別傳〉，謂澄為「當今名士」。

[146] 同上，頁八二五，〈輕詆篇〉語。

[147] 同上，頁四三五，〈賞譽篇〉注引《晉陽秋》語。

關。比如說我們看到裴楷的例子，他出身自儒學世家，雖因時代風會，他不可能不曾涉獵老莊，但如《世說‧任誕》所載楷往弔阮籍母喪之事云「阮方外之人，故不崇禮制；我輩俗中人，故以儀軌自居」[148]，則楷無疑仍以禮教自居。觀楷一生，並無宅心事外之行，他絕對是個名教中人，因此戴逵所謂「若裴公之制弔，欲冥外以護內，有達意也，有弘防也」的說法[149]，恐怕不免是推論過度的。而且裴頠著〈崇有論〉，的確頗足以表現其門風家業，由此論來看，我們實在很難把裴氏一門也視作是玄學中人也。

據上所述，我們亦得一窺當時之人目七賢為名士之標準，比如說「王戎簡要」[150]，山濤「幽然深遠」[151]、「淳深淵默」[152]，嵇康「性不偶俗」之類[153]，其實的確都可歸到一個簡字之上。因此，我們也可以說，由簡之一字而構成了名士的第三義。這是很特別的一義，對比於名士的前兩義，它不再是以某種德行的典範或是才智的典範為標準，而是以某種人格姿態為標準，這遂使名士成為一種純審美的品題。而一般來說，此一義的名士才真正是我們平常所意指的名士，這可以說是狹義的名士，但卻也是最重要的一類名士；由於這類名士只涉及某種特定人格姿態的審美品題，因此我們乃常名之曰「名士風度」。而基本上說，唯其是一

---

[148] 同上，頁七三四。

[149] 同上，劉注引戴逵之論。

[150] 同上，頁四一九、四二〇，〈賞譽篇〉語。

[151] 同上，頁四二二，〈賞譽篇〉語。

[152] 同上，頁四二三，〈賞譽篇〉注引顧愷之〈畫贊〉語。

[153] 《昭明文選》卷廿一頁三一〇顏延年〈五君詠‧嵇中散〉注引〈晉陽秋〉之語。

純審美的問題，是以它並不涉及嚴格的哲學立場問題，但它不能說和一些特定的「思想態度」無關。於是底下筆者想說明的是名士風度究竟表現了那些思想態度？而這些思想態度又是從什麼樣的哲學立場而來的呢？

在前文中，我們看到所謂名士風度，其實可以一個簡字來概括。但所謂簡，也可以概分為幾個不同意思；就人格姿態言，它可以指簡明通達、不煩不膩，也可以指簡淡脫俗、不惹塵事，復可以指簡略形跡、不事檢點之類。我們依這幾個不同意思，恰好可以為這類名士作一劃類，就第一義言，在中朝名士中大略相當於裴楷，他大概是模擬於山濤這一型人格而說的。這一義的人格常較有治世才，在世俗事業、人際關係上通常容易有所表現，但在價值觀上則是較從俗的，類似〈崇有論〉之類的觀點，便經常反映著他們的思想態度。至於這類思想態度，雖然也必然受到特定文化氛圍的制約，但大概是遍存於一切時代、一切社會的；它常直接來自於一般常識哲學的立場，因此也是最沒顏色的。這類人格姿態之被重視，原則上並不依賴任何特定文化價值觀之強調，但另兩類恐怕就不是如此了。

就簡淡脫俗、不惹塵事這一義所引生的人格型態言，在中朝名士中大略指樂廣、王衍、庾敳、王承、阮修、衛玠等人，儘管這些人中亦有輕重抑揚，樂廣、王衍大概既是此型人格中的領袖，亦是典型，而庾敳、阮修等人則稍偏於狷介，但大體而言，他們仍有其一致性，而他們基本上也是模擬於當時人心目中嵇康、向秀和王戎的人格而說的。大體來說，這類人格實近乎隱者之人格，如袁宏《名士傳》云「敳雖居職任，未嘗以事自嬰，從容博暢，寄通而已。是時天下多故，機事屢起，有為者拔奇吐

異，而禍福繼之。歎常默然，故憂喜不至也」[154]，類似描述，其實正近於莊子所說「大隱隱於市朝」的型態。這種人格自不可能有真正之事功可言，雖然就人格型態言，每個時代皆不免有此類人格，但它之所以能成一時之欣趣，卻恆必須決定於某一特定的思想態度和文化氛圍也。這一文化氛圍，未必涵蘊著什麼深刻的思想內涵，卻必然和由於老莊之流行所烘托而起的一種對隱者悠然自在之審美趣味的嚮往有關，這是無可疑的。而如果根據此一思想態度，進一步追問其哲學立場之來源時，則我們顯然必須注意到向秀思想的影響。關於這點，一個很明顯的根據，即是樂廣那句「名教中自有樂地」的名言[155]。樂廣此語大抵是持此人格姿態者所共許的思想態度，它大概即意味隱於名教之中，而此隱即表示有種特殊的審美意趣，故稱之為樂地也。而這樣一種隱於名教之中的思想態度，不正是「堯實冥矣」觀點的直接延伸嗎？於是我們乃看到竹林玄學對名士風度的第一類直接影響。

　　至於另一類脫略形跡的人格形態，在中朝名士中則以謝鯤為代表，這一型的人格所表現的大概就是縱酒狂放，不事名行，毫無疑問的，這型人格乃是模擬於阮籍、劉伶、阮咸等人之人格而說的。大概而言，這類人格方諸前一類人格，無論就其人格型態，或是基本的思想態度言，其實皆有近似性。他們亦近乎隱者，但卻是以一弔詭之姿態而出現的隱者，唯其弔詭性，故使這一人格姿態成為一種對反於人文世界的天地之棄才，因此它不獨不足以成事功，而且根本就是反事功。此種人格居然亦成一時之欣趣，必是由於前文所述之特殊的文化氛圍之偏激化所致也。這

---

[154] 《箋疏》頁四四七，〈賞譽篇〉注引。

[155] 同上，頁廿四，〈德行篇〉語。

一文化氛圍的偏激化，雖亦是由嚮往於悠然自在之審美趣味的思想態度裡產生，但其趣味基本上卻是走調的，這也就是說悠然自在和狂放間，其實是存在著張力的，但唯此張力，遂使自在成爲一種「浪漫的自在」。而即在此一浪漫的偏向中，使此一類名士風度和前一類名士間，有了一些思想態度上的差異。順著這一思想的態度而溯其哲學立場的來源，則誠如王隱《晉書》所謂的「其後貴游子弟阮瞻、王澄、謝鯤、胡毋輔之徒，皆祖述於籍，謂得大道之本」[156]，顯然阮籍爲此一思想態度提供了最充分的理論基礎。於是我們復又看到竹林玄學對名士風度的另一類影響。

以上，筆者通過了對狹義之名士類型的檢討，確認了各類名士風度，其哲學立場的來源爲何。這其中，第一類的名士風度其實是可以忽略的，此乃因爲它並不顯任何文化氛圍之特色，也不顯較具意義之思想內涵的原故。而另兩類名士風度，其哲學立場無疑皆源於竹林玄學；但我們亦說，這兩類名士基本上並無嚴格的哲學思考，而僅有某種思想態度，此一思想態度原則上亦只是植基於某種審美欣趣，那麼我們便必須問從竹林玄學演變到名士風度的過程中，竹林玄學的精神究竟有沒有變化？如果有的話，其變化又是什麼？

首先，就狂放型的名士之與阮籍思想的關係而言，雖然說阮籍思想中確已含著「浪漫的自在」這一美感趣味，但誠如戴逵〈放達爲非道論〉所云「若元康之人，可謂好遯跡而不求其本，故有捐本徇末之弊，舍實逐聲之行……然竹林之爲放，有疾而爲顰者也；元康之爲放，無德而折巾者也」[157]，可見當時之人即已

---

[156] 同上，裴注所引。

[157] 《全晉文》卷一三七，葉四。

對狂放型名士和阮籍之間境界之高下甚為了然，但問題是這一變化的內容為何呢？有一條資料甚值得注意：《世說‧任誕》云「阮渾長成，風氣韻度似父，亦欲作達。步兵曰：仲容已預之，卿不得復爾」[158]，此條下注引戴逵〈竹林七賢論〉云「籍之抑渾，蓋以渾未識己之所以為達也。後咸兄子簡，亦以曠達自居。父喪，行遇大雪，寒凍，遂詣浚儀令，令為它賓設黍臛，簡食之，以致清議，廢頓幾三十年。是時竹林諸賢之風雖高，而禮教尚峻；迨元康中，遂至放蕩越禮」。戴逵的說法很有意趣，他明確指出阮籍的放達實有深意，這是很深刻的觀察。但此一深意為何呢？一般皆以為實係政治考量，但若真是基於反司馬家，則阮籍似無阻止阮渾的充足理由，而且阮籍縱有如此苦衷，不方便對外人講，卻也斷無連自己兒子亦不可說的理由。因此，阮籍若真有深意，則它也似不應從任何外在因素上索解；而如果順前文有關阮籍思想的討論，倒是有一點很可以解釋此一深意。在前文中，筆者曾說明了後期的阮籍一直深陷於由虛無感所導致的存在危機中，而由於孫登和嵇康的啟發，使他一直掙扎在人文世界和原始的蒼茫之間。他既希慕於原始蒼茫的自在，又似乎也雅不願與世情絕裂，這遂使他的生命一直處於某種拉扯與撕裂中。而由這種存在的危機所產生的隱痛，其實是很難言宣，或即使說了，人亦莫之能解，此誠所謂雖在父兄不能以遺子弟的。然而可以斷言的是，阮籍大概決不希望其子亦走上此路，這也許就是阮籍之所以要阻止阮渾也放浪形骸的深意所在吧！

　　如果筆者前文的解讀無誤的話，則阮籍的放達實有極深沉的存在感受為背景，因此他的種種無視禮教的行徑，實不能簡單地

---

[158] 《箋疏》頁七三五。

解釋爲對名教的批判，它其實只是源自於自己內心掙扎與撕裂，所故意表現的一種怪誕姿態而已，我們唯有從這一姿態背後所深藏的隱痛裡，才能真正走進他的精神世界。然而存在的極限情境，豈是人人皆能經驗到的呢？關於這點，存在主義者早已論之詳矣，不煩贅述。而恐怕亦即由於此故，命定地將使阮籍難覓解人。劉伶是和阮籍相當親近，表面行徑上也最爲類似的了。但從其〈酒德頌〉來看，他所謂的大人先生那裡還有一種企慕於原始蒼茫的浪漫性呢？由此而言，即使劉伶也很難說他對阮籍內心的曲折能了解幾分，他只不過把握住了某種形式的浪漫性而已；但以他對「貴介公子、縉紳處士」的描繪，則多少還在「禮教尚峻」時保留了一些對名教之批判性，這可能是劉伶還較元康諸人可取的部分吧！浸假以及元康王澄、謝鯤諸人，顯然不但不懂阮籍的真精神所在，甚且連劉伶對名教之批判性亦一概不知了。於是他們的放達逐成無目標的縱恣，在這縱恣中也許亦有些擬似之浪漫的、無根的美感，但亦最多只是如此而已。所以就這一類型的名士風度而言，它根本就是對阮籍的效響，也是對竹林玄學的完全走作也。

對於狂放名士的「荒唐的、形式的浪漫性」，即使是思想態度和他們相近的另一類名士也完全看不過去。在上引〈七賢論〉之後，戴逵復云「樂廣譏之曰：名教中自有樂地，何至於此？樂令之言有旨哉！謂彼非玄心，徒利其縱恣而已」。其中「彼非玄心」的批評，自是狂放型名士無可逃的。然而像樂廣他們就真有玄心嗎？於是我們乃必須進而論及樂廣這一型名士和向秀思想的關係。

廣義地說，郭象的思理其實正反映了樂廣這一型名士的思想態度，《世說‧賞譽》云「郭子玄有俊才，能言老莊。庾敱嘗稱

之，每曰：郭子玄何必減庾子嵩」[159]，以庾敳對郭象思理如此之
推重，當可爲證也。而如我們前文已證明的，郭象的《莊子
注》，其基本思路和向秀是完全一致的，因此我們當可據此而進
一步勾聯上樂廣這一型名士和向秀思想的關係。綜觀郭象注的整
個系統思路，大致是集中在「玄冥獨化」和「跡冥圓融」這兩個
概念上。前一概念無疑是核心所在，而所謂玄冥獨化，事實上即
是指「物任其性，事稱其能」的主體實踐而言，〈養生主注〉云
「冥極者，任其至分」[160]，〈人間世注〉云「任性直通，無往不
冥」「率性而動，動不過分」[161]等皆可證。就此義言，其思理甚
精，也確甚統貫，而它是本於嵇康、向秀之義，亦甚顯然，因爲
它和向秀之逍遙義實無差異也。後一概念則是對玄冥獨化之主體
實踐所踐履之人格境界，所作之進一步舖展。在這一概念中，郭
象主要在表達「應跡」之不可無，此義清楚地表達在〈逍遙
遊〉、〈德充符〉、〈應帝王〉和〈在宥〉等注中，如他藉「天
刑」之說，而云名跡之立乃爲順物、無礙於冥之義時云「今仲尼
非不冥也，顧自然之理，行則影從，言則響隨。夫順物，則名跡
斯立，而順物者非爲名也。非爲名則至矣，而終不免乎名，則孰
能解之哉？故名者影響也；影響者，形聲之桎梏也。明斯理也，
則名跡可遺」[162]，〈大宗師注〉中亦一再表示「遊外者依內，離
人者合俗」之旨[163]，這都是極精警而透闢的說法。不過筆者以

---

[159] 同上，頁四三五。

[160] 《莊子集釋》頁一一五。

[161] 同上，頁一五一、一八四。

[162] 同上，頁二〇六。

[163] 同上，頁二七一。

為,上述之義基本上仍是本於向秀,因為此義大體可以〈應帝王注〉中的一段話來概括,所謂「變化頹靡,世事波流,無往而不因也。夫至人一耳,然應世變而時動,故相者無所措其目,自失而走。此明應帝王者無方也」[164]是也。然而這段話明白是抄自向秀注的(案秀注前文曾引及),所以我們可以推論跡冥圓融之義亦來自於向秀。

　　然而有一個狀況亦值得注意。一般而言,就今存的向秀注佚文來看,秀注大抵皆扣緊莊子原文而說,即使有所引申發揮,亦少有離開原文之語脈者。如果這一特色真是向秀注之體例的話,則我們便會發現,郭象注常有一些比較逸出原文語脈的發揮。筆者頗為疑心這一部分即是郭象述而廣之的主要部分。如果這一假設並不離譜的話,則我們便得注意〈逍遙遊〉「藐姑射之山」以下一段話的注文。在此注文中云:

> 此皆寄言耳。夫神人,即今所謂聖人也。夫聖人雖在廟堂之上,然其心無異於山林之中,世豈識之哉?徒見其戴黃屋、佩玉璽,便謂足以纓紱其心矣;見其歷山川,同民事,便謂足以憔悴其神矣;豈知至至者之不虧哉?[165]

這段話看來是比較難扣住原文辭句的,也許它可以視作是郭象的發揮吧!當然原則上說,誠如筆者在上一節論向秀之類似說法時,即已曾指出的,我們的確並不能排除廟堂之人逍遙之可能。就此義而言,郭象之注自也並未背離嵇康、向秀之大原則。但郭象注在語義上,卻極易予人一種感覺,即唯廟堂上之聖人,始真能逍遙,這就不免有問題了。蓋嚴格言之,廟堂之人的確可以不

---

[164] 同上,頁三〇五。
[165] 同上,頁廿八。

受黃屋玉璽之纓紱，但在語言表述上，此語卻須有重要前提，因為廟堂之人之所以能無異於山林，必是他在價值實踐上，自覺地選擇了「自然」這一價值，而必須知道的是，此一選擇本身其實是近乎宗教實踐的；如果略去了此一前提，而直言廟堂之聖人足以冥其跡，則勢必會形成某種程度之混漫也。

　　當然，人亦可辯說，這只是語氣輕重間的問題，郭象也許是明白此一前提的。但我們卻必須注意到樂廣「名教中自有樂地」這句話。此語實有相同的問題，亦即此語本身並不能算錯，但它實必須奠基於前述的前提之上，如果少了此一前提，則這句話亦必將形成大混漫。然而他們真有此警覺嗎？從實踐上看，郭象的儇薄無行，固無論矣！以莊子之學的實踐性格，又豈僅是智悟上的事呢？而就算郭象在智悟上是一流的，但以他身處廟堂實踐上之不堪，我們能相信他真有某種價值實踐上的自覺嗎？不過無論如何，郭象在當時的評價，畢竟還不在嚴格意義的名士之列，那麼那些名士又如何呢？他們是如何看待這所謂「樂地」的呢？我們且看以下幾條記載：

1. 《晉書・王戎傳》云「戎以晉室方亂，慕蘧伯玉之為人，與時舒卷，無蹇諤之節。自經典選，未嘗進寒素，退虛名，但與時服沉，戶調門選而已。」[166]

2. 《晉書・王衍傳》云「口不論世事，唯雅詠玄虛而已。嘗因宴集，為族人所怒，舉樏擲其面；衍初無言，引王導共載而去，然心不能平」，又云「累居顯職，後進之士莫不景慕放效，選舉登朝，皆以為稱首。矜高浮誕，遂成風俗焉」，「雖居宰輔之重，不以經國為念，而思自全之計」，後衍為

---

[166] 《晉書》卷四十三，頁八五三。

石勒所擒，竟復為勒「陳（晉）禍敗之由，云計不在己」，
傳又云「自說少不豫事，欲求自免，因勸勒稱尊號。勒怒
曰：君名蓋四海，身居重任，少壯登朝，至於白首，何得言
不豫世事邪？破壞天下，正是君罪。」[167]

3. 《晉書·樂廣傳》云「值世道多虞，朝章紊亂，清己中
立，任誠保素而已，時人莫有見其際焉。」案：《晉書斠
注》引錢大昕《廿二史考異》云「趙王倫之簒位，廣與滿
奮、崔隨進璽綬於倫，可謂之清己中立乎？」[168]

4. 《晉書·庾敳傳》云「敳有重名，為搢紳所推，而聚斂積
實，談者譏之。」[169]

彼等諸人俱是最富清望之輩，這些名士，我們固無法以忠義之標
準責之，但難道所謂的「樂地」就只是與時浮沉、不豫世事、清
己中立，甚至是思自全之計、聚斂積實而已嗎？這如何能讓人相
信他們真有發自於主體意識的價值自覺呢？然則即使是名士之
徒，也一樣絲毫不能把握自然與名教之價值論分際，浸假當然也
就使自然成為名教之意識型態的護身符矣！王衍以三語辟阮修[170]
（案：或作王戎與阮瞻），這是標準的依「自然」之「意識型態
性」以戶調門選的例子。當「自然」淪落至此，則「樂地」又何
能不變質呢？於是，從向秀所啓的滑轉之幾，至此遂變本加屬

---

[167] 同上，頁八五五～八五七。

[168] 同上，頁八六二。

[169] 同上，卷五十，頁九五五。

[170] 此事見《箋疏》頁二〇七，〈文學篇〉。但《晉書》則繫於〈阮瞻傳〉，
見卷四十九，頁九三四。此例甚有名，故不錄原文。

矣！而竹林玄學的精神亦遂在名士風度的發展中，逐漸蕩然無存
了。

＊　　　　＊　　　　＊　　　　＊　　　　＊　　　　＊

　　至此，筆者大抵已循玄學史角度，述明了由竹林玄學發展爲
名士風度的問題。在這一敘述中，筆者的重點乃是以嵇康爲核
心，來觀察其思想的質變過程。筆者尤其關切的，更是「玄學的
嵇康」是如何在歷史的流變中走了調的。就此而言，嵇康自己多
少是要負些責任的；由於「歷史的嵇康」和「玄學的嵇康」之
間，多少有些模糊地帶，致使他在思想的表達上不免產生了一些
煙幕，這當然是他的不幸，也是整個玄學史的不幸。筆者始終以
爲，嵇康最具原創性的思想，乃在於他的宗教關懷上，他亦以此
而將「自然」發展爲一個含具終極關懷的價值，這不只是能探莊
子的驪珠，也可以說是對莊子學調適上遂的發展，就此而言，嵇
康的創造力對現代來說，也還是有著重要意義的。可惜的是，他
並沒有發展出足夠清晰的語言來表達他的思想，時代也沒給他充
足的條件，甚至繼踵者根本就把握不住他的精髓，洵致成了他思
想的質變。一個詭異的時代，扼殺了一個具有原創力的心靈，時
耶？命耶？所好的是，終於還有向郭接上了他的啓發，至少相當
忠實條暢地舖陳了莊子原來的風貌；即使向郭終於沒能如嵇康一
般，提供莊子一條開展的道路，但至少是完成了守先待後之工作
的。即此一點，玄學在中國思想史中，便沒有交了白卷，也讓嵇
康精神留下了一個重見天日的契機。至於嵇康的宗教關懷與日後
道教思想的演變之間，究竟還可以發展出什麼樣的論題，自然就
非本文所能及的了。

　　不過，筆者以爲嵇康思想中尚有一個面向未表。關於這點，我們還必須再回到名士風度的討論上。前面我們曾說，名士風度的背後，原則上乃是純粹的審美問題。不可否認的，由於名士風度的品藻，的確促成了中國藝術各層面的大躍進，因此之故，幾乎所有關於魏晉美學思想的著作，均將這一躍進直接和玄學的發展相掛鉤，然而這樣的看法有沒有問題呢？筆者以爲此一看法縱然不爲無故，但似乎並不能窮盡其中的曲折，其原因實乃出在不能準確區分「美」和「美感」這兩個概念的原故。何以言之呢？如果我們從一個最簡單的角度來看，在元康前後的名士品藻中，論其品題形式，固然是承襲自東漢清議的題目，但其實質意義卻已有了一些改變。若撇開一些朝廷品題和中正任官之關聯性的話，則許多品題實已轉成對人物風姿純美感的品藻。依《世說·容止》所載，此一風氣的確大興於西晉以後，如潘岳、裴楷等都是美姿儀的一時名士[171]，衛玠的故事尤其有趣，〈容止篇〉載其事云「衛玠從豫章至下都，人久聞其名，觀者如堵牆。玠先有羸疾，體不堪勞，遂成病而死。時人謂看殺衛玠」[172]，然則類似的對姿儀之審美，又和玄學何干呢？而即使是對人格儀型的品題，如我們前文所論，所謂名士風度率得一個「簡」字，這樣的審美標準固然的確和玄學有關，然而我們亦已辨明，名士之崇尚「簡」這一風標，事實上根本就只是建立在對「自然」這一價值的幾重滑轉上，於是「尚簡」遂只成了一種浪漫美感的享受，而和任何終極價值的追求無涉了。關於這點，我們可以庾敳的〈意賦〉這篇短文爲例，其文云：

---

[171] 見《箋疏》頁六一○～六一二，裴楷號爲玉人，潘岳、夏侯湛並稱連璧。
[172] 同上，頁六一四。

　　至理歸於渾一兮，榮辱固亦同貫；存亡既已均齊兮，正盡

　　死復何歎？物咸定於無初兮，俟時至而後驗。若四節之素

　　代兮，豈當今之得遠？且安有壽之與夭兮，或者情橫多

　　戀；宗統竟初不別兮，大德亡其情願。蠢動皆神之為兮，

　　癡聖惟質所建；真人都遣穢累兮，性茫蕩而無岸；縱驅於

　　遼廓之庭兮，委體乎寂寥之館。天地短於朝生兮，億代促

　　於始旦；顧瞻宇宙微細兮，眇若豪鋒之半。飄颻玄曠之域

　　兮，深漠暢而靡玩；兀與自然并體兮，融液忽而四散。[173]

子嵩此文固是有感而發，其〈本傳〉云「敳見王室多難，終知嬰
禍，乃著意賦以豁情，猶賈誼之服鳥也」[174]，然而此一寄懷境界
中所言之「自然」，很顯然地依然只是氣化之自然。換言之，
〈意賦〉大體只是阮籍〈達莊論〉的濃縮版而已。庾敳的生命自
然並不像阮籍之充滿存在的苦痛，故他並無佯狂式之放達，但他
最終所企慕的，依舊只是一種由原始之蒼茫所透映而出的浪漫美
感，而不是任何價值之貞定。庾敳此例其實具有相當的代表性，
亦即名士風度之各型態，其實皆是以類似對蒼茫之浪漫的企慕為
依歸的，此所以他們終只是天地間之「棄才」也。

　　然而筆者以為，魏晉以下藝術精神的大躍進，其實並不如此
膚淺，尤其隨著畫論的演進，到了宗炳等人時，他們大抵已不再
從浪漫的美感中來看待自然了。如宗炳的〈畫山水序〉所云：

　　峰岫嶢嶷，雲林森眇，聖賢應于絕代，萬趣融其神思，余

　　復何為哉？暢其神而已。神之所暢，孰有先焉？[175]

---

[173] 《晉書》卷五十〈庾敳傳〉頁九五四～九五五。

[174] 同上，頁九五五。

[175] 《全宋文》卷二十，葉九。

其中所暢之神，乃是從「神超理得」上而說。這一義之下所理解的自然，又豈是名士風度中所意指的自然呢？然則這裡豈不正埋伏一個美學思想史上的大問題嗎？像宗炳之類的思想究竟源於何處呢？筆者以為，如果真想解開此一問題，我們便有必要注意〈聲無哀樂論〉這篇大文章，在它之中其實蘊涵著從「玄學的嵇康」所衍生出來的一個極奇特的面向。這個面向也許並不是嵇康最關切的部分，但無心插柳，這一面向卻似乎成了嵇康思想被發揮得最徹底的一個面向。這也許就是思想史之最詭異處吧！為此，我們乃須進至下一章的討論。

第 4 章

嵇康的美學世界

　　在第二章中，筆者曾提及〈養生論〉和〈聲無哀樂論〉這兩篇文章，共同組構成了「玄學的嵇康」之最主要內容。所謂「玄學的嵇康」，乃是奠基在一個特定的宗教意識上，以追求主體之向自足自在之自己回歸這樣一個價值，爲其終極關懷之謂。關於此義，筆者已藉〈養生論〉作了充分的說明，但〈聲無哀樂論〉在「玄學的嵇康」之形構過程中，究竟扮演了什麼角色，則尙未論證。對此一問題的釐清，筆者以爲一則足以確定此文的思想定位問題；此外，由於此文明顯涉及到最基本的美學問題，因此它也很確定地提供了一條建構嵇康美學的進路。平心而論，界定好這兩個層面的區隔是重要的，因爲即使在西方，美學作爲一個獨立的問題意識，也是很晚近的事，這當然並不表示早期的人不思考美學問題，只是這些問題恆必須隸屬於其它價值論的層面之下而已。同樣地，吾亦不以爲嵇康是有意識地在思考獨立的美學問題，甚至中國整個樂論的傳統，也都不能從純美學的角度來看；在這些不同的樂論中，其實亦有一個本質的共同點，亦即樂總是被當成「內聖外王」結構中的重要一環，這就表示了中國早期的樂論傳統，它背後實有另一類的價值關懷。以此，我們自必須將〈聲無哀樂論〉納入嵇康更基本的價值意識中來考察，並將其中所蘊涵的美學命題視爲導出命題才是。所以在本章中，筆者首先必須關照著嵇康基本的問題意識，以論〈聲無哀樂論〉的主要思想意涵，其次乃是嘗試由此勾勒出它所蘊涵的美學世界，從而得以結合上一章最末所提出的問題，以完整評估嵇康思想的價值與影響。

第一節 〈聲無哀樂論〉詮釋進路的檢討

〈聲無哀樂論〉是篇古代罕見的巨構,而關於它的詮釋進路
也是相當紛亂的。嵇康愛琴,琴藝亦絕佳,這大概是無庸置疑的
事,廣陵散的典故自古即膾炙人口,他的〈琴賦〉序云「少好音
聲,長而翫之」,向秀亦說他「博綜技藝,於絲竹特妙」[1],都是
明證。然而他在此論中關於樂理的論辯,卻似乎是相當不合常情
的,何以言之呢?這其中當然確有許多極不恰當的推論,但我們
若不要太在意一些嵇康推論的不善巧,而只著意於其基本論點的
話,則此文有一個基本的論辯云:

> 夫殊方異俗,歌哭不同;使錯而用之,或聞哭而歡,或聽
> 歌而慼。然而哀樂之情均也;今用均一之情,而發萬殊之
> 聲,斯非音聲之無常哉?然聲音和比,感人之最深者也。
> 勞者歌其事,樂者舞其功。夫內有悲痛之心,則激切哀
> 言;言比成詩,聲比成音;雜而詠之,聚而聽之。心動於
> 和聲,情感於苦言,嗟歎未絕,而泣涕流漣矣。夫哀心藏
> 於內,遇和聲而後發;和聲無象,而哀心有主。夫以有主
> 之哀心,因乎無象之和聲,其所覺悟,唯哀而已。[2]

窺其意,則嵇康似是以為和聲乃是一純客觀之物,哀樂只是附隨
於此和聲之物上,而非由和聲所引發,亦即和聲本身是完全沒有
人情之色澤的。因此,嵇康的整個論辯,乃可歸結於「和聲無
象,故無涉於哀樂」這一個命題之上。

---

[1] 《全晉文》卷七十二葉五,向秀〈思舊賦〉語。

[2] 《校注》頁一九八～一九九。

　　然而純樂理地說，嵇康上述的論辯，究竟有沒有道理呢？有不少論者以為此一論辯存在著嚴重的錯誤，如陳戰國先生云：

> 嵇康的〈聲無哀樂論〉不僅否定了自然音響、人的歌哭具有感情色彩，同時也否定了音樂所具有的感情色彩；不僅否定了音樂中蘊含著演奏家的情感，也否定了音樂是作曲家思想與情感的結晶。他之所以犯這樣的錯誤，從理論上講，主要原因是混淆了自然音與音樂的本質區別。嵇康把音樂看成是樂音按照一定次序的排列，這當然是對的，問題是按照一定次序排列起來的樂音所構成的音樂，從本質上講已經不同於自然音了。[3]

而嵇康何以會犯下如此的錯誤呢？其原因即在於他們以為嵇康此文原則上仍只是為了反映某種特殊的意識型態立場，亦即由「和聲無象」所追求的「無聲之樂」，乃是表示寒門階級所追求的一種反壓迫的無為之治[4]。可是這樣的詮釋進路一則並沒能真從樂理的論證上，提出足夠的證據來指陳嵇康的錯；再則，其論點間似亦不免有矛盾，如任繼愈即云：

> 嵇康把音樂簡單地看作聲音，所以說「聲無哀樂」。他沒有認識到音樂和其它藝術作品一樣，有它的階級性、社會性。因為音樂是經過藝術加工的聲音，是經過有一定階級立場的人來安排的音調和節奏，並且是為一定的社會政治服務的。[5]

---

[3] 許杭生先生等《魏晉玄學史》頁二二九～二三○。
[4] 參見任繼愈編《中國哲學史》頁二○二。
[5] 同上，頁一九八。

假如說嵇康連音樂的階級性都不曾認識到的話，那麼他又如何可能將此文視爲是某種意識型態的表達呢？因此，筆者以爲這樣的詮釋進路恐怕是不可取的。

另外，牟宗三先生則也有一個矛盾的說法，他一方面以爲〈聲無哀樂論〉乃是嵇康依其哲學心靈，而展現出的一種客觀的和聲之美，他說：

> 和聲當身之純美觀乃其特色也。「託大同於和聲，歸眾變於人情」，使和聲當身從主觀人情禮樂教化之糾纏中得解放，此種「客觀主義之純美論」亦為極有意義者。[6]

然而另一方面他又從樂理的層次否定嵇康這一客觀主義的可能性，如他所說：

> 聲音固是以「和」為體，哀樂固是主於心，因感而發。然問題是在：聲音是否只是「和」之一通性？是否尚有具體而各別之色澤？聲音本身固無所謂哀樂之情，然豈因此即無具體之色澤？此則不易撥無者。和之通性即在具體色澤中表現，具體色澤亦總附離於具體之聲而與和之通性為一。如高亢、低沉、急疾、舒緩、繁雜、簡單、和平、激越等，皆具體色澤也。此亦可謂和聲之內容。……如聲音有具體之色澤，則所謂哀樂因感和聲而發，哀樂之情與和聲之色澤間亦必有相當的關係。……然則經由和聲之色澤而感哀樂，或經由和聲之色澤而徵知某種事物，亦非可輕易否定者……傳統之觀點即依此而說聲音有情矣。嵇康不

---

[6] 牟宗三先生《才性與玄理》頁三五五。

分聲音之通性與殊性，故其論辯常多糾纏不清，亦不恰
當。[7]

然則牟先生又當如何面對此一矛盾呢？

同樣地，曾春海先生的詮釋進路，也如牟先生一般，存在著
類似的矛盾。他一方面引述李澤厚等的說法，將「和」當成一個
本體論的概念，並將之歸屬給樂，從而推論說：

> 聲樂至和的本體具有潛在的、無限可能的形上屬性。因
> 此，就道家的存有論而言，美即是契合永恆相的真實。亙
> 古常存之道之真實，其體性即原天地之美，藉萬物資以開
> 顯發表，不但表露了真實義，也展示了無盡的美意。對道
> 家而言，美與真互為表裡，係道的二重屬性。換言之，兩
> 者恆一體俱呈。蓋存在者的真實性，若能以自足自發的方
> 式來開顯道，當下即展露了美。美就是自然，亦即是真，
> 而真或自然的義諦在於道生動而豐富的顯露映發。[8]

這說法固然較之牟先生是進了一步，但就其將自然之和當成一真
實而客觀的本體言，則和牟先生客觀主義的論調仍是一貫的。而
曾先生另一方面亦云：

> 聲之個別聲有其分殊的自然體性，分殊的個別聲不會自行
> 組合成一純自然的樂曲。樂曲係由作曲家靈活的運用樂
> 理，巧妙地將分殊的個別音組合成具有節奏變化及整體秩
> 序性、統一性的和諧狀態。換言之，和樂之和是人將個別
> 的自然聲，透過人的創造性之加工而成。音樂的創作動

---

[7] 同上，頁三四九～三五○。

[8] 曾春海先生《嵇康》頁一八一。

機、意向及水準是脫離不開作樂者生命內在的心理意識，

及其與所處的外在際遇、氣氛之相互關係。[9]

這等於又從樂理上否決了將和視爲一個客觀本體的可能性，然則這豈不是個問題嗎？

筆者以爲，戴璉璋先生亦有一個近似於曾先生的說法，他亦以爲嵇康是將和視爲一個客觀的本體論概念，他說：

> 他（嵇康）認為音聲之作是本於天地氣化之自然。……五音與五色一樣，都是天地間陰陽變化所形成的。音聲一旦形成，就有它自己的體性，不因後來的遭遇而有所改變。這體性究竟是什麼呢？嵇氏說「音聲有自然之和」，「聲音以平和為體」。這使我們想起上文提到過的老莊以來的自然觀。嵇氏從氣化之本然這裡說音聲之自然，又從音聲之自然這裡說和，說聲音之體。這與他在性命自然這裡說和，說養生之道有一致的理趣。聲音既以平和為體，則能呈現平和之體的音聲就稱為和聲。和聲在八音克諧中呈現，也在五聲協調中呈現，此外聲音的猛靜、曲調的變化都可以呈現和聲。依嵇氏的看法，音聲之和既出於自然，則「無係於人情」。這是他主張聲無哀樂的主要理由。和聲既然無係於人情，則它也就「無象」。這是說它沒有任何象徵意義。所以嵇氏反對世俗認為「文王之功德與風俗之盛衰皆可象之於聲音」的說法。從和聲無象這裡，嵇氏契悟了玄理。
> 由和聲是音聲盡其自然體性的表現這一點，我們可以推知：和聲之所以有弘大的感人動物的作用，正是由於自然

---

[9] 同上，頁一七〇。

的和理本爲萬物所共具，天地萬物本爲太和一體，所謂與
人和，與天和，人物彼此都可經由和理而互相感通。[10]

像這樣一種詮釋進路，姑且先不論其是否恰當，若它眞要貫徹下
去的話，則顯然首先便得從樂理上克服前述的矛盾，換言之，亦
即必須先從樂理上提供一套論證，來說明「和聲無象，故無涉於
哀樂」這一命題的有效性才行。然而此一說明是可能的嗎？曾春
海先生有一段話云「樂中上品係能表現聲律本身的和諧及純粹的
美感，是藝術上的造詣高深，哀樂只是人情感生活的屬性，與至
樂表現出音樂美感的屬性係不同範域。」[11]筆者以爲這段話中，
多少已經透出了一些論證的可能方向，但可惜的是他並未能眞正
提出一套完整的論證，因此我們仍得問，從樂理上應如何理解至
樂的範域呢？

　　筆者必須承認，關於此一論證，實在涉及了音樂美學中相當
專門的部分，而這是筆者鮮少涉獵的。所幸的是，近人已有不少
這方面的討論，尤其張節末先生在《嵇康美學》一書中，假借嵇
康與漢斯立克（E.Hanslick）的比較，提供了一個相當精彩的論
證，今即借助他的說法，來爲牟、曾、戴諸先生的說法補上必要
的樂理說明[12]。依張先生所述，漢斯立克在《論音樂的美》一書
中，和嵇康之主張有一個出發點的一致性，亦即認爲音樂之美完

[10] 戴璉璋先生〈嵇康思想中的名理與玄理〉，《中國文哲研究集刊》四期，
　　頁二四三～二四四及二四七。

[11] 同注八，頁一七一。

[12] 就筆者知見所及，錢鍾書先生早在《談藝錄》中已提及嵇康和漢斯立克論
　　點的近似性，參見該書頁三四八。此後如蔡仲德先生《中國音樂美學史》
　　等亦同意此一論點（參見該書頁六〇五～六〇六），近人論此者頗多，不
　　煩一一具引。

全無涉於任何主體的感受。這樣的看法自然並非否決主體所擁有
的審美能力，而只是主張音樂之美有其客觀的一面而已。張氏云
「漢氏所主張的美的客觀性，是針對主觀情感而言的，他並不否
認審美主體另有一種理智的直觀能力來享受音樂的美，並產生審
美的愉悅」[13]，如此的主張固然頗有別於常情的認知，但亦確有
其思理在。

　　順張先生的整理，漢氏從一種客觀主義的立場出發，希望從
某種認識論的角度，來確立音樂之真與美的獨立於任何主觀評價
的必然連繫關係。漢氏自然知道，作為音樂的兩大成素之旋律與
和聲，它乃是人文性的東西，而音樂美的產生，即在這些樂音的
「運動形式」之中。漢氏云：

> 音樂美是一種獨特的只為音樂所特有的美，這是一種不依
> 附、不需要外來內容的美，它存在於樂音以及樂音的藝術
> 組合中。優美悅耳的音響之間的巧妙關係，它們之間的協
> 調和對抗、追逐和遇合、飛躍和消逝，這些東西以自由的
> 形式呈現在我們直觀的心靈面前，並且使我們感到美的愉
> 快。[14]

即在這樂音的運動形式中，出現了音樂之真與美的聯繫。而漢氏
亦進一步表明，這裡所說的音樂之真，它和「自然法則」－－亦
即聲音頻率之和諧律動這一自然律－－之間存在著一定的「祕密
聯繫和親和力」[15]。由它們，即共同組成了音樂之不變的本質。
進一步說，音樂家固亦有其自己的情感世界，這也是任何創作不

---

[13] 張節末《嵇康美學》頁一四〇。

[14] 漢斯立克著，楊業治譯，《論音樂的美》頁四十九。

[15] 參見上引書頁五十二～五十三。

可少的成素，但這個成素並無涉於音樂性本身；音樂之音樂性永遠只來自於依那原始的和諧而有的樂音之律動形式，故漢氏乃有一名言云「音樂的內容就是樂音的運動形式」[16]。

　　張先生以為，漢氏這一關於音樂本質的說法，和嵇康的思理是完全一致的，這包括嵇康亦以為音樂必須服膺於自然律，亦即「自然之和」，而即在順此自然之和中，樂音依律呂之規律而運動，由之而形成音樂等等[17]，可見嵇康認知音樂的方式，和漢氏實可謂異代而同調。筆者以為，張先生此一類比式的比較，確實是相當深刻的。

　　進一步而言，從審美主體上說，吾人亦可對音樂採取一種評價，但漢氏以為，這一審美的評價並非來自於音樂家或聽眾自己的主觀情感，而是來自於一種「純觀照活動的幻想力」[18]。依張先生的解釋，所謂幻想力乃是「一種稱為注意傾聽的直觀，就是對一些樂音形式的連續觀察」[19]。這也就是說，我們不是把自己的情感參與到樂音的律動中去，而是單純通過對樂音律動形式之體察，來對音樂進行審美的評價。關於這點，漢氏有一相當深刻的說法云：

　　　　音樂不是通過所謂激情的描寫來引起我們的同情。我們以
　　　　愉快的精神、平靜的胸懷，真誠忘我地欣賞著在我們面前
　　　　流動的作品，並且更深刻地體會到謝林所說的「美的崇高

---

[16] 同上，頁五十。

[17] 如《校注》頁二一二，嵇康云「律呂分四時之氣耳，時至而氣動，律應而灰移，皆自然相待，不假人以為用也。上生下生，所以均五聲之和，敘剛柔之分也。」

[18] 同注十四，頁十八。

[19] 同注十三，頁一四九。

> 的超然性」。音樂使我們清醒的心靈感到內心的快樂，這
> 是最高尚、最健康，並且不是能輕易做到的傾聽音樂的方
> 式。[20]

漢氏此一由幻想力以傾聽音樂的說法，誠如張先生所指出的，它
和嵇康之由「躁靜專散」而說音樂之聆賞，確是如出一轍，而我
們亦的確不能將躁靜等等視爲是情感的表現，它實在只是一種對
律動之觀照也[21]。由這樣一種傾聽的方式，它自然會要求於審美
主體，必須儘可能以虛靜的方式隔離自我情感的糾纏，以進入某
種純粹觀照的境界，於是它也必然會引出某些工夫論式之要求，
這是必須注意的。

不過，儘管漢氏已將情感因素排除在音樂性本身之外，但亦
必須說這只是表示情感和音樂性不構成本質的、必然的、穩定的
聯繫而已，一段急切、狂熱的旋律究竟是表示憎恨或激情，其間
不存在必然的關係。而我們要拿什麼感情加到某段樂句上去，這
是隨我們自己解釋的；但我們必須知道，無論怎麼解釋，它都只
構成聆賞音樂時的「非審美」感受而已[22]。就這個意思而言，張
先生亦以爲嵇康和漢氏的論點是一致的。然而張先生以爲，漢氏
提及此一問題，旨在將非審美的部分驅逐出去，但嵇康卻以比較

---

[20] 同注十四，頁九十二。

[21] 牟宗三先生在前引書頁三五三中曾云「聲音之體盡於舒疾，此舒疾爲強度
字，內可含有許多其他之色澤，不只是抽象之廣度字。」是牟先生以爲，
舒疾躁靜中必內含著情感之色澤。此恐非嵇康之意。

[22] 關於此義，詳見漢斯立克前引書第二章「情感的表現不是音樂的內容」頁
廿七～卅的討論。

寬容正面的態度，來正視聆賞音樂對感情的調理功能，因此嵇康
乃能正面肯定音樂之移風易俗的功能[23]。

　　以上筆者大抵簡述了張先生所作的比較，從此一精闢的比較
中，我們可以發現的確可以引漢斯立克的論證，來從樂理上證成
嵇康的論辯，換言之，即使從論辯的邏輯上說，誠如不少人指出
的，嵇康的許多類比性論證，充滿著詭辯的特質[24]，但若略過這
些邏輯上的瑕疵不看，則嵇康通過他在琴藝上的造詣所產生的樂
理思維，的確是可以取得某種理性上之效度的。因此，牟宗三、
曾春海等先生從樂理上對嵇康所作的批評，便也不一定是正確
的，筆者以為，無論我們是否同意嵇康乃至漢斯立克對樂理的說
法，至少嵇康依然是有理由堅持其立場的。於是，我們也可以逕
行取消此一批評，而直接即以漢氏的論證，來支持牟、曾、戴諸
先生另外所作之客觀主義的判斷，這樣也就能解消掉牟、曾二先
生說法中的矛盾了。而按照如上對漢斯立克理論的說明，我們也
很容易看到，「自然之和」作為音樂之本質，它事實上就是一個
本體論的概念，這當然也就提供了曾、戴二先生極佳的論據。

　　然而，就算我們可以在樂理上將嵇康的論辯疏理清楚，給它
一個理性上客觀的定位，是否就代表此一詮釋進路真足以掌握嵇
康此文的意旨了呢？這裡其實存在著一個基本的問題：大概沒有
論者會簡單地認為嵇康只是為了當一個音樂哲學家而已，牟宗三
先生說嵇康此文只是表達了一種「客觀主義的純美論」，這大概
是一時的不審之辭吧！嵇康豈會只是個寡頭的，以音樂審美為第

---

[23] 參見張節末前引書頁一五七～一六一之討論。

[24] 如吉聯抗先生《嵇康聲無哀樂論譯注》便直接以「詭辯」來說嵇康的許多
　　論辯。牟宗三先生前引書亦以為「其論辨多不堅強」（頁三五五）。

一義的客觀主義者呢？然而嵇康寫此文究竟意欲何爲呢？如果我們假設嵇康的思想有其一貫性的話，則恐怕便不應將此文和嵇康的問題意識作割裂式的處理，換言之，此文的詮釋進路至少不應和「玄理」有任何矛盾處。此一立場似乎也是多數論者的主張，如戴璉璋先生即以爲此文表現了對玄理的慧識[25]；另一方面，嵇康亦在此文最後直接表示了他作此論所追求的「無聲之樂」之理想，乃在企慕於「崇簡易之教，御無爲之治」的境界[26]，如果這一追求並非基於任何意識型態之目的的話，則我們便只能說此文確是企慕於玄理這一人文理想。然則，我們乃有必要要求嵇康此文的樂理和玄理必須是相容的，但實際上它們真能相容嗎？

現在問題的關鍵乃在兩點上，一是由前述之樂理中所說的「自然之和」，它和玄理中所意指之「自然」是否是一致的呢？其次則是由自然之和所導出的音樂性，它在通過審美主體之聆賞時所需要的虛靜工夫，和追求玄理之自然境界所需之工夫是否一致呢？就前者言，由樂理所說的自然之和，它所意指的乃是自然律本身的和諧性。張節末先生云：

> 自然作爲審美的對象，它具有客觀的規律性，這是自然美的基礎，當人們對自然進行審美觀照，直觀地意識到自己

---

[25] 參見戴璉璋先生前引文頁二四三～二四八。

[26] 關於〈聲無哀樂論〉的最後一部分，的確有些問題，因爲嵇康在此文的前七部分幾乎都在否決音樂的移風易俗功能，但最後一部分卻忽然轉而肯定此一功能。蔡仲德先生前引書即以爲「第八部分與前七部分之間確有矛盾之處，但都貫穿『聲音以平和爲體』的思想，其基本觀點還是一致的。」（詳論見該書頁五八〇～五八一）但蔡先生完全不能解釋它何以「既矛盾又一致」。

　　已經把握了自然的規律，就會產生自由感。這種自由從本
　　質上講是合乎自然規律的自由。[27]

這段話如扣著此文，當是指在聆賞音樂時，通過對樂音運動形式
之把握，以進入自然之和時，即完成一種對音樂之自然美的審
美，並由之而體會到一種自由之感。但這說法是有問題的，依康
德的說法，能把握到自然之規律性，至多只能產生一種合目的
感，它並不是什麼自由感[28]。在合乎自然規律中，其實是沒有自
由可言的。換言之，如依我們前文所曾提過的莊子之自然義來
看，則「自然之和」恰是一種「他然」，它和玄理所意指之自
然，恰成一種背反關係。換言之，由樂理而說的「自然之和」根
本就和由玄理而說的「自然」無法相容[29]，那麼這不就產生大問
題了嗎？

　　再則，聆賞音樂所需要的虛靜工夫，嚴格來說，它只是指對
一些外在情感之牽纏的撥除，以使審美主體得以專注於樂音的律

---

[27] 同注十三，頁十一～十二。

[28] 參見康德《判斷力之批判》「引論」第五節，牟宗三先生譯本頁一三三～
一三四。又康德亦說審美判斷之某種消極的自由感，但這種感覺並不由把
握自然之規律性而來，它是源自於遠離一切利害關心而生的。參見譯本頁
一七四。

[29] 今天一般論者，大抵皆以為嵇康此文表現了道家的音樂思想，但幾乎所有
論者皆不曾看出「自然之和」和由玄理而說的「自然」不能相容。如曾春
海先生前引書頁一八一云「音樂的最高本體『和』超越了現實社會的實用
性，亦超越了反映人主觀哀樂情思的表現性」，這自然是可以如此說的，
但曾先生繼而又云「它是不偏執於表現個體精神的一種無限自由的永恆
相」，這就不知道如何證成了。在律動形式的自然諧和中，筆者完全看不
出如何能使主體進入無限自由的永恆相，難道能超越於實用和主觀之情
思，便意味能進入無限自由嗎？道家所意指的自然顯然並不如此淺薄。

動上而已，所虛所靜者，並非針對此主體之自身而言，這顯然也和我們前文曾論及的，追求玄理之自然境界所需的工夫完全不一樣，因為後者的工夫純指主體之向自在自足之自己回歸而言，這是完全不能混同的。由這兩點綜合來看，則顯然的事實乃是，我們並無法從此文的樂理跨入到此文的玄理。這也就是說，就算前引之牟、曾、戴、張諸位先生，頗能相應地把握嵇康此文的樂理部分，同時還能進一步給出理性的詮釋，但他們的詮釋進路卻依然不可能掌握此文的真正意旨。然則這豈不是出了大問題嗎？我們有什麼辦法能夠化解此文所出現的樂理和玄理之緊張關係呢？

第二節 〈聲無哀樂論〉的主要思想意涵

在上節中，我們簡單析論了嵇康在〈聲無哀樂論〉中所表示的樂理，但我們亦說，樂理部分決不能視作是此文的主要關懷，嵇康此文的真正關懷，仍必須回溯到他基本的問題意識之上。於是我們乃看到此文因此而出現的一種緊張關係。現在的問題是我們有沒有可能化解此一緊張關係呢？坦白說，筆者對化解此一緊張的可能性，其實是持著相當悲觀的態度，因為存在於嵇康之樂理與玄理之間的，根本就是一種本質的矛盾，既是矛盾，又如何化解？因此，筆者仍傾向於一種解釋方式，亦即嵇康在此文中還是和〈釋私論〉等文一般，對自然一詞出現了意義上的嚴重滑轉。筆者自然知道，如此的理解方式，幾乎是對反於今天所有關於嵇康音樂美學之討論的，然而筆者以為，唯有以此解釋方式，並通過對傳統樂論一個基本形式框架的引入，我們才有可能比較一貫地看出此文在嵇康整體思想中的分位，外此則都將不免使嵇

康此文喪失思想之創發性，而只成一類似阮籍〈達莊論〉之不成
熟作品也。如果我們並不想讓我們的詮釋，竟至喪失了嵇康在玄
理上之創發性的話，那麼筆者此一理解方式便是必要的。於是筆
者乃必須先介紹一下我打算引入的理解框架。

　　此一框架即是《禮記‧樂記》所說的「聲、音、樂」三分的
結構，這是一個無論是在哲學或是美學上都有特殊意義的結構。
〈樂記〉云：

> 人心之動，物使之然也。感於物而動，故形於聲。聲相
> 應，故生變；變成方，謂之音；比音而樂之，及干戚羽
> 旄，謂之樂。
>
> 樂者，通倫理者也。是故知聲而不知音者，禽獸是也；知
> 音而不知樂者，眾庶是也。唯君子為能知樂。是故審聲以
> 知音，審音以知樂，審樂以知政，而治道備矣。……知樂
> 則幾於禮矣。
>
> 聖人作為父子君臣，以為紀綱。紀綱既正，天下大定。天
> 下大定，然後正六律，和五聲，弦歌詩頌，此之謂德音；
> 德音之謂樂。[30]

這幾段引文有兩點是特別值得注意的，其一是此一區分並非由
〈樂記〉所首創，音與樂之二分，事實上早可見諸春秋以前的古
文獻，如《左傳昭公廿一年》伶州鳩所云「音，樂之輿也」即是
[31]，後來「鄭聲」、「鄭衛之音」和「雅樂」的分別，更是大家
耳熟能詳的，《荀子‧樂論》亦云「先王貴禮樂而賤邪音」，
「齊衰之服，哭泣之聲，使人之心悲。……姚冶之容，鄭魏之

---

[30] 以上三段引文，分見《禮記注疏》頁六六二、六六五、六九一。
[31] 《左傳注疏》頁八六七。

音,使人之心淫;紳端章甫,舞韶歌武,使人之心莊。故君子耳
不聽淫聲……」[32]綜合這些文獻,其區分雖有詳略不同,但大體
可以確認的是,聲和音構成一組意義,而樂則代表另一組意義,
同時,此一區分也幾乎和中國音樂思想同其久遠。其中,聲和音
雖大體可以互用,但時代越晚,則越傾向在兩者間形成一些差
別,如〈詩序〉即云「情發於聲,聲成文謂之音」是也[33]。如此
遂成聲、音、樂三分的結構。

　　另外,更值得注意的則是這三分的結構,其區分的標準究竟
爲何?如按上引文中所說,乃至〈詩序〉的說法,則聲和音的區
分大抵是明確的,聲既是指人心之感物,亦即人情之應物而表
現,遂因喜而笑,因怒而斥,因哀而哭,故云「聲相應,故生
變」也。換言之,聲乃指相應於情緒活動而有的發聲,以此而
言,有情緒表現的自亦包括人之外的許多高等動物,故引文中亦
云禽獸知聲。至於音則非禽獸所知,這是因爲音比聲又多了一個
限制條件,即它必須「成文」或「成方」,亦即它必須具備人文
性,而有人文性之聲,顯然即是指我們今天一般所謂的「音
樂」,也就是英文之" music "。而就這兩者言,音的重要性
無疑是遠大於聲的,我們甚至可以說,離開了音的聲是不具什麼
意義的,是以聲這概念乃經常吞沒於音中,而聲音之區隔亦隨之
而泯。但音和樂的區分又是如何呢?這似乎就比較費思量了。

　　就〈樂記〉的說法言,「比音而樂之,及干戚羽旄,謂之
樂」,有人即從這字面意思而說樂乃是可配以樂器之演奏及舞蹈

---

[32] 以上兩段引文,見王先謙《荀子集解》卷十四,頁六三〇~六三一。

[33] 《詩經注疏》頁十三。

者[34]，但坦白說，這一講法是毫無意義的，桑間濮上之音豈不可
以配舞乎？那麼，何謂樂呢？〈樂記〉說它是一種「德音」，德
音是可以「正六律、和五聲，弦歌詩頌」的，也就是說樂本質上
還是一種音，但卻是又得加上一個重要條件的音，此一條件即是
「聖人作爲父子君臣，以爲紀綱」，也就是「通倫理」之謂。以
此字面來看，則樂即是一種能綱紀人倫之音，但這話究竟該如何
理解呢？李澤厚、劉綱紀的《中國美學史》把它說成一種「由之
可以體會出某種社會政治倫理道德的音」，並申論說：

> 樂雖是人的情感的一定形式的表現，但卻不是任何一種情
> 感的形式表現，而是倫理性的社會情感的表現。不論在任
> 何歷史時代，也不論藝術所表現的情感的具體內容如何，
> 真正的藝術作品所表現的情感都不是動物生理的情感，而
> 是具有普遍的社會性的情感。[35]

這說法自然是清楚多了，他將樂音之綱紀人倫理解成一種「倫理
性的社會情感的表現」，這就〈樂記〉的文字看，的確是有相當
解釋效力的，換言之，依如此解釋方式，樂音之音實具有特定之
情感內容，它儘可沒有固定的律動形式，但任何律動形式都只能
連繫著此一情感內容，而不能有所踰越。然而如此一來，豈不就
立刻會捲入音樂理論之根本論戰中去了嗎？試問什麼樣的律動形
式會和某一特定的情感內容，形成必然的對應關係呢？

　　關於上述問題，筆者了解在今天許多音樂理論的論戰中，其
實是還不曾有定論的，這也就是說我們恐怕還很難從此一層次來

---

[34] 曾春海先生前引書頁一五一即云「對照樂音而配以樂器的演奏及舞蹈，則
　　成就了嚴格義的樂。」

[35] 《中國美學史》第一卷，頁四〇一。

準確論定樂之內涵。不過，我們也必須注意到〈樂記〉界分音與樂的模式，和《論語》之論樂似乎並不一致，然則我們應如何看待此一不一致的現象呢？《論語》論樂，如子之聞韶，餘音繞樑，這當然表示音樂性仍是樂之必要條件。但孔子亦說「人而不仁，如樂何」、「樂云樂云，鐘鼓云乎哉」，這表示樂除了在音樂性之外，尚必須有「仁」以爲充分條件，那麼什麼是仁呢？在李澤厚等人的詮釋裡，他們仍將仁理解爲某種倫理性的社會情感[36]，若真是如此的話，則《論語》和〈樂記〉之論樂自有其一貫性。然而仁這一概念適合作如此之理解嗎？就今天一般對儒家的理解脈絡，恐怕很少人會支持此一詮釋方式；仁作爲孔子思想的核心，比較恰當的理解，似乎還是應將它當成是一「主體性」之概念才是[37]，否則孔子的創造力，他在中國文化乃至終極價值關懷之主導地位，便可能皆只被矮化成一位社會道德家而已，這當然是不妥當的。而如果仁只適合理解爲某種主體性的話，則仁作爲樂之充分條件，即意味著樂較諸音更應加上主體之價值自覺這一先決條件，這表示樂更要涉及到人格價值乃至於終極關懷的層面。很明顯地，這一層面對比於前一層面，乃是一虛的、第二序的層面，它是一種價值論上的規範性說法。因此我們可以說《論語》之論樂，原則上是比〈樂記〉論樂更高一層的，它指出了樂在價值論上的標準；亦即儘管樂與音俱須服從於音樂性的法則，

---

[36] 參見上引書頁一二六～一三〇。

[37] 劉述先先生在〈孟子心性論的再反思〉一文，曾提及芬格雷（H.Fingarette）《孔子》一書，主張只從行爲主義的觀點來看禮儀的意義，也就是說仁這個概念不應當作「心」來看，是孟子才開始強調主體性意義的心。此書雖引起震動，但劉先生在該文中已作了辯正，可參閱。詳見《孟子思想的哲學探討》頁七十五～七十八。

但若缺乏了主體價值自覺這一層次，便不可能使音進入到樂的層次。至於這一自覺究應通過什麼形式來表現（〈樂記〉基本上是從此一層面立論），則大抵不是《論語》所關切的論題，這也就是說《論語》之論樂不必是〈樂記〉之論點外的另一規定，而是提於〈樂記〉之上之更本質的規範。於是我們乃可以明確看到樂與音在另一層次上的區別。

　　筆者以為，音和樂這一層次的區別，在莊子中其實也有完全一致的說法。《莊子·齊物論》之「人籟、地籟和天籟」之對比，是很有意義的。依莊子之說，人籟乃指比竹，地籟則指眾竅，就音樂言，這大概相當於聲、音兩概念，應無可疑，但天籟呢？天籟顯然是莊子所追求的最高境界之音，也就是說它顯然涉及了「樂」的層次，但它是什麼樣式的音呢？在〈齊物論〉中，莊子其實從未正面表達天籟之音的具體形式是什麼，換言之，莊子並未作〈樂記〉論樂這一層次的表達，他只是說「夫吹萬不同，而使其自己也，咸其自取，怒者其誰耶」[38]，這說法當然是很奇怪的。依這幾句話，它至多只消極地表示了天籟之音並不離眾竅、比竹之外，而另成一類音樂，但它又不同於眾竅比竹，這不同在哪裡？關於這點，牟宗三先生有一段相當精闢的詮釋云：

　　　蓋「人籟比竹是已，地籟眾竅是已」，皆有物可指，而當
　　　子游問及天籟，則子綦卻並無可指以示之，只說「夫吹萬
　　　不同，而使其自己也，咸其自取，怒者其誰耶」？此只以
　　　疑問語句暗示之。此即示：天籟並非一物，只是一「意
　　　義」，一「境界」。此意義，此境界，即就「吹萬不同」
　　　之自己、自取而暗示之，故即「自然」也。「自己而然，

---

[38] 《莊子集釋》頁五十。

謂之天然」，背後並無一怒發之者使之如此。……（郭
注）下即申明此天籟之自然直接所函之意義，即自生、自
在，而化除因果方式下之他生、他在與他然。吾人必須先
知此自生、自在，乃是繫於主體之境界，即「自己無待，
一切無待；自己平齊，一切平齊」之境界。不可落於因果
方式下，追求自生自在究如何而可能。即不可當作一客觀
問題而辯論之。[39]

此即是說天籟本質上在表示一個主體之自足、自在而無待的意義
境界。這個境界可不可以相應於某類特殊的表現形式，當然可以
另外斟酌，但莊子顯然確是由一個「主體的境界」上，來定位天
籟，並以之區別於人籟和地籟。此一思路和上說《論語》論樂的
思路，無疑是一致的。由此，也相當清楚地顯示了，在中國傳統
的樂論中，無論其家派如何，的確均曾在音和樂之間作過明確的
界分，而且對音和樂在義理層次上的定位，亦的確有其一致性。

以上，筆者大致說明了傳統樂論「聲音樂」三分的架構。筆
者以為這一架構對於理解〈聲無哀樂論〉，實有其關鍵性，這不
只是因為哲學上的理由，更重要的是，在此文中，嵇康根本就是
依照這一參攷框架在思考整個問題，其證據請看如下之引文：

夫天地合德，萬物資生，寒暑代往，五行以成。故章為五
色，發為五音，音聲之作，其猶臭味在於天地之間；其善
與不善，雖遭遇濁亂，其體自若而不變也。豈以愛憎易
操，哀樂改度哉？
及宮商集化，聲音克諧，此人心至願，情欲之所鍾。

---

[39] 牟宗三先生《才性與玄理》頁一九八～一九九。

> 古人知情不可恣，欲不可極，因其所用，每為之節；使哀
> 不至傷，樂不至淫，斯其大較也。[40]

這三小段文字幾乎不用說明，便可看出它們正是相應於「聲、
音、樂」這三個概念的。而筆者之所以刻意將這段話區分為三個
小段落，即為了明確突顯嵇康的論述意旨果然是在上述架構中。
於是，我們乃可以毫不猶疑地依此參攷框架，來理解嵇康在此文
中所表示的主要思想意涵。當然，最重要的部分無疑是在論樂一
部分上。

如果我們依據這樣的詮釋進路，便會很快發現到前此所有論
者，不是忽略便是錯解了此文中一些關鍵性的段落。何以言之
呢？比如說下引的兩個段落：

> 夫曲用每殊，而情之處變，猶滋味異美，而口輒識之也。
> 五味萬殊而大同於美，曲變雖眾亦大同於和。美有甘，和
> 有樂，然隨曲之情，盡於和域，應美之口，絕於甘境，安
> 得哀樂於其間哉！[41]
> 夫會賓盈堂，酒酣奏琴，或忻然而歡，或慘爾而泣，非進
> 哀於彼，導樂於此也。其音無變於昔，而歡感並用，斯非
> 吹萬不同耶，夫唯無主於喜怒，無主於哀樂，故歡感俱
> 見。若資偏固之音，含一致之聲，其所發明，各當其分，
> 則焉能兼御群理，總發眾情耶！由是言之，聲音以平和為
> 體，而感物無常；心志以所俟為主，應感而發。然則聲之

---

[40] 《校注》頁一九七～一九八。

[41] 同上，頁二一六。

> 與心，殊塗異軌，不相經緯，焉得染太和於歡感，綴虛名
> 於哀樂哉！[42]

這兩段話依一般的講法，大體都是朝向著樂理式的理解，亦即以
爲樂曲之律動形式原有其自然的和諧性，這一和諧性是純客觀
的，它自成一「和域」，而和任何主觀之情感無涉，故云「曲變
雖眾亦大同於和」、「聲音以平和爲體，而感物無常」也。這樣
的說法在順通文句上，固亦頗順適，然而假如說我們真以爲嵇康
只是在追求這一客觀之和諧性的話，則他在〈琴賦〉中的一些意
思便將不可解。比如〈琴賦〉云琴可「導養神氣，宣和情志」、
「齊萬物兮超自得，委性命兮任去留」、「性絜靜以端理，含至
德之和平」[43]，這也就是說嵇康顯然也把琴藝視爲養生之一個法
門，但琴何以能如此呢？難道說追求音樂之客觀和諧性，就足以
養生嗎？就音樂之聆賞言，我們如真要能進入律動的形式以捕捉
其和諧性，固然的確需要有某種實踐工夫，以將我們和一些情欲
之牽纏作一隔離。然而這樣的工夫和嵇康在〈養生論〉中的說法
是不一致的，在前文中，我們曾引及嵇康之說云「知名位之傷
德，故忽而不營，非欲而強禁也；識厚味之害性，故棄而弗顧，
非貪而後抑也」，這表示養生的工夫，並非只是和情慾之暫且隔
離，若然者，則我們便無法說可由對音樂之客觀聆賞，以進至養
生之境界。由此來看，則我們便得懷疑上引的兩段話，是否適合
用樂理式的進路來理解。

　　然而若不以樂理式的方式來理解，又當如何理解呢？筆者以
爲我們得注意到引文中的幾句話，即「無主於喜怒，無主於哀

---

[42] 同上，頁二一七。

[43] 以上三句話分見《校注》頁八十三、九十六、一〇六。

樂」和「心志以所俟爲主」等說法，它們和〈養生論〉「愛憎不
棲於情，憂喜不留於意」以及〈釋私論〉「心無措乎是非」之說
的一致性。在前文中，筆者曾比較詳細地討論了「愛憎不棲於
情」之類的說法，並以爲若真要證成此一「不棲」，則它必牽聯
到主體價值自覺的活動。而如果說嵇康之思想真有其一貫性，又
「無主於喜怒」之類的說法也的確不適合只理解爲消極地與喜怒
暫時隔離一下的話，則我們恐怕便得說所謂的「和域」、「太
和」所描述的，並不是指音樂之客觀的和諧性，而是指一種主體
自足無待之境界。換言之，我們乃必須由「樂之第二序意義」上
來理解嵇康之說和，亦即和乃是通過主體實踐所顯示的一個價
值，而不是從樂理上所顯示的一個音樂本體論之概念也。這也就
是說嵇康仍是在論樂，只是他是從一虛的、價值論的層次在論樂
而已，依前所述，此一論樂的觀點不只不曾越出傳統樂論的範
疇，而且是完全回歸到了莊子之天籟義上。由此我們也可看出嵇
康思理的敏銳。

　　奠基在上述的詮釋進路上，我們乃可以更合理地證成嵇康所
說樂可以移風易俗的觀點。原來傳統儒家的樂論，無論是荀子也
好、〈樂記〉也好，甚至如〈聲無哀樂論〉中秦客的論點，其實
都很方便說明一套禮樂教化論，因爲他們直接將音樂和感情構成
一種樂理上的必然聯繫，這當然很方便論證樂之移風易俗。然而
嵇康純樂理部分的主張，卻很難將樂和移風易俗勾聯在一起。何
以言之呢？依嵇康在樂理上的說法，聆賞音樂既必須摒絕一切主
觀感情的介入，也就是說必須讓審美者進入某種隔離的狀態，始
能捕捉音樂之純美，如此而言，音樂之審美和社會這一層面又有
何干呢？這也是何以漢斯立克要完全否決音樂的社會功用之故

⁴⁴。然則如果只純從樂理的角度來理解此文，則豈不是等於迫使嵇康的移風易俗論陷入尷尬狀態嗎？當然，如張節末先生亦有另一論證方式，他認為嵇康乃將情感區分為外在的社會的情感和純然審美的情感，前者固然和音樂沒有內在的必然聯繫，甚至它是必須被隔離於音樂審美之外的，但「審美情感卻有著自然的基礎，它與音樂的自然之和具有內在的和必然的相應關係，這時候，主客觀在根源上是統一的。以和諧的審美情感為中介，哀樂之情可以與音樂的自然之和發生外在的和偶然的聯繫」⁴⁵。這也就是說自然之和固無關乎哀樂，但它卻可感發哀樂，而依此所感發的哀樂就不只是純然的哀樂，而是「在和諧的心境裡」所感受的哀樂，這就使情感回歸於和諧，因此，自然之和乃對道德形成一種外在的潛移默化之促進作用。換言之，道德的促進並不一定要通過道德意識的自覺，它亦可在音樂審美中達成。張先生即將這種移風易俗論，依此一論證而名之曰「美善二元並濟」的模式⁴⁶。然而這樣的論證是妥當的嗎？

　　依照如上的論證，其問題是很顯然的。如果說在聆賞音樂時，我們因直接進入律動的形式中，從而觸發一些哀樂之情，這當然很可以想像，如我因聞一首深沉低迴之旋律，而念及故去的親人之類。但當此情被勾起之後，音樂之自然之和是否必能發揮某種洗滌的作用，以使情感歸於和諧呢？嵇康〈琴賦〉說「是故懷戚者聞之，則莫不憯懍慘淒，愀愴傷心，含哀懊咿，不能自

---

⁴⁴ 關於漢斯立克強調音樂之審美不應和什麼道德的影響相聯繫的討論，參見漢氏前引書第五章頁八十五～九十六的討論。

⁴⁵ 張節末先生前引書頁六十六。

⁴⁶ 參見上引書頁六十九～七十二。

禁……」[47]既是不能自禁，便未必有和諧之可言。再者，此情固可說是在和諧中被勾起，但此情一旦被勾起，他便可能會離開音樂之諧和，從而無論此情是否能被調諧撫平，它皆已與自然之和無涉了，然則又如何能說音樂的自然之和足以促進道德呢？此外，張先生復假嵇康和康德的類比，而將自然之和類比到「自然的合目的性」之上，從而依據康德以合目的性原則溝通自然、自由兩界的方式，而認爲自然之和亦可由自然跨向道德界，使之成爲一個「評價的標準」，因而亦具有「價值論的意義」[48]。坦白說，此一比附是有些不倫的，音樂的自然之和講的是音樂律動的自然諧律，它是由純然經驗的自然律所翻上來的一個概念，這概念通過一種純感覺而感受著，這和康德之由反省判斷所自發之超越原則而說的合目的性，並由之而連繫到「終極目的」，有多少相干[49]？因此，筆者並不以爲張節末先生的論證，足以證明可由樂理的角度來完成嵇康的移風易俗論。相反地，筆者以爲音樂的自然之和可以是個本體論的概念，但卻不應成爲任何道德評價的標準。以此而言，我們恐怕是很難由樂理的角度來證成嵇康式之「移風易俗，莫善於樂」的。

但是如果我們從主體之自足無待上來說樂之「和」，這情形就不一樣了。因爲由此而說的和，它所顯示的並不是音樂形式的

---

[47] 《校注》頁一〇六。

[48] 參見張節末前引書頁一二四。

[49] 這裡筆者所懷疑的是一點，即聆賞音樂這一審美活動，是否可被視爲是康德所謂的「反省判斷」？即使康德自己，亦頗貶視音樂在其理論中的價值，這是因爲音樂的感覺性太強，而理性太弱的原故，然則我們又豈宜誇張這點。康德關於音樂的說法，參見《判斷力之批判》譯本頁三七〇～三七九。

客觀性，而是一個人格境界。此一人格境界固未必具有道德的內涵，但既涉及人格性，而風俗也必是由人格所共成的，則若說所有人皆能企慕於自足無待之人格境界，自然足以使風俗淳厚。這也就是說嵇康若是由心性論意義上的主體實踐，來論證其移風易俗論，而不是由純粹之音樂審美上來建立其論據，則自可充分證成其說。關於這點，其實嵇康是有自覺的，如其所云：

> 樂之為體，以心為主，故無聲之樂，民之父母也。至八音會諧，人之所悅，亦總謂之樂。然移風易俗，不在此也。[50]

則嵇康不是明白指出，他並不是由樂之八音會諧，也就是由樂之自然之和上來說移風易俗嗎？以此而言，無聲之樂原不該直接由樂理之「和聲無象」上來理解，無聲之無顯然乃是詭辭之遮撥義，換言之，無聲之樂不是一個客觀義上純然律動之和諧，而是直接繫屬於主體，由主體之自足無待這一價值實踐而反顯之樂的境界，這也才能說「樂之為體，以心為主」，否則「心」之義必將落空也。根據此義，主體自在自足的價值自覺才真是樂之移風易俗論的主眼所在，而審美意義上所說的樂的自然之和遂只成此一主體自覺的表現而已，故嵇康云：

> 和心足於內，和氣見於外。故歌以敘志，舞以宣情。然後文之以采章，照之以風雅，播之以八音，感之以太和；導其神氣，養而就之；迎其情性，致而明之。使心與理相順，和與聲相應；合乎會通，以濟其美。故凱樂之情，見於金石，含弘光大，顯於音聲也。[51]

---

[50] 《校注》頁二二三。

[51] 同上，頁二二二。

這表示聲音之和只是相應於內在之和心而來，而不是由音樂之審美而引起內在和諧之心境也。此一和心在稽康看來，正是移風易俗的根據所在，故我們也可以明確地指出，它乃是那自在自足之主體也。

　　當然就現實言，移風易俗不可能寄望於人人皆能有此主體之自覺，於是一些現實上必要的安排施設，也是不可少的，稽康云：

> 夫音聲和比，人情所不能已者也。是以古人知情之不可放，故抑其所遁；知欲之不可絕，故因其所自。為可奉之禮，制可導之樂；口不盡味，樂不極音；揆終始之宜，度賢愚之中，為之檢則。使遠近同風，用而不竭，亦所以結忠信，著不遷也。[52]

這段話中很有意思的一點是，稽康透露了音聲和比，八音會諧並不是他最終的追求，他承認音樂的自然之和是審美的最高境界，它亦為人情之所趨，但稽康顯然是把這一人情所趨放在第二義上，是追求至樂之和音，基於現實之安排而「因其所自」者。此猶莊子所云「以刑為體，以禮為翼」之義[53]，刑與禮皆是至人之因任所作之方便施設也。郭象〈逍遙遊注〉所云「夫唯與物冥而循大變者，為能無待而常通。豈獨自通而已哉！又順有待者，使不失其所待，所待不失，則同於大通矣」[54]，其義實與稽康此段所說有異曲同工之妙。換言之，亦即只追求於樂理之最高境界者，其實還是有待者，但能得主體之自足無待者，依然還是得通

---

[52] 同上，頁二二三。

[53]《莊子集釋》頁二三四，〈大宗師〉。

[54] 同上，頁二十。

過一些安排施設，以使有待者不失其所待，然後彼此各安其位，以共赴最後之逍遙大通之境，這自然也就是嵇康所追求之「和域」也。因此，嵇康自能綜合這兩者，而完成其移風易俗論的完整論證。而且窺此義，嵇康似亦有由此以安排儒家式之樂論觀點的意圖，他將儒家樂論安排在第二義的層次上，而以類同莊子天籟義之主體自在自足爲其樂論的第一義，這裡當然是隱含著某種形式之判教意圖的。於此，我們亦可看到嵇康此文另一層面的用心，它還是必須回歸於「越名教而任自然」這一命題來理解的。

至此，我們應已可充分看出此文的主要思想意涵。嵇康當然用了很大的力氣，在建構其樂理的理論。不過此文真正的論題卻是在音樂如何能移風易俗上，而此一論題依嵇康的看法，它卻一定要通過主體之價值自覺，以完成向自在自足之主體自己回歸之實踐才能夠達成。這也就是說，此文的主要思想意涵，仍是一個由主體實踐而說的玄理的問題。於是我們也就證明了此文的確和〈養生論〉共同組構了「玄學的嵇康」之主要內容，這是他整體宗教意識、終極關懷中不容割裂的一部分，如〈琴賦〉之歌云「凌扶搖兮憩瀛洲，要列子兮爲好仇，餐沆瀣兮帶朝霞，眇翩翩兮薄天遊，齊萬物兮超自得，委性命兮任去留，激清響以赴會，何絃歌之綢繆」[55]，可見嵇康的確將音樂視爲養生之一本質工夫，因此，我們自也不應忽視他的基本關懷，而逕只以審美問題視之也。

然而最後我們亦仍須正視一個問題。如前所論，嵇康之樂理與玄理之間，是有根本的矛盾在，但嵇康對於此一矛盾，則似乎同樣不曾自覺。如他所說：

---

[55] 《校注》頁九十六。

且夫咸持六莖、大章韶夏，此先王之至樂，所以動天地、
感鬼神。今必云聲音莫不象其體而傳其心，此必為至樂不
可託之於瞽史，必須聖人理其絃管，爾乃雅音得全也。舜
命夔擊石拊石，八音克諧，神人以和。以此言之，至樂雖
待聖人而作，不必聖人自執也。何者？音聲有自然之和，
而無係於人情；克諧之音，成於金石，至和之聲，得於管
絃也。夫纖毫自有形可察，故離瞽以明闇異功耳。若以水
濟水，孰異之哉？[56]

這一辯論大體而言，是合於嵇康所說之樂理的，其實音聲的自然
之和，純是客觀的，它不獨不必聖人自執，其實也不必待聖人而
作。然而若從至樂所顯示的玄理一面看，則就完全是另一情況
了。我們可以說，唯聖人乃真能有至樂，因為至樂正顯示一種聖
人、至人的人格境界也。看來嵇康的確在這兩個層面間有滑轉，
以至他纏夾了我們前面所說的「樂的兩個層次」。這一纏夾依然
導源於「自然」這一概念的歧義，由此一歧義，我們已看到它造
成了嵇康兩個破裂的面向，乃至於後來的許多影響，於此則又形
成了他在樂理和玄理上的一些混淆，說來也是很有意思的。就因
一個觀念的歧義，竟爾產生了如此大的影響，恐怕也是思想史中
少見的吧！不過如果能準確把握其概念分際，則嵇康真實的創造
力還是不可掩的。但現在我們亦可再追問一點，如果嵇康真混淆
了樂的兩個層次，那麼樂的玄理這一層次又當如何落實到樂理這
一層次上來呢？甚至我們還可問，它可不可能落實到樂理層次上
來表現？就儒家言，姑不論〈樂記〉的樂理是否正確，它在第一
序和第二序上的說法，至少還是一貫的，因此其問題還不大。然

---

[56] 《校注》頁二〇八。

而在嵇康，甚至在莊子，這問題可就大了，因爲我們可追問，這世間真的會有莊子所意許的天籟之音嗎？對於這個問題，筆者必須坦白承認，我在音樂上的腹笥實在太窘，因此實在想不到其可能性在那裡，也許如林谷芳先生等可以爲我解惑吧！我亦真誠地期待天籟之音的出現。

可是，上述問題如果拉到其它藝術領域，則就有另一番天地了，於是我們將由之看到，從上述思想中所衍生出來的嵇康美學，對爾後藝術發展的重大影響。因此我們必須進至本書的最後一節。

第三節 嵇康美學及其影響

從上述討論中，我們可以看到〈聲無哀樂論〉的主要思想，固然仍必須擺在嵇康終極關懷的宗教意識上，但它無疑是蘊涵著美學意義的。現在的問題是應該如何來了解嵇康的美學？

照一般的看法，大體皆是以音樂爲核心，來定位所謂的嵇康美學，因此所討論的主要也是音樂的本體、音樂與審美以及音樂的功用等問題。筆者原則上也同意，如果將〈聲無哀樂論〉孤立起來看，則此文的大半篇幅確是在討論這些論題，然而嵇康的美學真適合只用這些論題來概括嗎？筆者以爲，就算這樣的詮釋不能說是錯的，甚至也可以引漢斯立克的說法以提供此一詮釋的論證基礎，但我們也會立刻發現此一義的嵇康美學是極爲孤寂的[57]，千古以來，幾乎沒有任何人紹述嵇康的音樂美學，這不是很

---

[57] 如李澤厚、劉綱紀等之《中國美學史》第二卷頁二七〇即云「嵇康的聲無

可怪的事嗎？假如此文早隨嵇康而湮沉，則猶有可說，但此文明明乃是流傳甚廣的「言家口實」，然則我們能想像其義居然會沉淪終古而無解人嗎？更何況，依前文的論點，若嵇康美學真只是依樂理而說的一套，則它和玄理間便存在著根本的矛盾，那麼它又如何能成爲玄學氛圍下的言家口實呢？難道這些後世的玄學論者都無法辨別其間的義理分際嗎？然則其間豈非有極難索解者？

　　關於此一問題，筆者以爲今天的詮釋者之所以會將嵇康美學理解成此一風貌，其實是不自覺地受了西方美學的影響所致。近代的西方美學，原則上乃是以美感經驗爲核心，循一條廣義的認識論路子以展開，這路子越到後來，走向越偏，甚至連美感經驗這一概念亦要取消，但大體來說，近代美學這套對反於形上學的經驗主義路數，是至爲明顯的。此一路數也深刻地影響了近代的中國美學界，如朱光潛先生在《文藝心理學》中開宗明義即云：

> 近代美學所側重的問題是「在美感經驗中我們的心理活動是什麼樣」？至於一般人所喜歡問的「什麼樣的事物纔能算是美」一個問題還在其次。這第二個問題也並非不重要，不過要解決它，必先解決第一個問題；因爲事物能引起美感經驗纔能算是美，我們必先知道怎樣的經驗是美感的，然後纔能決定怎樣的事物所引起的經驗是美感的。[58]

以朱先生在中國美學的開山地位，他這一立場的影響自然至爲深遠，儘管他的美學思想後來遭致了極其強烈的批判，甚至他本人亦逐漸修改了原初的立場[59]，然而基本上，即使是反對他的人，

哀樂論對後世的影響看來並不顯著。」

[58] 《文藝心理學》頁三。

[59] 關於朱光潛先生後期的美學思想，參見趙士林先生《當代中國美學研究概

也並未改變此一路數,比如李澤厚先生即云「美學科學的哲學基本問題是認識論問題,美感是這一問題的中心環節」[60],可見這一路數的確從根本上決定了近代中國多數美學家的思考模式。

在這樣的思考路數之下,他們當然並非不思考什麼是美這樣的問題,只是美的問題多半只成了第二義的問題而已,它主要的內容,若借用李澤厚的說法,大約即包括了「審美對象」和「審美性質」這兩類[61]。前者大概是屬於主觀面的問題,如著名的「直覺說」、「距離說」、「表現說」之類;後者則主要是指客觀面的問題,如種種由古代「偉大的理論」(The Great Theory)衍生而來的形式說之類,即使亦有由之涉及美的本體者,也大多只是由這些概念作一形而上的後返而說,因此它也並未改變上述的基本路數。於此,敏感的人當會很快察覺到,今天一般詮釋嵇康美學的思路,確實是根源於此一路數的。它們基本上認為嵇康問題的出發點乃是聆賞音樂時的美感經驗,由此以規範出在音樂欣賞中情感的地位、音樂審美的性質,以至於將自然之和推上來成為音樂的本體。然而這樣的思考路數真適合用來詮釋嵇康美學嗎?

筆者以為,如此的詮釋路數最大的問題,即在於它無可避免地會將玄理的內容排除在嵇康美學的內容之外,從而使嵇康美學和他整體思想成為一種割裂狀態。無庸置疑地,這樣的詮釋路數不可能是理想的進路,然而可不可能有一種路數足以將玄理亦涵括進其美學中呢?而若有的話,此一路數是否又會排除掉樂理的

述》頁十三~廿二。

[60] 李澤厚先生〈論美感、美和藝術〉,《美學論集》頁二。

[61] 參見李澤厚先生《美學四講》頁五十四~五十五。

部分呢？由於嵇康的樂理和玄理存在著根本的矛盾，因此這一夾
逼式的尷尬看來是不可免的，於是就詮釋言，這似乎就成了一個
選擇的問題，那麼我們究竟是要取樂理而捨玄理，以使嵇康美學
成為其整體思想中完全孤離的一部分呢？抑是取玄理而捨樂理，
以使嵇康美學喪失某方面經驗的基礎呢？就筆者而言，如果事實
上並不可能有真正理想的詮釋進路，則我是寧取後者的，這原因
除了上面已述明的理由外，更是由於唯有如此我們才能為此後的
藝術發展，找到思想上的來源的原故。以此，我們現在必須考量
的乃是有沒有一種進路，來將玄理結合進嵇康美學之中呢？

　　純美學地說，這個時候的重點當然不能再是以美感經驗為核
心了，因為玄理涉及的是主體的自身，而不是什麼現實之對某對
象的美感。那麼我們要從美學的那一層面來考量此一問題呢？筆
者以為李澤厚先生對「美的本質」這概念的提法，是很值得參考
的[62]。他將這一概念視為是「審美對象」、「審美性質」之外的
美的第三個含義，他說「如果要問這些審美性質是為何而來的，
美從根源上是如何產生的，亦即美從根本上是如何可能的，這就
是美的本質問題了」[63]，由此可見，美的本質和審美性質等根本
不是同質的概念，審美性質的意思是針對美感這個概念而發的，
但美的本質所直接追問的則是「美是什麼」？我們如何可以規範
性地認識美？李先生云：

　　　　所謂「美的本質」是指從根本上、根源上、從其充分而必
　　　　要的最後條件上來追究美。所以，美的本質並不就是審美
　　　　性質，不能把它歸結為對稱、比例、節奏、韻律等等；美

---

[62] 同上，頁五十七～六十五。

[63] 同上，頁五十四。

> 的本質也不是審美對象，不能把它歸結為直覺、表現、移
> 情、距離等等。[64]

這也就是說，美的本質這一追問必須迫使我們進入到一個古老的、由柏拉圖即已開始的哲學問題裡去，去問「美的本身」是什麼。當然，如所週知的，這類問題在分析哲學的潮流中，早被當成是一個假問題而取消掉了，然而無論這個問題在語言上是多麼地不嚴格，可是它作為一個緊密地牽繫著生命內涵的問題，則恐怕並不是那麼容易被取消掉的。因此筆者原則上仍贊成必須追問此一問題，而且也認為李澤厚先生的追索方法，對於解決本文的問題，有很重要的參考價值。

關於「什麼是美」這個問題，一直是十九世紀上半葉以前西方美學最核心的問題，而它的解答大體是連繫著一套形上學系統的，因此它或者是一個理型（Idea），或者是個絕對理念，或者是無目的的合目的性等等。像這樣林林總總而又莫衷一是的解答，當然會使人產生無比的困惑，究竟那個是對的呢？在這些解答中，坦白說它們固然都也持之有故，言之成理，但若換個角度看，這些概念也幾乎都是無從證實也無法否證的。以此，筆者乃以為李澤厚先生的規範性說法，有一種特殊的意義。

李先生的說法，基本上是來自馬克斯《一八四四年經濟學－－哲學手稿》中「自然的人化」這個概念。這個概念在大陸的美學界，可以說具有基石的作用，不過李先生大概是最能發揮此一概念，並賦予它新義的了[65]。他說：

---

[64] 同上，頁五十四～五十五。

[65] 參見趙士林先生前引書頁四十五～五十一。

在我看來，自然的人化說是馬克斯主義實踐哲學在美學上
的一種具體的表達或落實。就是說，美的本質、根源來於
實踐，因此才使得一些客觀事物的性能、形式具有審美性
質，而最終成為審美對象。這就是主體論實踐哲學（人類
學本體論）的美學觀。[66]

他在這裡引進了一種特別的實踐義，並由之以經驗地證實「自然
的人化」作爲美的本質，其意義所在，這是必須注意的。因爲按
照這樣的論證，他將有可能爲此一規範性說法奠定更合理的基
礎，而不必只停留在形而上的玄想中[67]。

　　不過，筆者在肯定李先生的說法之餘，也想簡單地指出，從
自然人化的社會實踐義，來建立主體論實踐哲學的美學觀，恐怕
還是有大問題的。這問題簡單說只是一點，即任何意義的社會實
踐若不以存在的實踐爲前提，必將導致主體的無窮異化，從而也
就將導致主體論實踐哲學的崩解，如此自然也會導致美的本質之
規範的落空。關於這點，詳細的論證自然是必要的，不過限於本
文題旨，因此筆者並不擬在此多費筆墨，我只想引述拙作《儒家
圓教底再詮釋》中的一段說法，在該段說法中，筆者所針對的雖
是哈伯瑪斯，但問題則是完全一致的。拙文云：

一個通過溝通論辯而來的道德原則，固然可以在無強制的
狀況下爲我所接納，但哈伯瑪斯所謂的無強制，是指在溝
通過程之內外，皆不存在任何或隱或顯的壓迫性力量，然
而我們仍可問，即使任何造成「扭曲的溝通」的宰制性力

---

[66] 《美學四講》頁五十七。

[67] 李澤厚此義請詳見其〈美學三題議〉（《美學論集》頁一六〇～二〇
　一），《批判哲學的批判》頁五二二～五三一。

量皆拿掉了之後，我就真是真心誠意地接納了這一義務，而「由仁義行」了嗎？這裡會不會仍存在著某種如海德格所謂的「常人的宰制」，因而使我們僅只是以「閒談」、「好奇」之類的存在狀態在參與此一論辯過程呢？也就是說扭曲的溝通並不僅僅來自於意識型態的宰制，或是超我對本我的壓抑，它也可以是向來屬己的在世存在之於日常狀態下的沉淪，沉淪而為一個非任何主體意義的「常人」，每個人都是「他人」。[68]

依此一論證，則社會實踐的主體儘管可以試圖努力逃開各種宰制，但他在面向主體本真之自己時，仍是很容易異化的。若是如此，則李澤厚先生恐怕便得再進一步考慮一下，從「自然的人化」來建立主體論實踐哲學的妥適性。

因此，筆者打算針對李先生的說法，作一些簡單的修正。原則上，筆者仍然同意必須由主體論實踐哲學上來建立美的本質，因爲唯其如此，才可使此一討論脫離形上系統的羈絆，而使美的本質可以通過實踐以證實。但我不以爲自然人化之實踐，乃是美的本質之第一義說法，因爲這一實踐仍須依本於主體存在地向本真之自己回歸的這樣一個條件，所以美的本質之更根本說法，恐怕便必須落在「主體之向本真的自己回歸」這樣一個存在的實踐上。於是我們可說，什麼是美呢？美即是主體之回返於本真的自己之謂也。

以上，筆者以極其簡略，並幾乎略過所有論證的方式，交待了美學可以有的另一種思考進路。我們兜了這麼一個圈子，至此，筆者的意圖當已可清楚地表達出來了，亦即就美學的意義而

---

[68] 《儒家圓教底再詮釋》頁二八三。

言，嵇康的玄理也恰好表達了美的本質；換言之，我們也就依著此一新路數，結合了嵇康所說的玄理，而完成對其美學的另一類新詮釋。誠然，由於美的本質和審美性質、審美對象是不同質的概念，因此對美的本質即使作出了如此具規範性的規定，也並不代表它可同時對審美性質等作出規定，這也就是說，此義的嵇康美學的確不一定能將樂理的部分涵括進去，如此自然是個遺憾。不過，如果純從美感上來看，這問題倒也可以有另外的觀點，何以言之呢？

　　如果我們承認嵇康在樂理的部分，和漢斯立克的思路有相當的一致性，那麼我們便也得注意到他們之間一項重要的差別。如前所述，漢氏固然採取了一個純客觀主義的觀點，但這並不表示漢氏反對音樂和情感有重要關係，這就如《里曼音樂辭典》所說的「音樂的內容就是樂音的運動形式這句富有才思的誇張話，並不是要把情感從藝術創作和藝術作品的效果中排除出去；它反對的寧可說是把情感錯誤地牽扯到科學中去，即牽扯到對音樂創作規律的科學認識中去」[69]。漢氏此一觀點和嵇康也是一致的。然而依如此的觀點，我們應如何看待情感在音樂中的正確位置呢？漢氏對此曾有一段描述說：

　　　演奏者能夠通過他的樂器把當時正控制著自己的情感直接表露出來，在他的演奏中注入他內心的狂風暴雨、熾熱的渴望、活潑的力量和歡樂的情調。親切的體內感覺通過我的指尖直接把內心的顫慄傳向琴弦或拉響著弓弦，或者在歌唱中唱出聲音，使我的情調能夠在演奏中按照個人最獨特的方式傾吐出來。主觀精神在這裡直接化為樂音，產生

---

[69] 漢斯立克前引書附錄二，頁一二九。

> 聲響的效果，而不是默然地用樂音來塑造形式。作曲家的
> 創造是緩慢的、間歇性的，演奏家是不停的、一氣呵成
> 的；作曲家是為了永恆，演奏家為了滿溢的頃刻。樂曲是
> 被塑造的，演奏是被我們體驗的。音樂在再現中表現了情
> 感的流露和激動的一面，它把閃電式的火花從神祕的深處
> 招引出來，使之飛躍到聽眾的心上。[70]

大概有專業性樂器演奏或聆賞經驗者，皆會同意此一描述。這種
情感當然不一定有現實的牽聯，也就是說它並不同於我們一般所
說的情緒活動，而音樂的美感也就在這種內心的顫慄、情感的滿
溢中湧現出來。它也許可以是平和的，但也可以是暴烈的、熾熱
的、沉鬱的等等，不一而足，這就呈現了多類的美感。然而，嵇
康在對演奏乃至聆賞之描述中，固亦承認樂音和一類特殊情感的
關聯，如云：

> 齊楚之曲多重，故情一；變少，故思專。姣弄之音，挹眾
> 聲之美，會五音之和，其體贍而用博，故心侈於眾理。五
> 音會，故歡放而欲愜。然皆以單、複、高、埤、善、惡為
> 體，而人情以躁靜專散為應。譬猶遊觀於都肆，則目濫而
> 情放；留察于曲度，則思靜而容端。此為聲音之體，盡於
> 舒疾；情之應聲，亦止於躁靜耳。[71]

他以樂音之舒疾和情感之躁靜對舉，這說法和漢斯立克並無不
同，情之躁靜，依嵇康的用法，它和喜怒等情緒活動並不相同，
原則上它是直接關聯著美感的情感。可是，當嵇康在進一步描述
音樂的美感時，卻又不由躁靜上論，這是很可怪的。他把這些躁

---

[70] 同上，頁七十三。

[71] 《校注》頁二一六。

靜之情，同收之於「和」這一個美感之上，所謂「曲變雖眾，亦
大同於和」是也。這意思在〈琴賦〉中亦有更意象化的描述。
〈琴賦〉在描繪了曲變與種種情感之牽繫後，卻也並不由這些情
感上來說美感，而卻說「非夫曠遠者，不能與之嬉遊；非夫淵靜
者，不能與之閑止；非夫放達者，不能與之無吝；非夫至精者，
不能與之析理」[72]。這裡仔細想來，寧非可怪嗎？音樂的美感何
以只能與某一類特殊人格姿態者共享呢？這就美感言，坦白說，
是說不通的。而如果我們一定要給它一個解釋，則恐怕嵇康所理
解的音樂的美感，根本就有另外一個來源，亦即它根本就是來自
於玄理，而非音樂本身。這主要是因為如果我們把「主體之回返
於本真的自己」規範為美的本質的話，由此一美的本質之實踐，
它本身就會由主體中流露出一種自在的人格美感，這也就是所謂
「曠遠、淵靜、放達」之人格美感，而這不正可解釋嵇康之以和
為最根本之美感的原故嗎？平心而論，這裡的確顯示了〈聲無哀
樂論〉基本論點之不一貫，但也暴露出了一點，即嵇康之美學的
確是比較適合用筆者之新路數來詮釋的。

　　如前文所說，筆者之所以考慮依此路數以詮釋嵇康美學，尚
有一個重要理由，亦即我們可以因此而找到此後藝術發展的思想
來源。關於這個問題，所涉及的層面自然甚廣，也遠非本文所能
及，為免旁生枝節，筆者擬僅針對決定魏晉以後藝術發展－－主
要是繪畫與文學－－的兩個主要概念，也就是「神」與「氣」這
兩個概念，作一美學上簡單的勾勒。徐復觀先生曾將這些概念的
發展，歸本於莊子精神，並以為竹林名士的風度，扮演了最重要

---

[72] 同上，頁一〇四～一〇五。

的銜接角色[73]。筆者以爲徐先生此一觀察自有其敏銳處，然似乎
猶嫌粗略了一些，若就美學思想之流衍言，則不得不歸本於嵇康
之創造性貢獻也。以下，我們即先針對神與氣之美學牽聯作一概
念史的考察，以明其內涵上具有的關鍵性意義的轉變。

關於神與氣這兩個概念的美學牽聯，顯然必須由曹丕《典
論‧論文》說起。曹丕是第一個將氣這個兩漢最流行的概念引入
文學理論的人。就概念史言，氣概念的來源自然甚早，而在兩
漢，這概念更被發展到最高峰，兩漢人大抵以它來表達大宇宙以
至小宇宙一切生機之源，曹丕則正是立基在此義上，而進一步將
之推衍到文學上。所謂「文以氣爲主」，乃至於說徐幹有「齊
氣」[74]，以及〈與吳質書〉說劉楨有「逸氣」等[75]，依郭紹虞的說
法云：

> 此數節中所言之氣，兼有兩種意義。所謂「氣之清濁有
> 體，不可力強而致」者，是指才氣而言；曰「齊氣」曰
> 「逸氣」云者，又兼指語氣而言。蓄於內者為才性，宣諸
> 文者為語勢，蓋本是一件事的兩方面，故亦不妨混而言
> 之。[76]

則曹丕之意亦甚簡單，即文章體勢實受才性所左右，吾人亦可因
此而形成一個基本的審美範疇，而此一範疇亦幾乎可直接聯繫於

---

[73] 參見徐復觀先生《中國藝術精神》頁一五○～一五七。
[74] 《全三國文》卷八，葉十～十一，《典論‧論文》。
[75] 同上，卷七，葉六，〈又與吳質書〉。
[76] 郭紹虞先生《中國文學批評史》頁七十七。

清議式的人物品鑒，於是郭紹虞乃云「丕、植則不過應用此觀念（即清議之人物臧否）以論文學而已」[77]。

　　類似這樣，將氣引爲一個審美範疇者，幾乎已成爲當時的風氣，如劉劭也是個顯著的例子。他說：

> 物生有形，形有神精；能知精神，則窮理盡性。性之所盡，九質之徵也。然則平陂之質在於神，明暗實在於精，勇怯之勢在於筋，彊弱之植在於骨，躁靜之決在於氣，慘懌之情在於色，衰正之形在於儀，態度之動在於容，緩急之狀在於言。[78]

我們必須注意這段話中所涉及的幾個概念，即形與精神。如果照漢人習用的說法，這裡實有一種二分的關係，形乃指外表之樣態，精神則指內在的質性；《淮南子・原道》云「夫形者，生之舍也；氣者，生之充也；神者，生之制也」[79]，此一說法實即後來「形」與「精氣神」二分之所本，寖假逐爲道教之徒言養生之主要概念。照道教的說法，精氣神實爲同質而不同層者，此義我們在前文中已曾看過，亦即精乃指精血而言，氣則指人之氣息生機，神則尤指氣之清通言，如說人之神采也；這是一種比較偏於生理性的說法，而劉劭顯然也是借用了這個說法。因此，孔才所謂的九徵，前五者顯然屬於內，後四者則屬形、屬外。就前五者言，它大約即配比著金木水火土之「五物」而說，所謂「金筋、木骨、水血、火氣、土肌」是也。這五者可廣義而說爲氣，劉劭

[77] 同上，頁七十九。

[78] 劉劭《人物志》〈九徵〉第一，頁四。

[79] 《淮南子》卷一，頁十七。

云「容之動作，發乎心氣」[80]，表示所有容動皆由心氣而發，其實即是由五物而發；由心氣而細分，遂成筋骨氣肌血，或說是筋骨氣神精也。既然容動之形皆由心氣發，故云「形有神精；能知精神，則窮理盡性」，這表示精氣神也成了人格品鑒的主要概念。劉劭這樣的用法，很難說不是受到了曹丕的啓發，只是曹丕乃是將氣當成一個文學的審美範疇，而劉劭則是將精氣神當成一個人格美的審美範疇而已。這一現象自然是值得注意的。

關於劉劭這一用法，筆者以爲有一點必須特別提出來討論的，就是精氣神之同質性這個問題。當精氣神發展爲人格品鑒之主要概念時，它亦即由原來較偏於自然生理性的意義中，加添進了一些先天之人格質性的內容，於是我們乃能在後來的人倫鑒識中，看到了諸如「精神」、「神氣」、「骨氣」、「風神」之類的說法。而一般來說，就如神、氣之原意――即神乃指氣之清通言――當它用到人格品鑒之中時，神和氣的用法往往也有相應的表現，即氣由一種生命之生機而轉成人格質性之向度，而神則由生機氣息之清通而轉成由人格質性所透映出之人格神采。它們的用法儘管微有不同，但皆是指先天人格質性之範疇則無疑。而這些概念之於魏晉人倫鑒識中所起的主導作用，則是有目共睹的。按照這樣的理解，則筆者必須指出，徐復觀先生所謂「當時藝術性的人倫鑒識，是在玄學、實際是在莊學精神啓發之下，要由一個人的形以把握到人的神；也即是由人的第一自然的形相，以發現出人的第二自然的形相，因而成就人的藝術形相之美」[81]，這說法其實是不正確的。因爲人倫鑒識之由形以把握神，乃是依形

---

[80] 同注七十八，頁三。

[81] 徐復觀先生前引書頁一五七。

與精氣神之二分而來，因此人格品鑒之神乃是一個先天人格質性
之範疇。但莊子之說神或精神，如我們前文所曾提及的〈刻意〉
篇之說法，它乃純是由「主體實踐」義上而說，所謂「平易恬
淡，則憂患不能入，邪氣不能襲，故其德全而神不虧」是也[82]，
這和人倫鑒識之說神，顯然乃是絕對不能混同的兩回事。

　　然而神、氣之作爲人格美的審美範疇，其意義亦在變化中，
其中最値得注意的幾個變化，首先乃是顧愷之的說法。《世說‧
巧藝》云「顧長康畫人，或數年不點目睛。人問其故，顧曰：四
體妍蚩，本無關於妙處。傳神寫照，正在阿堵中」[83]，這段有名
的典故，實標識著由人倫鑒識之審美的直接跨入藝術創作中。就
這點言，顧愷之的藝術創作理念基本上完全本於人格品鑒的原
則，並無任何踰越。傳神固亦必須本於形，但神乃是內在之質
性，因此它必須通過特殊的藝術營造，乃能顯現出來，此即所謂
「以形寫神」。不過無論如何，此處所謂的神終還是一個客觀的
範疇，也就是說顧愷之並沒有直接更動由人倫鑒識而來的神的意
義。但由於他所從事的，畢竟已不是直接的人格品鑒，而是藝術
創作；既是藝術創作，則神之捕捉往往就不能如人格品鑒所作的
較客觀之品賞，而必須有藝術家更多的主觀參與。因此，我們必
須注意到他的另一說法：

　　　　凡畫，人最難，次山水，次狗馬，台榭一定器耳，難成而
　　　　易好，不待遷想妙得也。[84]

---

[82]《莊子集釋‧刻意》頁五三八。

[83]《箋疏》頁七二二。

[84] 張彥遠《歷代名畫記》卷五葉七引顧愷之《魏晉勝流畫贊》。

所謂「遷想妙得」這一原則，究竟該如何理解，固可有爭論[85]，但保守些說，它至少表示了顧愷之已注意到了藝術創作中，無可避免之主觀參與的問題。

顧愷之這一想法，固然並未直接牽動到神、氣意義的改變，但我們如果由「遷想妙得」直接聯繫到劉彥和「神思」的說法上，便會看到其間一些變化的軌跡了。《文心》之強調神思，並以之為創作之首要原則，所謂「文之思也，其神遠矣。故寂然凝慮，思接千載；悄焉動容，視通萬里。吟詠之間，吐納珠玉之聲；眉睫之前，卷舒風雲之色；其思理之致乎」，這無疑是相當強調藝術家主觀參與藝術形象之創造的論點，此一論點推至其極，即是「思理為妙，神與物遊」也[86]。而值得我們注意的是，神的意義已完全轉從藝術家的主觀面來說了，這當然和顧愷之「傳神」的用法是不一致的。

然而筆者以為，由顧愷之到劉勰的發展尚不是最值得關注的，更重要的則是由顧愷之到宗炳的發展。也就是由「傳神」到「暢神」的差別。我們都知道，中國的山水畫和山水文學，乃是一脈而生的，它們幾乎也就誕生於此時。就山水畫言，無論是創作還是理論，顧愷之當然都是重要人物，他的〈畫雲臺山記〉，一般都以為乃是山水畫論之祖。但平心而論，顧愷之對山水畫的定位，和後世對山水畫的看法，其實尚有一段差距，這就如同謝

---

[85] 關於此一爭論，有人引「移情說」來解釋，有人則以形象思維說之，詳參林同華先生〈論顧愷之及其繪畫美學思想〉，《中國美學史論集》頁八十一～八十三。

[86] 以上兩段引文，見楊明照先生《文心雕龍校注》頁一九五。

靈運的山水詩和陶淵明的對比一般[87]。然則何以會如此呢？關於
這點，如果純就畫論而言，其實是不難理解的。依照顧愷之「傳
神」的論點，他在〈畫雲臺山記〉中所經營布置的山水之形，乃
為了顯示一種峻偉奇險、幽遠而神祕之「神」，但這個神亦並非
山水本身之神，而是為了烘托畫面主角張天師之神。換言之，顧
愷之儘管已充分明瞭山水經營之妙，但他在山水上之遷想妙得，
卻仍只是將之視為人物畫之附庸，並以之來傳人物客觀之人格神
采而已。這當然尚未能使山水畫取得獨立的地位。

　　以此之故，我們乃有必要特別揄揚宗炳對山水畫的思想。就
山水畫而言，它自亦有形似之一面，〈畫山水序〉云「今張綃素
以遠映，則崑閬之形可圍於方寸之內。豎劃三寸，當千仞之高；
橫墨數尺，體百里之迥。是以觀畫圖者，徒患類之不巧，不以制
小而累其似，此自然之勢。如是則嵩華之秀，玄牝之靈，皆可得
之於一圖矣。」[88]但宗炳所主張「患類之不巧」的形似，所謂
「以形寫形，以色貌色」者，卻並不是以形似為山水畫追求的目
標；他也並不特別強調通過畫家主觀「遷想妙得」、「神思」式
的經營布置，以由形似以寫山水之神。相反地，宗炳對山水之形
似的了解，乃是「旨徵於言象之外者，可心取於書策之內」，也
就是通過形似以追求那在「言象之外者」。這樣的思考當然有些
奇特。很顯然地，形似和言象之外者，這兩者乃是異質性的東

---

[87] 如徐復觀先生即指出，顧愷之此作只是以雲臺山作為張道陵超度門人故事
之背景，而非著眼於「雲臺山自身之意味」，故算不得是真正的山水畫
論。參見其前引書頁二三七。〈畫雲臺山記〉見《歷代名畫記》卷五，葉
九～十。

[88] 《全宋文》卷二十，葉九。下文所引段落亦同，不另注明。

西；換言之，山水畫的目標根本就不在山水之形內，那它的目標
在那裡呢？宗炳云：

> 夫以應目會心為理者，類之成巧，則目亦同應、心亦俱
> 會；應會感神，神超理得，雖復虛求幽巖，何以加焉？又
> 神本亡端，栖形感類，理入影跡，誠能妙寫，亦誠盡矣。

這是一段甚富思理的文字。依此說，山水畫之「類之成巧」，也
就是山水的形似，可以引起人之應目會心，進而足以「感神」，
但何謂感神呢？他說「雖復虛求幽巖，何以加焉」，則所謂的感
神之神顯然已脫離了形，而成為一個獨立的東西了。它就是由形
之應目會心所欲求之理，這個理是飄忽的，形只不過是其寄託處
而已，故云「神本亡端，栖形感類，理入影跡」也。那麼這個神
究竟應如何理解呢？它是個什麼樣的理？於此，我們乃必須特別
注意「神超理得」這句話，亦即神是通過超而出現的，超什麼
呢？消極地說，當然是指超於形，但超於形而入於什麼呢？關於
這點，宗炳其實有明白的表示，他說「山水以形媚道」，而此道
即「聖人含道應物」之道，也就是「凝氣怡身」之道，換言之，
神是在超越於山水之形而入於凝氣怡身之道中出現的。由此而
言，整個山水畫所追求的目標，乃根本就不是客觀的山水，而是
必須由山水異質性地跳躍進畫者另一層次的追求，也就是實踐地
完成凝氣怡身之境界。然後，宗炳說，此一實踐乃是通過「澄懷
味象」而達致的，然則這不就和莊子乃至嵇康所說的養神之義管
歸一路了嗎？因為真正的「澄懷」，必是「愛憎不棲於情，憂喜
不留於意」之主體實踐工夫也。

　　據上所論，則宗炳顯然已認識到了，山水畫所追求的，既非
形似的美感，也不是要以形來寫神，而是越出山水之外，以追求
主體的澄懷境界，他即將此一追求稱之為「萬趣融其神思」、

「暢神」，如是，則宗炳所說之神，寧非即指主體而言了嗎？毫無疑問的，這是神之意涵在美學牽聯上的關鍵性轉變。對比而言，顧愷之所說之神，仍不悖於人倫鑒識所說的一種客觀人格質性義之神；而劉勰所說神思之神，雖已開始強調主觀性，但只是在指出藝術家對創作的決定性地位，因此它和前者原則上仍是在審美的意義上說的。但宗炳所說之神，則顯然已不再能從審美的意義上說了，如果依照前述對審美對象、審美性質和美的本質之區分，則宗炳顯然將山水畫之神規範在美的本質這一層次上，這就山水畫論言，當然是一個重要的里程碑。

　　以上我們大抵是就神這一概念的美學牽聯而說其發展，而氣這一概念的發展其實亦有類似處。氣這個概念的美學牽聯，從曹丕、劉劭開始將它確立為文學和人格美的審美範疇起，即一直指謂著客觀、先天的人格質性，以及由之而引起的文章體勢。此義大抵通貫於諸如《文心》、《詩品》等文學批評中，而無本質的變動。郭紹虞云「至混合作者才性與文章體勢而未易分別指出者，則劉勰文心所指出的神與氣二字是」[89]，這大體是正確的。而就氣這一概念的發展言，比較上更值得注意的，恐怕要屬於謝赫的說法了。在中國的畫論中，「謝赫六法」是擁有典範地位的。這六法中，撇開技巧性的問題不談，則大概就以「氣韻生動」這一法具有最重要的地位[90]。那麼何謂「氣韻」呢？關於這個問題，徐復觀先生曾有相當精闢的考證，依其論點，「韻和骨

---

[89] 郭紹虞先生前引書頁一二四。

[90] 這六法出於謝赫《古畫品錄》，包括「氣韻生動、骨法用筆、應物象形、隨類賦彩、經營位置、傳移模寫」，（文見《歷代名畫記》卷一，葉十五），後五法大概皆就技巧問題而言。

氣之氣一樣，都是直接從人倫品鑒上轉出來的觀念，是說明神形
合一的兩種形相之美」[91]，亦即氣和韻原則上乃是兩個概念，當
然若論其語源，它們應該都還是從氣分化出來的，而此一分化，
大抵乃以氣特指人格之力度，而以韻指人格之流暢度言，故在人
倫鑒識上，氣多與骨連言，韻則多與風連言也。也大概就因此一
分化，謝赫乃可將之轉而論畫，而一方面以之指謂畫之力度與流
暢，亦可由之而指謂畫面主題（案：主要還是以人物畫為主，氣
韻一詞，一直到唐張彥遠《歷代名畫記》，還只是用來品評人禽
鬼神之類）之品格。以此而言，則氣韻生動一原則確實類乎顧愷
之的傳神說，鄧椿和楊維楨的說法並不謬也[92]。但就像宗炳對神
這一概念的發展，我們在氣這一概念的發展中，也可看到同樣的
軌跡。荊浩在〈筆法記〉中云「畫者畫也，度物象而取其真。物
之華，取其華；物之實，取其實。不可執華為實。若不知術，苟
似，可也；圖真，不可及也……似者得其形遺其氣，真者氣質俱
盛」[93]，此一說法和宗炳之辨山水之形神，實有異曲同工之妙。
而圖之真如何能得呢？荊浩云「嗜欲者生之賊也，名賢縱樂琴書
圖畫，代去雜欲」，則要入圖之真，不也和宗炳說「澄懷味象」
一致嗎？荊浩以六要－－即氣韻思景筆墨－－來取代謝赫六法，
表面上頗有雷同處，但氣之一字實如宗炳之說神，已轉出主體實

---

[91] 徐復觀先生前引書頁一七八。

[92] 鄧椿《畫繼》論畫之一法「曰傳神」，復云「畫法以氣韻生動為第一」，
楊維楨〈圖繪寶鑑序〉云「傳神者，氣韻生動是也」。二說轉引自徐復觀
先生前引書頁一六○、一六二。

[93] 關於荊浩〈筆法記〉，徐復觀先生有一詳細之考證及校勘，此處及下文所
引文字，俱本於徐先生之校勘。參見其前引書頁二七六～二九九。

踐之意味，可見其中自有一定之思理也。然以此義之轉折較晚，
故不擬細論。

　　茲再回到宗炳之論神。嚴格言之，他之所以會用此一角度來
規範山水之神，其直接的來源，當然來自於他的佛學思想。宗炳
在〈又答何衡陽書〉中云：

> 夫火者，薪之所生；神非形之所作，意有精麤。感而得
> 形，隨之精神；極則超形獨存，無形而神存，法身常住之
> 謂也。[94]

依此說，宗炳顯然是主張神不滅的，而神即是法身。這思想就佛
學言是否妥當，姑且不論；但可以確定的是，宗炳此說大約是依
本於慧遠的說法。慧遠曾云「夫神者何耶？精極而為靈者
也。……神也者，圓應無生，妙盡無名，感物而動，假數而行。
感物而非物，故物化而不滅；假數而非數，故數盡而不窮」[95]，
此一典型的神不滅論，在慧遠辯破心無義後，是很聳動一時的。
必須注意的是，慧遠此義未必合於內典，據《高僧傳》所載，遠
公本即是格義之大師，〈慧遠傳〉云：

> 年廿四，便就講說。嘗有客聽講，難實相義，往復移時，
> 彌增疑昧。遠乃引莊子義為連類，於是惑者曉然。是後安
> 公特聽慧遠不廢俗書。[96]

可見慧遠是喜以莊子義為連類的，這一格義的作法，如僧叡云
「格義迂而乖本，六家偏而不即」[97]，看來慧遠以形盡而神不

---

[94] 《全宋文》卷二十，葉七。

[95] 《全晉文》卷一六一，葉十一，慧遠〈沙門不敬王者論・形盡神不滅五〉
之語。

[96] 慧皎《梁高僧傳》卷六，頁一三六。

滅,的確是較合道家義,而遠於性空之旨的,神若不滅,如何還
能說緣起無自性呢?據此,則我們也實可說,宗炳之義的源頭,
其實還是得回到玄學中來索解。然則宗炳以主體實踐的方式來說
神之美學意涵,我們若不連繫於嵇康的美學,又到那裡去尋找源
頭呢?

　　於是,我們乃由此看到了嵇康美學的一項重大影響。在中國
的文論、詩論、乃至畫論,宗炳的思路無疑是具有典型意義的,
以此而言,嵇康美學更幾乎滲透到了後世各層面的藝術發展中,
這恐怕也是嵇康所始料未及的吧!他原想在養生這一論題上發展
其終極關懷,結果此途倒是聲光甚晦;但沒想到他將在養生論上
所悟得的智慧,轉用到美學的層面上,卻也並不是在他最關心的
音樂上,而是在其它藝術上大放異彩,這大概是中國思想史上最
讓人啼笑皆非的案例了。但無論如何,筆者還是必須在本文的最
後說,嵇康儘管有不成熟處,但作為玄學史上最富原創力,也最
有影響力的思想家,他應該是當之無愧的。

---

[97] 僧叡〈毗摩羅詰提經義疏序第十四〉,《大正藏》卷五十五,《出三藏記
　　集》卷八,頁五十九。

結 論

　　誠如本書前言所已指出的，對知識分子而言，魏晉時期實在是個再好不過，也再壞不過的時代了。往好的一方面說，由於士族不但分享了政權，甚至進而擁有了政權，於是它乃在理論上形成了一種機會，讓文化理想和世俗政權得以緊密結合。這一機會，如果放眼於整部國史，乃至是世界歷史，它都是極其罕見的，甚至是唯一的一次良機。如果照艾森希塔（S.N. Eisenstadt）的說法，知識份子群體作爲「超越俗世」理想的擁有者，它與俗世之間恆存在著一種基於「救贖」之擔負而生的緊張關係[1]，則魏晉時期真的是一次消解此一緊張，讓俗世成爲某種文化理想完全的展現所之歷史契機。說實在的，這真是知識份子群體展現其文化創造力的一個千載難逢的良機。

　　然而歷史事實卻很不幸地告訴了我們，魏晉的士族顯然並未掌握此一歷史契機。我們看到，「名教」作爲知識份子長期醞釀而成的文化理想，卻在它最應展現其文化創造力時，迅速地墮落成了比之俗世更庸俗的意識型態。於是，當文化的理想只成爲一種文化的傲慢時，士族政治往往成了一種更形封閉的權力壟斷，而這一壟斷卻又得以假理想之名爲之，這誠然是最大的不幸。在這樣一個大環境下，坦白說，知識份子鮮少是不扭曲的。於是我們可以看到魏晉乃至南朝的知識份子，一方面擁有著最幽雅的文化生活，在駢四儷六中享受著最豐富的文化饗宴，但另一方面，

---

[1] 參見艾森希塔〈知識份子－－開創性、改造性及其衝擊〉一文，《中國歷史轉型時期的知識份子》頁一～九。

在制度的建構上，乃至在更深沉的文化理想創發上，卻幾乎交了白卷。因此，我們也或者可以這麼說，魏晉時期的黑暗其實並非來自於異族的入主中原，而根本就來自於士族本身，這一事實誠然是有著絕大之諷刺意味的。陳寅恪先生每歎賞於此一時期文藝創作之自由[2]，我們當然可以同情他夫子自道的心境，但卻也不得不指出，當時的自由恐怕正如同維多利亞時期英國上流社會的幽雅，但誰又知道當時下層人民的血淚呢？

以此原故，處理魏晉時期的思想和思想家，乃有一根本的艱難，我們不得不正視他們的扭曲，同時也必須了解，他們的扭曲並不能解釋為單純的「政治壓迫」，因為他們並不是處於和政權相對立的地位，也不只是被吸納於官僚體制的一員，而根本就是各個統治集團的成員。在這狀況下，當他們遭遇到政治上不公平的對待時，往往只表示了他們在奪權鬥爭中的失敗，而並不能皆解釋為政權對知識份子的壓迫與摧殘。於是這便帶來了一種處理上的迷霧，一種來自其思想之意識型態性的迷霧。我們應如何謹慎地撥開這重迷霧，而看到他們思想的原創性，這遂成為處理技巧上絕大的挑戰。筆者必須再次指出，本書之所以要採取玄學史的角度來切入嵇康思想的兩個側面，正是源自於此一考慮，我必須不斷來回撥除嵇康思想中，來自於意識型態性的干擾，然後始能看出其思想之較純粹的面向。我自問此一方法上的自覺，乃是本書有進於其它玄學著作，而足以展現出一些特點的地方。

為此，筆者乃有了一個較為特別的結構。我們整個的解析工作，乃是從嵇康對「自然」一詞的歧義性用法開始。筆者概括了嵇康對此詞之兩組四個用法，其中一組關聯於無執無為之工夫

---

[2] 參見陳寅恪先生《寒柳堂集‧論再生緣》一文頁六十五。

義，另一組則大抵是順漢儒所表示的氣化自然義。筆者以爲嵇康
思想中意識型態的煙霧，正是假後一組的自然義之混入前一組自
然義而生的，因此我們乃有必要將這兩組分開處理，並以此而描
述自然、名教之爭的兩個面向，亦即意識型態的面向和純粹思想
的面向，這兩個面向也就同時代表了嵇康思想的兩個面貌，我即
名之曰「歷史的嵇康」和「玄學的嵇康」。

　　其中，歷史的嵇康之內容是假才性論的命題而展開的。事實
上，魏晉時期的才性論根本就只是政治性的命題，所有才性論的
不同立場，其實只是不同政治立場和不同社會階層的反映。此一
論題由九品中正這一選舉制度所實際涉及的不同社會階層之利益
衝突而引發；表面上它是在討論才能與性行的關係，實則涉及中
正品評時，品與狀的優先順序問題，這一順序則實際牽涉到士族
與寒門的政治利益。而在文中，筆者以爲嵇康亦涉足了此一爭
論，同時嵇康正是在這一爭論的脈絡中，採取了純自然主義的立
場來爲自己的才性論辯護，並進而以之攻擊名教。換言之，所謂
「歷史的嵇康」，其本質乃是政治性的，他通過這一面的思想來
武裝其政治立場，他假「自然」之名構造了另一套意識型態的說
法，以與「名教」這一意識型態相頡頏。但嚴格說，嵇康這一面
的說法，若離開了意識型態的功能，則並不具有什麼意義；因
此，我亦說「歷史的嵇康」實際上乃是嵇康思想中一個比較負面
的部分。

　　至於嵇康思想中比較有正面價值的部分，也就是「玄學的嵇
康」的部分，它乃來自於另一類的問題意識。爲說明此義，筆者
曾區別了嵇康和何晏、王弼的問題意識與哲學進路，我以爲何王
之學基本上並未離開漢儒的問題意識，他們只是繼承於楊雄之學
而完成了典範的轉移而已。但嵇康的另一類問題意識，則來自於

他對道教的信仰。不過，道教的信仰固然喚起了嵇康的宗教情感，但他對道教之養生求仙信仰實採取著相當存在式的批判態度；他將道教由精氣神之鍛鍊而說的長生工夫，轉換成了由某種價值主體之向自足自在之自己回歸的意義實踐活動，以此而為自己找到了信仰的定位點。這一轉換也同時使他接上了莊子的哲學思路，並進而為這一思路創造了一個宗教的面向。也即由此，我們看到了「玄學的嵇康」之主要內容。

然而就整個玄學思想史的角度來看，嵇康固然是竹林玄學的主要領袖人物，但一方面由於竹林七賢並非真正是一個自覺而有組織的學術團體，另一方面也由於嵇康對於他自己思想的兩個面向不免有混淆，因此有關他思想的具體影響是比較難以評估的。筆者在文中，主要評估了嵇康和阮籍、向秀思想的關係，我以為就阮籍言，他固然的確曾受到「玄學的嵇康」這一側面的重要啟發，但阮籍基本上完全不足以把握嵇康這一側面思想的精髓。至於向秀，則大抵能完全吸納「玄學的嵇康」之內容，然而也恐怕由於他無法簡別出「歷史的嵇康」對「玄學的嵇康」的混淆，竟至使他所吸納之嵇康思想的精華，轉成了為名教這一意識型態建立新表述的養料，終而脫落了嵇康通過宗教意識而賦予自然的價值論意涵，這對嵇康而言當然是個大不幸。

而若更就晉以後的名士風度言，它們大抵是通過阮籍和向秀這兩個管道而上接於竹林玄學。但是很顯然的，晉代名士中放達一派幾乎只能得阮籍之形，而不能得其神；另外主張「名教中自有樂地」者，則完全將自然視作名教之護身符，而脫略其價值意涵矣！因此，我們也可以說嵇康之學在後來的玄學發展中，是只存其形而遺其神的。不過，失之東隅，收之桑榆，魏晉以降藝術

精神的大躍進，我以爲卻又不得不歸之於「玄學的嵇康」之影響，雖然，這一影響恐怕和嵇康原初的問題意識根本是無涉的。

為此，筆者復檢討了有關〈聲無哀樂論〉的詮釋，並進而爲嵇康規範了一個美學世界。筆者以爲歷來論者多只從樂理的角度來詮釋〈聲無哀樂論〉，並以此來建構一套音樂美學。然而此一詮釋方式的直接後果，即是造成〈聲無哀樂論〉和「玄學的嵇康」之間的脫鉤。基於此一原故，筆者乃嘗試改換了一種詮釋方式，我借助中國傳統樂論「聲音樂三分」架構的引入，從而發現了在〈聲無哀樂論〉中事實上還有一個不同於純樂理的玄理層次，而且這一層次才真正是此論的旨歸所在。如此一來，自然也就讓此論重新回歸於「玄學的嵇康」之內涵。然後筆者以爲，此義之下的〈聲無哀樂論〉是含著一個重大的美學意義的，因爲它直接表示了對「美的本質」之一套具規範性的看法，換言之，「玄學的嵇康」事實上也同時建構了一個特別的美學世界，正是在這個世界上，嵇康直接啓發了晉宋以降藝術精神的發展。

於此我們可以看到，將「歷史的嵇康」與「玄學的嵇康」作分途的處理，它的好處所在。例如在前文中，筆者不曾點明的一點，乃是嵇康其實亦在通過〈聲無哀樂論〉以攻擊名教，換言之，「歷史的嵇康」事實上還是混淆了「玄學的嵇康」之表現。雖然這一混淆竟使嵇康展開了一套極精采的樂理討論，這一討論甚至也誤導了近人對此文的理解，然而我們通過前述的分途處理，卒可使嵇康思想的各層次各安其位，不生混淆，亦可因此而理解其原創性和不足處所在，並充分看出他思想的影響過程。由此，我們當可看出此一理解架構的貢獻。

至此，筆者當也已初步展示了一個意圖，亦即我已將玄學的核心由王弼轉移到了嵇康身上，並提供了一套新的分析架構，以

爲理解玄學家思想的憑藉。我相信此一努力對超越湯用彤先生的
詮釋典範而言，是會起著一些參考作用的。雖然，我亦深知本文
在一些重要的哲學論題上，由於體例的限制，以致在論證上顯得
不夠充分，這多少限制了本文論題的進一步開展；爲此，筆者特
別在附錄中收錄了一篇舊作——〈中國的美感境界及其存有論的
意涵〉[3]，該文雖非專論嵇康及其哲學，但筆者在該文中的一些論
證，多少已可指出了本文未來在補充必要論證時的基本方向。我
必須說，本文其實只是一個起步，未來的工作才真正是具有終極
意義的。從湯用彤先生迄今，玄學的討論始終仍僅停留在較客觀
之學術史、思想史的層面，廣義而言，本文也依然只是停留在此
一層次，而缺乏更具深度，更具價值性的詮釋學視域；這衡諸目
前宋明理學的長足發展，便顯出了它嚴重的不足所在。筆者願意
在本文的基礎上，儘速爲玄學開展出一些具「創造性詮釋」意義
的面向，我也相信本文所提供的新架構，對於開出此一新面向，
將是較爲有利的；但有鑒於本文的階段性任務已經完成，因此我
也願在此先替本文畫下一個尾聲，並敬謹期待學界先進及讀者諸
君的雅教！

---

[3] 本文原載於《文學與美學》第五集，頁三二七～三五三。

王弼哲學進路的再檢討

一.

　　王弼學宗老莊，這殆已爲學界的共識，但誠如湯用彤所言，世人「多知王弼好老，發揮道家之學，而少悉其固未嘗非聖離經。其平生爲學，可謂純宗老氏，實則亦極重儒教。其解老雖精，然苦心創見，實不如注易之絕倫。」[1]是則弼實出入孔老，所謂「會通儒道」者也[2]。然而就算我們在哲學上可以如此爲王弼定性，是否就代表我們已可對其學「一言以蔽之」了呢？

　　這問題嚴格說來，在這幾十年的魏晉玄學界，恐怕依然是鬧不清楚的。仔細考量起來，其關鍵可能全集中在王弼的《周易注》上。就主流的觀點言，歷來對此書總是集中在「以老解易」「掃象」「得意忘象」之類的概括性理解上，這說法當然是十分粗糙的。因爲所謂王弼的掃象，並非全不用象數，而只是不刻意去求象，或說不以象數爲主導性概念而已[3]。而忘象之說當然承自老莊，但這所謂的「傳承」究竟是什麼意義下的承呢？它是純依

---

[1]　湯用彤先生《魏晉玄學論稿》（以下簡稱《論稿》）〈王弼之周易論語新義〉 p.83。

[2]　「會通儒道」之說原亦肇始於湯用彤，此後牟宗三先生及牟門弟子大抵均依此立論，而且不只是將之當成一個哲學命題，甚至把它當成了哲學史乃至思想史的命題，此說在牟先生及弟子的著作中極易見到，故不引證。

[3]　如王葆玹《正始玄學》云「王弼解釋臨卦而沿襲十二月卦說，證明他對象數不是絕對排除，而是隨意取用，王弼解釋多數月卦不取十二月卦，並且一概不用六日七分說，證明他對象數未曾拘執誇大，而是適度舍棄」此論可稱平允。引文見該書 p.258

老莊之義理架構以說易呢？抑是其中尚有曲折？看來稍精細的說
法，大概少有人認為王弼是依前者的路數說易，因為王弼一方面
相當尊重象象文言這些漢易以前的古典說法，另一方面，通過周
易經傳所沿襲下來的基本道德意識或實踐法則，也依然完全保存
於《周易注》中。雖然說，此書中的確隨處可見有近於道家式的
實踐法則，但至多只能將兩者等量齊觀而已。由於這些原因，乃
不免會有些爭議，戴璉璋先生曾綜述云：

> 基本精神並不相同的儒、道兩家思想，王弼是怎麼把它們
> 會通起來的呢？有人看出他用雜揉攙和的手法，也有人指
> 出他用有無本末的方式。假如王弼只用雜揉攙和的手法，
> 當然不能真正會通儒道，我們著眼於他的雜揉攙和上，實
> 在也看不出他在易學中的玄學思想有什麼體系。[4]

依戴先生之說，他顯然反對無體系的雜揉說，而主張仍依有無本
末的方式說。這一路的看法主要來自於湯用彤。湯用彤詮解王
弼，主要是用所謂「本體論」的方法。湯氏云：

> 漢人所謂天、所謂道，蓋為有體之元氣，故其天道未能出
> 乎象外。至若王弼，則識道之無體超象，故能超具體之事
> 象，而進於抽象之理則。[5]

說漢儒之所謂道是氣化中事，當然無可疑，而說王弼之所謂道為
一抽象理則，則此一理則究為何？又何以此一理則足以統括儒道
之實踐法則呢？

---

[4] 戴璉璋先生〈王弼易學中的玄思〉（以下簡稱〈玄思〉）《中國文哲研究
集刊》創刊號 p.202

[5]《論稿》p.90。

　　依湯氏的看法，王弼「道的理則」顯然是一西方形上學之存
有概念，如其云：

> 王氏之所謂本體，蓋為至健之秩序，萬象所通所由，而本
> 體則無體而超象，萬有事物由真實無妄之本體以始以成，
> 形象有分，而體為無分至完之大全。事物錯動，而體為用
> 形制動之宗主。本體超越形象，而孕育萬物。萬物殊變，
> 俱循至道，而各有其分位。萬有之分位固因於本體之大
> 用。[6]

嚴格說來，這所謂的本體以及其所涵的秩序，即已包含了一套本
體宇宙論式的格局，湯氏亦即以此區隔於漢儒寡頭唯氣式之宇宙
論。湯氏這一詮解方式，頗代表近代詮釋王弼的一種主流觀點[7]，
但它的問題也是很顯然的，牟宗三先生即曾詳細辨說，以一種存
有型態的形上學來理解這一思路是不恰當的。這主要是源自於兩
方面的考慮，一是這本體之「內容的意義」，在王弼的疏解中，
完全不曾以任何認知型態來規定，王弼嚴分名謂，同時將「本
體」之所有描述語，皆規定於出乎「主觀之涉求」的稱謂上[8]，也
就是說他乃以一種主觀實踐的態度來說本體，牟先生云：

---

[6] 前引文 p.91。

[7] 關於此一觀點，茲以勞思光和余敦康二先生為例，他二人的看法實有某種
程度的代表性。在勞先生的《中國哲學史》中謂王弼所說之道，實即存有
論中的「實有」概念（說參該書第二卷第二章論王弼的部分，見於
pp.170-173）。至於余敦康的《何晏王弼玄學新探》則云「就理論形態
而言，貴無論玄學以哲學本體論取代了兩漢時期的神學目的論」，其立場
亦很明確。余說見該書 p.13。

[8] 如《老子指略》云「名也者，定彼者也，稱也者，從謂者也。名生乎彼，
稱出乎我。故涉之乎無物而不由，則稱之曰道，求之乎無妙而不出，則謂

此沖虛玄德之為萬物之宗主，亦非客觀地置定一存有型之實體名曰沖虛玄德，以為宗主。若如此解，則又實物化而為不虛不玄矣。是又名以定之者矣。此沖虛玄德之為宗主實非「存有型」，而乃「境界型」者。蓋必本於主觀修證，所證之沖虛之境界，即由此沖虛境界，而起沖虛之觀照。此為主觀修證所證之沖虛之無外之客觀地或絕對地廣被。此沖虛玄德之「內容的意義」完全由主觀修證而證實，非是客觀地對於一實體之理論的觀想。故其無外之客觀的廣被，絕對的廣被，乃即以此所親切證實之沖虛而虛靈一切，明通一切，即如此說為萬物之宗主。此為境界型態之宗主，境界型態之體，非存有型態之宗主，存有型態之體也。[9]

即在指明此一意思。另外一方面，由這本體所衍生的「至健之秩序」，由於本體並不適合以一實有之方式來理解，故這秩序亦不能理解為任何形式創造性實體之創造，因此它所涵蘊的一套宇宙論，只能是一種實踐上之「觀照的宇宙論」。牟先生云：

道之生萬物，既非柏拉圖之「造物主」之製造，亦非耶教之上帝之創造，且亦非儒家仁體之生化。總之，它不是一能生能造之實體。它只是不塞不禁，暢開萬物「自生自濟」之源之沖虛玄德。而沖虛玄德只是一種境界。故道之實現性只是境界型態之實現性，其為實現原理亦只是境界型態之實現原理，非實有型態之實體之為實現原理也。故表示「道生之」的那些宇宙論的語句，實非積極的宇宙論

之曰玄」，可見道、玄等等概念確出乎主觀之涉求。

[9] 牟宗三先生《才性與玄理》（以下簡稱《玄理》）p.141

之語句，而乃是消極的，只表示一種靜觀之貌似的宇宙論
語句。此種宇宙論之語句，吾名之曰「不著之宇宙論」。
[10]

這些就湯氏所說的架構所作的批評在哲學上恐怕是很難翻案的。
也因此，牟先生乃主張以一種「境界型態的形上學」來規範王弼
的思路，這也就是說，我們必須以一種主觀實踐上的「作用的保
存」這觀點來看待所謂的王弼之「道的理則」，牟先生也便是以
此種方式來理解王弼之注易，當然這也仍可說是一種「用有無本
末的方式」來說易的方式，只是其內容和湯氏所說的不同而已。

　　然而，無論由上說的那一種型態，他們又是否能解決另一問
題呢？這也就是說一套形上理則和儒、道這截然不同的實踐理則
之間如何�括合呢？這是不是可以用簡單的「本末體用」來概括即
可了呢？就形上理則和實踐理則之間的差距言，戴璉璋先生曾
說：

> 上述這些本末關係（指卦體與卦爻、意與象之本末關係）
> 還不是本體宇宙論上終極意義的本末關係。體為卦爻之
> 本，意為象之本，象為言之本，這種本都有特定的內容。
> 如果放在《老子》「天下萬物生於有，有生於無」的體系
> 中來看，它是有，還不是無。[11]

這一差距的確是需要彌合的。然而若是依存有型態之形上本體來
理解這本末體用，則何以一個形上的認知型態的存有能和某種純
粹的實踐法則相合一呢？湯用彤云：「萬物各有其所本之理，故
各有其性。『物皆不敢妄，然後乃各全其性』宇宙之全體蓋為一

---

[10] 前引書 p.162。

[11] 〈玄思〉 pp.223-224。

大秩序，秩序者謂萬理之全」[12]，這所謂的秩序當然是由前說本體之「至健之秩序」而來，但作爲萬物之經驗底實踐秩序與作爲宇宙論由形上本體而發的宇宙秩序，何以必須要爲一，湯氏並沒有回答。而證諸西方類似的形上系統所衍生出來的價值系統，也並無這兩類秩序合一的說法。然則湯氏若要解決前述問題，顯然將面臨一些論證上的困難。

其次，若是依境界型態的形上學來理解本末體用，則所謂本、體，依牟先生的說法，乃是指「道心」之一種遮撥式之遣執作用，這是一種實踐層次工夫論的說法，而末則指一切實踐之秩序。牟先生云：

> 王弼說此一爲體爲本，是以道家之無、自然爲背景，依道家之路數，此一之爲本爲體，純由遮顯，故只能從外表描述其形式特性。如無、自然、寂靜、一、本，皆形式特性也。[13]

牟先生復云，此一形式特性之實質內容的決定乃在「心性」[14]，換言之，這是一種心性層次上的實踐工夫。戴璉璋先生乃進一步云：

> 代表君子之德的仁、義、禮，是「有」，對於仁義禮「無所尚」、「無所競」是「無」。有這樣的無爲本，才能成就「仁德之厚」、「行義之正」，「禮敬之清」。一切事

---

[12] 《論稿》〈王弼大衍義略釋〉p.65。

[13] 《玄理》p.102。

[14] 《玄理》繼上注引文之後復云「從形式特性言之，儒道皆同，甚且佛耶亦同。惟從實際的內容特性言之，則體之所以爲體，儒道不同，其不同的關鍵在『心性』」此雖是說儒道之不同，但亦可知他以爲王弼之言體，其「實際內容」乃在心性上。

> 物的名與形是有，無名無形則是無。有這樣的無為母，才
> 能名以篤而形以成。這是所謂「守母以存其子，崇本以舉
> 其末」，也就是「將欲全有，必反於無」的意思。[15]

這也就是說由於「無」之工夫，所有實踐面說的道德法則才真能
成全其道德意義。在牟先生一系的想法裡，他正是以這種「作用
的保存」之理解方式，來詮解王弼的會通儒道之實踐法則。

　　嚴格而言，牟先生這一詮解方式，其形上學的意味是很淡的
[16]。這種偏就工夫的角度，以求理解王弼會通儒道的方式，無論
在論證上，或是和一般人對王弼之印象的符合度上，都是比較有
說服力的。但筆者以為，就《周易注》而言，這一詮解方式仍不
免面臨一些困難。因為純從《周易注》來看，當他在說及健順剛
柔、居中履正、著信立誠等等實踐法則之時，並不是單從這些道
德法則之作用的保存上立論，他也同時強調了這些實踐法則的建
構性功能，而且對各卦的卦義而言，這一建構性的功能毋寧是更
重要的，此即是說這些實踐法則並不能僅僅被視為某種「末節」
而已。如其論卦爻之時與變，所謂「用無常道，事無軌度，動靜

---

[15] 〈玄思〉 p.225 。

[16] 《玄理》云「魏晉名理，順道家言無而來之玄論，就無之為本體說，雖說
　　動以觀之，『無』有客觀實體之意義，主觀聖證之『無』有客觀之姿態，
　　而為天地萬物之始，然因其自反面立言，自否定之路以顯『無』，又因德
　　性之心性不立，不能解消自由與道德之矛盾，則即不能真建立道或無之客
　　觀實體之意義，亦即不能真至主客觀性之統一，而不免於偏枯。故自莊子
　　與後來之向、郭，則即消化此客觀姿態，而純歸於境界型態。雖云動觀、
　　靜觀兩不相礙，然畢竟『無』之客觀實體意義是虛說，故不能真建立道之
　　客觀性，亦不能真至主客觀性之統一。」這意思十分清楚。見 pp.274-
　　275 。

屈伸，唯變所適」，「遠近終始，各存其會，辟險尚遠，趣時貴近」[17]，這即是說要順這卦爻所顯示的時變，它必須依憑不同的實踐法則，這些實踐法則亦是某種可以爲「本」的「道」，而不只是一些在「無」的工夫之下所隨意選用的實踐方法而已，然後始能以此「天下之至變」之道而「範圍天地之化而不過，曲成萬物而不遺，通乎晝夜之道而無體，一陰一陽而無窮」[18]。因此欲建構時位的概念，即不獨是不能拘泥於任何一個實踐法則，而必須更正視這些實踐法則的建構性功能，若不如此理解的話，則我們便將無法理解王弼何以要從中正來建立〈訟〉卦的卦體，要從信來建立〈豫〉卦的卦體等等之故了[19]。我們從王弼的聖人有情義乃至所謂的「不德其德，無執無用」等說法裡，當然無法否認王弼的確喜歡從工夫上說作用的保存，但這並不表示王弼只是企圖以此一義消融掉「德」的建構性功能。然而若依牟先生的詮解方式，只將「無」與一些實踐法則描繪爲某種工夫上的本末關係，則顯然會導致此一消融的後果，這對理解王弼是否有利呢？在筆者看來，哲學意義上王弼所謂的會通儒道，在儒家這一面，王弼當然並沒有宋明儒式之智慧，能將實踐法則提到心性論的層次來說，但恐怕若想將王弼之思想只消融成「作用性的一層論」，卻未必是有利的作法，因爲如此一來，則卦體到底要算是本還是末呢？而牟先生這一系的看法，實皆不免於此一困難。換

---

[17] 引文皆見《周易略例·明卦適變通爻》。

[18] 引文見《周易略例·明爻通變》。

[19] 案訟卦之卦體在二五兩中爻，〈訟·九五〉弼注云「用其中正，以斷枉直，中則不過，正則不邪，剛無所溺，公無所偏」。豫卦的卦體在獨爻，〈豫·九四〉弼注云「夫不信於物，物亦疑焉，故勿疑則朋合疾也」。

言之，包括牟先生、戴璉璋先生、莊耀郎等人[20]，似乎都不能正視於王弼對一些儒家式實踐法則所賦予的建構性功能，這也使得他們在理解《周易注》時，也同時狹窄化了王弼的思想，這一狹窄不獨限制了王弼思想的可能詮釋途徑，也導致了思想史上漢魏學術之斷裂。因此筆者以爲，我們實有必要另覓一條進路來重新處理這些問題。

二.

在筆者的想法裡，我以爲之所以會形成如上所述的詮解途徑，實皆導源於王弼一個重要概念－－得意忘象－－所形成的煙幕，何以言之呢？

大凡略識玄學者，自然都曉得「得意忘象」這概念的歷史淵源和重要性，但問題是我們究竟該如何理解此一概念呢？從湯用彤開始，即已將得意忘象之旨視爲玄學最基本的方法論，這判斷當然是很精確的，而且它幾乎已成了一種共識。可是湯氏是怎麼理解此一方法論的呢？他有兩段話謂：

> 玄貴虛無，虛者無象，無者無名。超言絕象，道之體也。因此本體論所謂體用之辨亦即方法上所稱言意之別，二義在言談運用雖有殊，但其所據原則實爲同貫。[21]
> 立言設教雖有訓人之用，而天道性命本越言象，故無言自為聖人之所體。夫如是則聖人所言，雖與玄學之旨殊，而於聖人所無言處探求之，則虛無固仍為聖人之真性，與老

---

[20] 莊耀郎說參氏著《王弼玄學》。

[21] 《論稿》〈言意之辨〉pp.28-29。

> 莊之書所述者無異也。魏晉人士既持此說,於是乃一方解
> 答儒書與老莊何以面目全殊,一方則以老莊為本,儒教為
> 末。[22]

依此說,則得意忘象之為玄學的方法論,其實包含著兩面意思,
一是作為「體用之辨」的方法,也就是依此以明「無」之為體,
以及由此體而來之「至健的秩序」。其次則是作為「會通儒道」
之方法,這顯然是將得意忘象和「聖人體無」之義管歸一路。但
若嚴格依湯氏整套系統推論而下,則他所意指的這一方法論,終
歸只能是一個「神秘」的東西,因為依湯氏所規範的本體論之
「無」,必須是一認知型態的形而上的存有,而若忘象居然是通
達此一存有之方法,則吾人將不知何以理解此一存有之內容,乃
至其所涵蘊的至健之秩序,蓋忘象實不能是一認知之法則也。其
次,湯氏所謂的聖人體無,乃是所謂聖人無言,以此無言而證
「虛無為聖人之真性」。今姑不論何以由無言可推論至虛無為聖
人之真性,依湯氏意,他可能只是意指聖人須以無言的方式直接
把握那本體論之「無」,如是忘象即是無言,而無言何以便能認
知無之本體,則非神秘而何?當然,用比較同情的方式來看,筆
者以為,湯用彤很可能正是依於一種禪宗式之「頓悟」觀,由所
謂的頓悟見性,而將頓悟理解為一種認知佛性的法則,並依此來
想得意忘象,復進而將無理解成了類似佛性的概念,遂有種種本
體論式的論說也。這點證諸他對謝靈運〈辨宗論〉的理解,當是
很可能的[23]。晉人擅長依格義以理解佛教,今湯氏倒回來復依佛

---

[22] 前引文 p.33。

[23] 《論稿》〈謝靈運辨宗論書後〉云「學者由於不足,不自足乃有所謂學。
然王弼曰物皆得一以成,則群有均不離道,郭象曰物皆適性為逍遙,則萬

教以理解王弼，這倒是天道好還了。但不管怎麼說，把得意忘象
理解爲某種神秘性的對形而上之本體的認知法則，這是否恰當
呢？

　　就得意忘象之爲玄學之一方法論言，牟先生這一系原則上是
贊成湯用彤的，只是他不再依一種認知的形式來理解忘象而已。
牟先生曾詳辨「內容真理」與「外延真理」之不同，而以爲通過
忘象所盡者乃是一內容真理，他說：

> 王弼之「立象以盡意，得意而忘象」即函「盡而不盡」，
> 亦函荀粲之「象外之意，繫表之言之蘊而不出」。此皆屬
> 於「言不盡意」系。此則盡爲啟發暗示之盡，非名實相應
> 之盡，而其所盡者皆內容真理，其能盡之之名言亦內容名
> 言，或曰啟發名言。於啟發而有得之後，固皆可忘，然非
> 無用。非謂言不盡意，言即無用也。名實相應之言，雖能
> 盡其所指之實或理，……然方圓上下之名言亦只是指實之
> 符號，並無本質之意義，是則仍是工具筌蹄也。既仍是工
> 具筌蹄，便於指實而得實之後，即可忘。其不可忘者，文
> 化上之傳達作用耳。惟指實語言之爲工具與啟發語言之爲
> 工具，其意不同。其爲可忘與啟發語言之爲可忘，意亦不
> 同。前者之爲工具，是一一對應的，後者之爲工具非是一
> 一對應的，甚至並無一定之對象可應。因此前者之可忘，
> 乃在呈現客觀之定實，而後者之可忘，乃在袪執以達圓，
> 遮形以通微，撥封域畛界以會通而爲一。故可由形名而至
> 超形名。而指實語言之可忘並不能開闢一超形名之領域，

物本不爲外求。然則眾生本皆自足，人皆可聖，亦不需學。」是湯氏以爲
得無即是不學，不學又即是所謂「頓」，其意甚明。引文見 p.119。

> 反而只是呈現形名之領域。故欲極成言不盡意,非先辨明
> 內容真理與啟發語言不可。而王弼之忘言忘象,其所忘者
> 非一一對應之指實語言,乃啟發指點之象徵語言也。其所
> 盡者亦非外延真理,而乃內容真理也。[24]

這也就是說通過忘象以得之意,乃是一內容之真理,這內容之真
理唯有依一種「聖證」工夫的方式來把握始得,此即是說忘象之
所謂忘,乃轉為一種「祛執」之聖證公夫,所以戴璉璋先生乃以
莊子的「坐忘」解忘象之忘[25]。於是牟先生一系乃可以由這種工
夫論的進路,依作用的保存這一方式來把握王弼的整個思想體
系。其實我們若仔細比較一下,則牟先生對忘象的理解方式,恐
怕也依然還是把它連繫到類似頓悟的概念之上,此所以他會說這
是一種「共法」之故[26]。當然,道家式的實踐法則,確和般若智
有某種共法義上的相通處,這是一回事,可是王弼的得意忘象真
是此義嗎?看來這問題恐怕還有待我們再回到原典中去,作一番
仔細的疏解了。

依照上述所勾勒的問題,筆者以為王弼在《周易略例·明
象》中所說之義,最具有關鍵性。〈明象〉謂:

> 夫象者,出意者也。言者,明象者也。盡意莫若象,盡象
> 莫若言。言生於象,故可尋言以觀象;象生於意,故可尋
> 象以觀意。意以象盡,象以言著。故言者所以明象,得象

---

[24] 《玄理》pp.253-254。

[25] 〈玄思〉云「王弼所謂忘,應該是本於莊子坐忘的說法」,見該文
p.222。

[26] 《玄理》三版自序云「實則此種工夫上的無乃是任何大教、聖者的生命所
不可免者,依此而言,此亦可說是共法。」

而忘言；象者所以存意，得意而忘象。猶蹄者所以在兔，
得兔而忘蹄；筌者所以在魚，得魚而忘筌也。然則言者，
象之蹄也；象者，意之筌也。是故，存言者，非得象者
也；存象者，非得意者也。象生於意而存象焉，則所存者
乃非其象也；言生於象而存言焉，則所存者乃非其言也。
然則，忘象者，乃得意者也；忘言者，乃得象者也。得意
在忘象，得象在忘言。故立象以盡意，而象可忘也；重畫
以盡情，而畫可忘也。

依這段文意看來，它的意思倒也不複雜，王弼之意只是在表示卦
爻辭及其卦爻象與卦爻真正意旨間的關係，依他的說法，象與辭
只是明意的某種方便的工具而已，既是工具，則達到其功效以
後，自然就可以作廢了。若依此意，則所謂「得意而忘象」、
「得象而忘言」之忘，實只是掃除、不理會之意，這個忘字的意
思是直接的、沒有任何曲折的，或者說它只是我們平常所說的忘
記之意的引申，這意思當然極好懂。然而這其中卻有曲折，此即
「忘象者乃得意者也」是。何以說這其中有曲折呢？其實我們只
要留意一下，便會發現這段話中前後的「忘象」不能是同一個意
思，因爲僅作爲撥除「象」這一工具以明意的「忘象」，這個忘
字的意思純是消極的，因此它並不能作爲「得意」方式的某種積
極性的表述，然而當王弼在說「忘象者乃得意者也」時，他卻實
際上意許著某種積極性的表述，於是所謂的忘象乃出現了明顯的
歧義[27]。所以說當王弼轉從正面而說忘象是得意的積極方式時，

---

[27] 在王葆玹的《正始玄學》中，他其實也注意到了這個歧義性的問題，他以
　　爲「得意而忘象」和「得意在忘象」是兩組不能混同看待的命題。但可惜
　　的是他也說不出在得意之先的「忘象之狀態」，到底是什麼意思。其說參

他其實已不自覺地有了跳躍，這個跳躍後的忘象實有必要另說另講。然則這個忘象到底該怎麼說呢？

其實仔細考量一下，湯牟二先生雖皆未注意到上述那段話中忘象二字的歧義，但他們的詮釋實已表現出了此一歧義現象，如我們前文所已述及的，無論是如湯先生的將之理解爲一種認知性的頓悟義，或是如牟先生的將之理解爲實踐上祛執的頓悟義，都已經不只是從消極地撥除言象上說了。然而恐怕也正是因爲他們沒有注意到這其中可能存在的歧義，遂使他們不自覺地顛倒了忘象和得意之間的關係。何以言之呢？因爲如果我們注意到王弼前述的文字，便會很容易發現到他所說的忘象，是作爲得意的一種方式或手段，而所謂的意，則顯然是指每一卦的「卦意」，這所謂的卦意，當然應是指每一卦的時位，以及相應於此一時位概念的智慧而言，而王弼從未只以一個「無」字來概括這一切，這我們只要從〈明爻通變〉、〈明卦適變通爻〉等文字中便可以明白地看出來。此即是說並沒有證據顯示王弼只企圖把整個易義都收歸到無這個概念上——無論這個無是所謂的形上本體，抑或是工夫上的祛執——並以之爲一切易義之本，但湯牟二先生則似乎太快地即把意和象這組概念，和本與末、無與有這組概念等同起來，以爲得意就是得本、得無，得無即根源於忘象，於是忘象和由忘象所指點到的無，反而似乎成了王弼易學的領導性概念，而由卦體所指點到的卦意，倒是似乎成了「末節」之「有」，這又豈真能得王弼之實呢？

就一般的理解來看，把「意、象」和「本、末」「有、無」等同起來，似乎是很順理成章的，但嚴格說來，這其中恐怕不免

該書 pp.357-361。

有跳躍。如果依〈明象〉的文字來看，說意是本，象是末，當然未嘗不可，但這本末只不過是第一層上屬於表述策略的問題，或者說只不過是修辭上說的喻本與喻依的問題，這也就是說此處意之爲本，並不能理解爲本體之意。但湯牟二先生顯然直接就從表述策略的問題跨入了本體的問題，於是意象之本末遂轉成了體用本末之本末，這豈不正是本末義的跳躍嗎？如上所述，王弼在意象關係中所指的意，乃是指「卦意」而言，這卦意原則上乃是由「卦體」來表示，《周易略例‧明象》云：

> 夫象者，何也？統論一卦之體，明其所由之主者也。夫眾不能治眾，治眾者，至寡者也。夫動不能制動，制天下之動者，貞夫一者也。故眾之所以得咸存者，主必致一也。動之所以得咸運者，原必無二也。物無妄然，必由其理。統之有宗，會之有元，故繁而不亂，眾而不惑。

這卦體無論是由中爻來表示，或是由獨爻、上下卦來表示，它都表示是主斷一卦之宗主，它是一，當然要說它是本也無妨。這「一」毫無疑問的，當然就是一卦之命意所在，雖然說我們並不能說這「一」就全等於所謂意象之意，但它會是卦意之主眼所在，應是不爭的事實，然則這「一」的內容意義是什麼呢？依《周易略例‧明爻通變》的說法，所謂「夫情僞之動，非數之所求也，故合散屈伸，與體相乖。形躁好靜，質柔愛剛，體與情反，質與願違」，則這「體」、「一」實與人間種種情僞之變相對，此即是說它是指駕御種種人事變化之智慧、理、或說是實踐法則，如此說的體或本，顯然並不能理解爲「本體」之義，而就算要在此說本末，則這本末也是針對理與情言，而不是針對意與象言，這當是很明確的。根據如上的理解，則所謂的「得意」，實應是指如何通過易卦獲得處理人事變化的實踐法則而言，這一

法則既不會是什麼形而上的存有概念，也不會只是某種袪執的工夫，而正必須在這一前提下，我們才能得到理解「忘象」的基礎。

在上文中，筆者曾提到，王弼使用忘象一辭所含的歧義，現在，如果我們根據上述的前提，則忘象之作為得意之方法的一種積極表述，我們應如何理解它呢？此即是說我們應如何在「獲得處理人事變化的實踐法則」和「忘象」間勾聯上關係呢？這時的忘象當然不能再是什麼形上的認知法則，它也似乎不能是某種單純的聖證工夫而已，因為單只是一種袪執的工夫，並不能幫我們駕御所有的人事變化，這是很顯明的道理。然則何謂忘象？在此筆者傾向於採取如下的理解方式：我們其實可以將忘象當成某種主觀上的「冷智」、「乾慧」[28]，因為我們之所以經常無法駕御好種種的人事變化，便是由於我們無法以一種超然物外的態度來處事之故，於是常由於身在此山中，遂致看不清形勢，而無法選擇最恰切的應對法則。而就現實的經驗來看，愈是虛靜而不受干擾的心靈，愈容易悠遊於紛煩的人事變化中，掌握處事的智慧。筆者以為，王弼所說的忘象以得意，正是意指著這種虛靜悠遊的冷智，依此意，筆者並不否認，如此說的忘象，必須預設著某種袪執的工夫，而這種由「忘」而引申出的袪執工夫，也無疑是由道家得來的靈感，但這一義的袪執和牟先生所說的袪執，實有本

---

[28] 此處冷智、乾慧的說法，乃是借自佛家。佛教言三乘所共十地之第一地曰「乾慧地」，之所以稱為乾慧，實以其智慧乾燥而未淳熟之故。大乘義章云「雖有智慧，未得定水，故云乾慧。又此事觀，未得理水，亦名乾慧」。此從小乘義說，若從大乘義說，則乾慧、冷智實指缺乏悲願潤澤之智慧也。一般世俗間足以洞燭機先之冷靜與聰明皆屬之，而由仁心悲願所發之智慧則不與焉。

質上的不同，因爲冷智式的袪執純只是形式義的，它和由聖證工
夫上所說的蘊含著價值義的袪執，實爲不同層次的概念。我們也
許也可以如此說，冷智只是一種價值中立的實踐態度，由這一態
度作爲指導，我們始能在具體的人事應對上選擇最恰當的實踐法
則，這樣一來，我們才不至於顛倒了得意和忘象之間的關係。筆
者以爲這樣的詮釋，應該是比較符合王弼之思路的。

　　根據如上的說明，我們也將更能夠解決前述王弼「會通儒
道」的問題。因爲如果忘象只表示一種冷智式的實踐態度的話，
則他便可以根據此一態度以及具體的人事情境，選擇最恰當的實
踐法則，而不必去區分此一實踐法則究竟是儒家的還是道家的，
甚至任何這類的區分都變成是多餘的了。這也就是說對王弼而
言，也許他根本就不曾將儒道等等視爲不同的價值系統，而只是
認知到它們蘊含著不同的實踐法則，這些法則只要能相對於恰當
的情境，它們都會是有效的而已。進一步說，這裡恐怕也根本就
沒以道爲本，以儒爲末的問題，就實踐法則言，儒道是完全平列
的，也都同時是建構性的，並依這些建構性的法則而共同組成易
卦時位背後相應的智慧，而這些智慧也都共同發自於一種冷智式
的實踐態度。這樣我們就將更能同情地理解王弼在《周易注》
中，既隨處引用儒家式的智慧，又隨處也參和著道家的智慧之緣
故了。這種說法自然不是簡單的雜揉說所能涵括的，因爲王弼並
不是隨意地雜揉攪和，而是在一種冷智式的實踐態度指導下的引
用，這是必須明確區分的。當然依宋明儒理解易經的方式來看，
王弼這種冷智式的理解，恐怕只能是一種偏格，因爲其中看不到
仁心覺情的潤澤，但無論如何，王弼終歸是個聰明人，他成功地
依著這種冷智式的理解，而將易學再度地導回到指導人事的智慧

學之上，從而揚棄了漢儒以易占測天命的傳統[29]，這總是一項了不起的貢獻。只是如果筆者上述的說法正確的話，則它很可能將會動搖到玄學中一個根本的判斷，我們將會懷疑王弼到底有沒有「援老入易」這回事？或者更精確地說，他到底在那個層次上援老入易？這個層次是否如我們平常所想像的，是作為王弼易學的一個基本原則？這個問題事實上也就將會涉及到王弼的老子思想。因為一如前述，筆者以為，王弼固然有援老入易，但這只是在實踐法則上，王弼認為相應於某些情境，它確有可參考處，而這並不意味王弼是將援老入易當成一個基本原則來看，以此而言，則王弼思想中老子所佔的成分究竟是如何，顯然就成了一個大問題。於是我們在解決了儒道會通這個問題之後，乃又必須轉進到另一個大問題之中。

三.

為了描述這個衍生出來的問題，筆者想先回到前面所提過的一個概念。我們曾注意到湯牟二先生皆直接地將意象和本末、有無等同起來，這一等同無疑是受到了兩重暗示，此即是「援老入易」和「崇本息末」。一般而言，今天研究魏晉玄學者，大體上都不會質疑王弼援老入易這個原則，而有無也是一般所公認的老

---

[29] 漢易自孟喜、焦延壽等之卦氣、互體說起，乃至京房飛伏、納甲等之踵事增華，無非是在解釋災異，推測天命，這也成了漢易的主流。當然此一主流看法，在漢朝時也並不是不曾遭到挑戰，如楊雄《法言‧五百》云「史以天占人，聖人以人占天」，即在區別兩種說易的態度，而楊雄的《太玄》顯然有「以人占天」的意圖，只是他畢竟無法如王弼般提出如此明確的原則，以真正脫離漢易的主流方向。

子最重要的概念，尤其在《老子指略》中，王弼也明白地將有無和本末作了聯繫，而本末這一概念正是最方便跨接到意象關係上去的概念，這也就直接促成了前述的等同。但是筆者現在想追問一個他們都不曾追問的問題，亦即王弼何以要拿「本末」這個概念去和「有無」作成聯繫呢？這聯繫豈真是想當然耳的嗎？如果我們並不預設援老入易這個前提，則這問題有沒有別的理解可能呢？

在一般的想法裡，無論是依實有型態的形上學，抑是依境界型態的形上學，無與有都代表本體（無論他們對本體的理解有多少不同）以及承此體以起用的體用關係，由這一關係我們也能很自然地將體用這一字眼，換成本末這組概念，這就彷彿老子中原已具足了此一說法一般。然而試想老子何時曾談到這個概念呢？在老子中最接近的一段話，便是第五十二章所謂「天下有始，以為天下母，既得其母，以知其子，既知其子，復守其母」這一母子的說法，而王弼便是以本末來解母子，這一解釋看來似乎很順暢，但老子的母子之說真能以前述的本末體用之義來說嗎？當然，這一問題實可以有一些不同的解讀，人可以為老子固然不曾直接提到本末這個概念，但原已蘊含了此義，或至少邏輯上和此義是相容的。人也可以為這是王弼的創造性詮釋。筆者以為這些想法都是言之成理的，而且如果我們只將王弼的老子學孤離起來看，則這些想法也的確具有說服力，但是一如前述，若我們要堅持這些想法，則勢將在王弼的老子學和易學間畫下一道鴻溝，這對於王弼的詮釋而言，是不是妥當呢？也因此，我們是不是該對以老解易之類的前提，抱持著一些批判性的警覺呢？現在筆者所想的是，我們能不能根本顛倒向來的認知，先不要以為王弼真受

了老子那麼大的影響呢？也許我們先自我解放一下，就會看到一個全新的王弼亦未可知。

邏輯地說，如果王弼的思想真有內在的一貫性，則我們就必須將他的易學和老子學視爲一個整體。王弼易學的系統大抵可以「得意忘象」這一概念作爲形式上的概括性概念，而其老子學的系統，依一般的理解，即可用「貴無」來概括，而作爲這兩個系統間相互串連的概念，則是所謂的「本末」。我們前已辨明，依傳統的說法，並無法合邏輯地連貫這兩個系統，那麼這問題可有新的出路嗎？在此，筆者擬提出一個假設性的說法，以爲王弼的詮釋進一解。

筆者的辦法是對傳統的說法來個反向操作，也就是說我們不一定要再先預設「以無爲本，以有爲末」，而是如我們前文所說，以駕御人事變化之智慧爲本，以種種人事情僞之動爲末，然後依此一規定再進而來解釋王弼的老子學。這樣的辦法當然會相當程度地顛覆掉一般習成的理解，因此之故，筆者顯然有必要提供更充分的論證。

關於這一論證，我想首先必須注意到的是王弼對「無、有」這組概念的理解究竟如何。毫無疑問的，王弼對於「無」的表述，在形式上他明白地採用了宇宙論的模式，所謂「天下之物，皆以有爲生，有之所始，以無爲本」（四十章注），這樣的表述模式，大抵是如牟先生所說把「有」往下拉，以和物成爲同質同層的概念，而「無」則是某種超越性的表述[30]。現在的問題是王

---

[30] 依牟先生的說法，由於王弼在老子第一章的斷句，乃點斷在無名、有名，無欲、有欲上，因此「有」這一概念乃降下來，與物爲同質同層，而無名和有名則表示了「道」、「無」的雙重性。詳見《玄理》第五章 pp. 130-

弼所謂的「無」，它所指表的內容究竟是什麼？前文中，我們已曾辨明，「無」並不適合如湯用彤先生般，理解爲某種實有型態的存有。至於牟先生之將「無」理解爲某種境界型態的存有，而其真實的意思則有賴於心性論層次上的工夫上的祛執以證成，這種介乎康德和海德格之間的理解方式[31]，也許頗適合用來理解老子，但是不是也適合用來理解王弼呢？關於這個問題，其關鍵點恐怕是在王弼形式的宇宙論表述背後，是不是還有一套實質的宇宙論。

就王弼的所有說法來看，「無」這個概念只是和「微、妙、深、玄」之類的概念一樣，是一個描述性的「稱謂」，而王弼也經常以「無形」「無名」稱之，如所謂「未形無名之時，則爲萬物之始」（一章注），「無形無名者，萬物之宗也」（十四章注、老子指略），「以無形始物，不繫成物，萬物以始以成，而不知其所以然」（二十一章注），「混成無形，不可得而定，故曰不知其名」（二十五章注），這無形、無名當然即是對「無」這一稱謂的進一步描述，有時它也用「自然」一詞，來表示同樣的意思，如云「萬物以自然爲性」（二十九章注），這「自然」明顯也是對無的另一種描述，所謂「無稱之言，窮極之辭」（二十五章注）是也。由這些描述詞所直接烘托的「無」，它形式上指表著一個宇宙論上萬物發生之源，如云「萬物萬形，其歸一

---

137 。

31 牟先生對道家哲學的理解模式，當然主要仍是康德式的，如他一定要爲道家建立「道心」這個主體性的概念等等，即可顯見，而這一思路和海德格的距離，也是很顯然的。但牟先生也一再說道家在存有一面的說法是消極的，它至多只是某種意義性的表現而已，即依這點，他多少也離開了康德而進入了海德格的理解方式中。

也。何由致一，由於無也。由無乃一，一可謂無」（四十二章
注）即是。但這段話亦甚值得注意，所謂「由無致一」，因爲
「無」只是一個稱謂字，所以我們實不能將無理解爲任何形式的
實體，因此我們不能說由「無」而生「一」，然王弼又曰「由無
乃一，一可謂無」，於是我們只能由「一」上說一套宇宙論，而
「無」實只是「一」之表現形式而已。此義亦可由三十九章注所
謂「一，數之始而物之極也。各是一物之生所以爲主也。物皆各
得此一以成」[32]而見。現在的問題是王弼這個「一」到底該怎麼
說？

關於這個「一」，如果我們仍依湯用彤先生的說法，當然仍
是不妥的，這是因爲除了前文所曾提及的問題之外，由認知型態
所規範的存有概念實不能有「表現」之故。而牟先生則一再強
調，「一」或「道」之爲萬物發生之源，這說法實是消極說的，
它只是徒存宇宙論之形的「觀照之宇宙論」，而其眞實的意義，
仍繫乎連繫到心性論意義上的「無」之實踐工夫，這一意思我們
亦曾屢次提及。但問題是這和王弼的語脈似乎並不很相合，
「一」也似乎並非只指表著某種「意義性」而已。在第四章「象
帝之先」注中，王弼謂「天地莫能及之，不亦似帝之先乎」，則
道的意思實應近乎天帝[33]，否則如何能說「爲品物之宗主，苟通

---

[32] 案此段引文中「各是一物之生所以爲主也」，文義不通，樓宇烈《老子周
易王弼注校釋》引波多野太郎謂「各是」二字爲衍文，見該書 p.107。

[33] 《老子》三十五章「執大象，天下往」王弼注云「大象，天象之母也。不
炎不寒，不溫不涼，故能包統萬物，無所犯傷」，大象而爲天象之母，這
種語句似乎很難是消極的宇宙論表述，我們若將包統萬物的大象理解爲一
種工夫性的表述，這句意也委實迂曲了些吧！就詮釋的觀點言，我們是不
是該先嘗試比較直接的解釋呢？然則王弼所謂大象之意若以「帝」的意思

天地，靡使不經」（老子指略）呢？尤其一般說，我們多以爲王
弼是反對漢儒氣化宇宙論的，但究其實，這判斷似乎也沒有堅強
的證據，王弼少談氣化的問題，這自然是事實，可是當他解「專
氣致柔」時所謂「任自然之氣」的說法，似也很難不讓人聯想到
氣化問題上去。然則假如我們就順氣化宇宙論的架構來理解這個
「一」，會不會更合適呢？此即是說我們固然並沒有更多、更積
極的證據，以支持說王弼仍是一位氣化宇宙論者，但未始不能依
此一方式來想他，至於那一種說法來得更合適，恐怕也只能決定
於整個詮釋系統的密合度了。

　　依漢儒氣化宇宙論的說法，基本上它總預設著一個「神祕意
志」，而且這個神祕意志始終在支配著人間世的種種，或者也可
以這麼說，亦即這個神祕意志總是通過氣化的行程，在默默地監
管著人事，它通常並不表現其形跡，但在漢儒中有兩派看法，主
流的學者通常以爲這個神祕意志有時會通過「災異」的方式，向
人世傳達某些訊息，不過另一派的看法，則以爲神祕意志的訊息
恆是不可測的。[34]然而無論是那一派的看法，他們都不曾挑戰神
祕意志和人事間具有關聯性這一說法，而且他們都共同認爲神祕
意志對人間世具有絕對的支配性[35]。在筆者看來，我們如果將漢

來理解，是不是來得更直接順適？
[34] 就思想內容言，這兩派大抵以董仲舒和楊雄爲代表，而這兩派在東漢時，
　　即形成爲今古文學派的對立。關於這兩派的討論，請詳見拙作《從災異到
　　玄學》第二、三兩章。
[35] 在災異論者看來，神祕意志當然是人事的主要支配力量，而另一派人雖反
　　對以災異來聯繫天人，如王充《論衡·初稟》所謂「自然無爲，天之道
　　也」，以及他對天地異變的解釋，即以天道並不一定以有形的災異來顯示
　　其支配性，但他們並不反對天與人存在著必然的支配關係，如《論衡·辯

儒這一基本看法代入王弼的思想之中，可能更容易解決前述的一些糾纏不清的問題，何以言之呢？這主要是由於如下幾點：

第一：依這種代入方式，則「一」當即是神祕意志的形式性說法，而「無」則是對這個神祕意志表現形式的描述，所謂的「道生之」，即是此神祕意志之生萬物，生的主要意思是通過支配來規定，但由於它是通過氣化的行程而顯，故純就氣化而言，它也無礙於王弼說「自生」[36]。這樣我們便能解決第一個－－也

崇》「天與人同道，欲知天，以人事」，以及他對「性成命定」的表述，都表示著這個意思。關於這點，筆者在上引拙作中，以爲楊雄、王充這派俱反對天之人格性，恐有推論過當之嫌。

[36] 王弼的自生說，如云「不塞其原，則物自生」（十章注），「任其自然，而物自生」（坤卦六二爻注）。但戴璉璋先生〈郭象的自生說與玄冥論〉一文，有一個說法，他認爲如王充即是從氣化論的角度說自生，可是如此的話，「雖也可解釋爲自然而生，但他所謂自然是從氣化的無目的性與偶然性來了解的。因此他是以氣作爲生化之本，與老子所謂『天下萬物生於有，有生於無』即萬物以無爲本的說法不相吻合，另外從工夫論方面考察，王氏雖也從自然、自生說無爲，但他的氣化論又可衍生命定的觀念，這就限制了工夫論的發展。因此王氏不能像老、莊那樣由無爲而進一步強調致虛守靜或心齋坐忘的工夫。王氏所謂的自生只能說是由於氣化的作用偶然而生，這是氣化宇宙論中的一個觀念，它的內涵顯然與老、莊的自生義是有差距的。」因此戴先生以爲如此的說法和王弼就自然而生所說的自生義是不同的，從而可以證明王弼乃老莊之嫡系。然而嚴格說，戴先生此說的邏輯是有一些問題的，因爲照戴先生的說法，則有老莊乃至王充，他們對自生之概念的理解本身，其實並沒有什麼不同，它們的不同只是由於那背後的一套形上學背景有不同。可是戴先生並不曾證明王弼背後的形上學背景真不同於漢儒，而只是說王弼「自己心目中的自生都是莊子那種自然而生的意思」，但他是否真有充足的理由說這句話呢？若他並不能真的作出此一論證，而只是要從此一自生說便證明王弼是老莊的嫡系，則自生

就是宇宙論表述的問題，也就是說我們不一定要如牟先生一般，非將王弼明顯的宇宙論式的語句消解掉不可，而保留王弼實質的宇宙論命題，並不一定就會影響到他對道家式實踐法則的理解。

　　第二：在氣化宇宙論中，由於神祕意志始終支配著人間世，因此人間的一切智慧作為，也均可視為是由此一神祕意志所派生者，這也就使得王弼有理由說「一」和「無」是本、是始、是母，而這個神祕意志當然也會內在於易卦之中，同時它無疑即是「卦體」之所本，這也符合王弼之以卦體為一、為本、為元的說法。依此我們乃能解決第二個問題，亦即以更緊密的方式連繫起王弼的老學和易學，而所謂的崇本，即是一種所以進入神祕意志，並藉以掌握由神祕意志而發的人間智慧的實踐態度，它通過一種名之為「無為」的實踐－－當然此處所謂的「無為」首先應是指某種冷智式的實踐態度－－也能和忘象以得意連在一起，既成為解老的原則，也成為明易的基礎。

　　第三：在漢儒的想法中，神祕意志和人間智慧間的關係，乃是一種「道」與「術」的關係，這種道術關係本質上是信仰式的[37]，而不是論證式的，因此在詮釋的立場上，我們也沒有必要強為它們提出論證式的說明。不過我們倒是有不少證據，可以看出來在王弼的《老子注》中，他的確是將「一」、「道」、「無」和許多道家式的實踐智慧，形成為一種「道術」的關係，例如：「道以無形無為成濟萬物，故從事於道者以無為為君，不言為教」（二十三章注），「道，無形不繫，常不可名。以無名為

說豈非就成了論證上的丏詞了嗎？這當然是不具有解釋效力的。戴先生的說法請參閱《中國文哲研究集刊》第七期pp.45-49。

[37] 關於道術關係的詳細討論，請參閱拙作《從災異到玄學》第章第一節。

常，故曰道常無名也。樸之爲物，以無爲心也，亦無名，故將得道，莫若守樸。……抱樸無爲，不以物累其真，不以欲害其神，則物自賓而道自得也。」（三十二章注），這明顯是以道之無形無名和實踐上的抱樸無爲，形成爲一種模擬式的對舉關係，所謂「天地雖廣，以無爲心，聖王雖大，以虛爲主」是也。這種在宇宙論和實踐法則間所形成的對舉關係，和漢儒說天人合一的道術關係之表述模式，是完全若合符節的。於是當他在說「聖人之於天下歙歙焉，心無所主也，爲天下渾心焉，意無所適莫也」（四十九章注）這種實踐態度時，它乃是模擬於道的，此即是所謂「上德之人，唯道是用」，「何以盡德，以無爲用」也[38]。而也唯有依這種理解方式，我們乃能恰當地連繫上本文前二節所處理的問題，這也就是說所謂王弼的會通儒道，唯有在儒道的實踐法則皆被視爲是某種「術」時，它才能夠邏輯地和王弼的整個系統結合起來，而不至於發生困難。在這裡，筆者尚可以提供另一個更明確的證據，如《老子指略》云：

> 老子之文……其大歸也，論太始之原以明自然之性，演幽冥之極以定惑罔之迷。因而不爲，損而不施，崇本以息末，守母以存子，賤夫巧術，爲在未有，無責於人，必求諸己，此其大要也。

---

[38] 關於這個「唯道是用」「以無爲用」之「用」，由於王弼也常說「以無爲本」，遂也有人將「本用」當成了一個範疇，並將它和「本末」關聯起來。如王葆玹即謂「王弼哲學中『用』指末對本的運用，介乎本末之間」（《正始玄學》p.273　）。說這是「末對本的運用」，當然不恰當，但這「用」是對著「本」而說的則無疑，所謂「以無爲用，不能舍無以爲體」（三十八章注），則用顯是依體而起用，只是這種體用是否一定是形上學中的體用關係則未必。

此下，王弼即歷述儒、墨、名、法、雜各家之術，最後則云「夫途雖殊，必同其歸，慮雖百，必均其致，而舉夫歸致以明至理，故使觸類而思者，莫不欣其思之所應，以爲得其義焉」。在此段文中，最值得注意的包括兩點，其一，王弼顯然以爲分立而言的各家之術，皆只是一些「巧術」而已。其二，王弼當然是反對只「執意」於這些巧術的，他主張崇本息末，爲在未有，但這個意思是不是說那些儒墨等的巧術皆只是末，皆必須根據「爲在未有」這一爲「本」的工夫來實踐呢？若依牟先生的理解，當是如此。但若是如此理解，則恐怕便很難說「途雖殊，必同其歸」了，因爲王弼所說的這些「巧術」，並不只是單純涉及實踐主體的工夫問題（雖然他確也頗重視這一面），他也頗看重「法之齊同、名之定真、儒之純愛、墨之儉嗇」這客觀的一面，而我們若只從本末工夫上來看的話，便可能只將這些巧術消減成了主體的實踐工夫問題，這恐怕就不是什麼殊途同歸了。我們必須注意，王弼固然說我們不要執意於任何一種術，但這意思實也包括了這些術之間的相觀而善，而不只是說以一種無爲的方式去實踐這些術而已。以此而言，則顯然我們必須將「爲在未有」提上來一層說，就一種「冷智」式的實踐態度來理解，而若是如此的話，這種實踐態度及諸巧術和「太始之原」、「幽冥之極」的關係，當然就只能是「道術」式的關係了。因爲若非然者，這作爲太始之原的道和「爲在未有」之間如何能相連繫呢？當牟先生將爲在未有理解爲一種聖證工夫時，他猶可根據這工夫所指向的意義性，發展出一套形而上的解釋[39]，但若說爲在未有只是如同「忘象」

---

[39] 關於這套形而上的解釋，牟先生是一直借助康德的說法來進行論證的，詳細論證請參考《現象與物自身》和《圓善論》等書之相關章節。

一般，是指一種冷智式的實踐態度的話，我們是很難再從這一義上發展出形上解釋的。因此這段話實可作爲我們必須採取「道術」之解釋的堅強證據。

依此解釋，我們也將更能夠克服一些難題，諸如《老子指略》所謂「閑邪在乎存誠，不在善察」，《老子》三十八章注所謂「夫載之以大道，鎮之以無名，則物無所尚，志無所營，各任其貞事，用其誠，則仁德厚焉，行義正焉，禮敬淸焉」，其中所謂的「誠」，當然不是道家「無」的實踐工夫，但它顯然是「本」而非「末」，像類似的問題，我們便會很容易看到筆者上述解釋進路之效度的。因爲我們可以將誠理解爲一種依本於「道」，而在冷智之指導下的智慧之「術」，並依此爲「本」之道術，以完成閑邪之「末」，而不至於犯下必須遵守「以道爲本，以儒爲末」的原則，以致無法解釋上文的矛盾。這麼一來，我們顯然便必須重新評估老子在王弼學中的地位，筆者相信，歷來的王弼詮釋者對這問題都過於高估了，老子對王弼言，恐怕只是比較接近於他心目中所構想的「道術系統」而已（雖然這一道術系統和漢代主流的災異論式的道術系統差異甚大）[40]，在這意思上，老子的優先性並不高過於易經，我們也不能假設王弼是一位老子的「客觀詮釋者」，而這樣的認知應是比較接近王弼之面貌的。

當然，筆者上述的解釋進路，還有一項最大的好處，那就是當我們拋棄了王弼援老入易之類的傳統解釋，而改採氣化宇宙論

---

[40] 就這點而言，筆者以爲王弼對老子的看法，多少有些接近於司馬談的〈論六家要旨〉，只是司馬談不曾談及「道」這一層面，而只論及了「術」的問題。

之解釋後，王弼思想和漢儒之間的斷裂圖象，也將不復存在，這
對於思想史的解釋而言，當然是很有利的[41]。如此一來，我們將
會很容易發現到王弼思想和楊雄、王充等人的近似性[42]，也就是
說王弼思想乃直接承自於漢代一批反災異論的非主流思想家，從
而我們也不必再認爲王弼是某種創世紀式，不必有所依傍，甚至
是可以違反思想史之基本規律的天才，這樣既不至於遮掩了歷史
實況，也不至於減損了王弼的貢獻，因此筆者有理由認爲這應該
是比較理想的詮釋模式。

四.

　　以上，筆者嘗試檢討了以湯用彤先生和牟宗三先生爲主的對
王弼哲學的詮釋進路，就筆者知見所及，後來的詮釋者雖多，但

---

[41] 筆者曾在拙作《從災異到玄學》的緒論中提到，截至目前爲止有關玄學的
　　思想史討論，大致都將兩漢和魏晉當成兩個斷裂的時代來看，余英時先生
　　在〈意識形態與中國現代思想史〉一文中，亦將淸談時代當成是傅柯（ M.
　　Foucault ）所謂的一個「議論」（ discourse ）的段落，也就是說這是
　　和漢代完全不相連續的段落，但其實余先生自己亦不以爲這是思想史解釋
　　上的常態。余先生此文請見中國時報民國七十一年八月十一至十四日的副
　　刊。

[42] 其實早從湯用彤開始，便已注意到了此一關係，但湯氏只是在說「企慕玄
　　遠」上，兩者間有一些近似性，而「談玄者，東漢之與魏晉，固有根本之
　　不同。……漢代偏重天地運行之物理，魏晉貴談有無之玄致。二者雖均嘗
　　托始於老子，然前者常不免依物象數理之消息盈虛，言天道，合人事。後
　　者建言大道之遠玄無眹，而不執著於實物，凡陰陽五行以及象數之談，遂
　　均廢置不用。」（《論稿》〈魏晉玄學流別略論〉）也就是說兩者間本質
　　是不同的。但依本文所說，則兩者根本就具有本質的近似性。

事實上具有哲學深度者，原則上皆不出這兩種進路，即使詳如王葆玹、余敦康等人之說，無論他們在細節上有多少修正，原則上大抵也仍不出湯用彤本體宇宙論這一說法的範疇，如王葆玹《正始玄學》謂：

> 漢人所謂宇宙中心只是單純的中心（神化的中心），玄學卻認為它是某種義理或本體的外在表現。漢人的宇宙論是宇宙發生論與宇宙構成論的結合，玄學則主要講宇宙構成論與本體論。[43]

這立場是很明顯的。另外，牟門弟子大抵皆謹守牟先生的規模，少有逾越。因此，上述的檢討雖限於篇幅，恐有過於簡略處，但大體是足以涵括當前王弼哲學研究之主要業績的。而依筆者所論，湯牟二先生之論皆不足以解決王弼治儒道之實踐法則於一爐的問題，而湯先生之依認知型態的存有論模式以理解王弼，更是不妥。在筆者想來，之所以會有這些問題，實皆導源於對「得意忘象」理解的不夠善巧。由於王弼在說得意忘象時，事實上存在著歧義，而這一歧義卻正是理解王弼易學乃至他整套思想的關鍵，因此筆者比較詳細地疏解了此一問題。根據筆者的看法，忘象作爲得意的積極性表述，實應視爲是一種冷智、乾慧式的實踐態度，而不是袪執的聖證工夫，它只是作爲一種主觀上超然的態度，以便相應於任何特定的「時變」情境，來決定最恰切的實踐法則，由此，王弼乃能依本於此一態度，以將儒道這些不同的實踐法則都納入他的系統之中。[44]

---

[43] 王葆玹《正始玄學》 p.211 。

[44] 筆者以爲，王弼此一態度其實和邵雍的思想型態頗相一致，均是一種冷汰萬物的超然精神。這不是什麼由超越性的主體所作的聖證工夫。因此，也

　　然而根據此一新的理解方式，我們馬上會面臨老子在王弼系統中的定位問題，筆者以爲事實上整個魏晉玄學界都太過強調老子對王弼思想的主宰性，這也導致了王弼的易學和老學間出現了一些不統一的現象。爲此，筆者乃嘗試針對王弼的整個思想系統，作了一個大膽的假說。依筆者的想法，我們根本可以假設王弼本質上仍是一個氣化宇宙論者－－雖然他恐怕並不是一位災異論者，當他在作宇宙論式的表述時，事實上意許著某種神祕意志，此一神祕意志即是一、道、無，然後通過一種漢儒所盛言的「道術關係」，在無爲、忘象，亦即一種冷智的態度指導下，將一切家派的實踐法則都視爲是依本於道的術，從而以之爲本，來駕御一切人間世的情僞之變。在這想法裡，我們排除了老子對王弼思想的絕對支配性，而只認爲老子站在某種術的地位上，確是王弼最傾心的一種「道術」而已。從而我們也能更合理地聯繫起王弼和漢儒間的思想史關係，並爲他作成一種更統貫的哲學詮釋。

　　當然上述的假說，仍會遭遇另一個層次的質疑，因爲魏晉玄學的基調畢竟是所謂的「名士風度」，它和漢儒終是有本質的不同，而名士風度所牽涉到的，大體上是一種適性無爲的聖證工夫，這也不是漢儒所謂的「道術」觀念，這也就是說牟先生的一套說法，其實確相當符應於玄學在名士身上所展現的基調，那麼，假若我們前述的說法是正確的話，則以王弼作爲一位玄學的開山人物，這當中會不會有不搭調的地方呢？關於這個問題，筆者以爲我們實有必要將玄學作一更精細的區分，在筆者的想法

許將這種冷智式的實踐態度比擬爲康節之「以物觀物」的觀物態度，也許更爲恰當，更爲有本。

裡，其實王弼和名士風度的關係，恐怕並沒有那麼直接，真正決
定魏晉玄風的關鍵人物，恐怕是阮籍、嵇康這些竹林人物，而真
正完全掃落漢儒學術格局的，也可能是嵇康而非王弼[45]，當然，
如此說勢必涉及更多的論證，這也遠遠越出了本文的主題，因此
只有俟諸異日了[46]。

---

[45] 如余敦康所曾注意到的，王弼之學基本上仍是一種探究「天人關係」的學
問，但從嵇康開始，整個魏晉玄學卻不復出現天人的命題，這現象當然是
值得玩味的。

[46] 在此文的結尾，有一事擬附帶表明。自從筆者撰寫完博士論文之後，便經
常感到關於王弼的部分寫得很糟，但也不知如何修改。這幾年來，由於諸
多因緣，使我整個工作都作了極大的轉向，也因此根本不可能再對此一問
題作進一步的處理，但我內心的確常感到不安。今天此文之作，在某種意
義上，其實是對我內心這個糾纏已久的問題，作下一個了結。假如這篇所
作的判斷站得住腳的話，則我博士論文中對從災異論到玄學這一思想史的
發展，所作下的判斷，也許就能具有更高的信度，而我日後也才可能更有
憑據來修改我的博士論文了。

中國的美感境界及其存有論的意涵

一

　　徐復觀先生在《中國藝術精神》一書中，嘗謂道家思想乃是中國藝術之源頭[1]，宗白華亦喜以宗炳「澄懷觀道」一語來籠括中國的美感世界[2]，這大致均表現出了一種慧識，亦即通過「無的精神」，便可以和美感世界發生某種本質性的聯繫。這一看法，大凡熟悉中國美感心靈者，應該都能有所會心。

　　事實上，前述慧解也一直是中國文藝評論的一個重要判準。從劉彥和、司空圖，乃至王國維，莫不如此主張。然而這一慧解何以能為判準，在傳統的理解中，常只是知其然而不知其所以然的。而且它也常只是和其它技術性較高的判準——諸如格律、修辭之典雅等等——相平列，司空圖的《二十四詩品》便是很好的例子。這現象當然和傳統文藝評論只重具體的賞鑑有關，也因此，人們很少去區分它究竟只是一個美感的判準呢？抑或它是在表達某個「美的原則」？於是它總是被簡併為眾多中國美學範疇之一，而不曾從哲學的高度來反省其意義。不過，王國維恐怕是其中唯一的例外，這是很值得注意的。

---

[1] 徐先生云「老莊思想當下所成就的人生，實際是藝術的人生，而中國的純藝術精神，實際係由此一思想系統所導出」，關於徐先生的論點，請詳參《中國藝術精神》第二章 pp.45-143。

[2] 宗白華《美學的散步》中〈中國藝術意境之誕生〉一文，即詳述了此一境界，他所意指的道，依其所論，正是所謂「莊子的超曠空靈」之境界，詳見該書 pp.1-23。

　　當然，如果光從形式上看，《人間詞話》並無異於傳統任何一部詩話、畫論，王國維也不曾以任何哲學論證的方式來表達其概念。因此，論者雖莫不注意到《人間詞話》中所具有的康德、叔本華和尼采的質素，但就筆者知見所及，卻鮮有論及境界說之哲學意義者。他們大抵均只將境界視如傳統的意境、興趣、神韻、性靈之類的概念，而在審美品鑑上討論其意義和適切性。就這角度而言，則境界一概念當然並不能是一個窮盡的判準，這就像嚴滄浪在興趣之外，猶須標舉典雅一般，是一樣的意思。其實王國維亦非不知此意，所以他亦曾明指「古雅」這一判準，雖然這一判準並不曾直接出現在《人間詞話》中，但這意思顯然仍是保存著的[3]。

　　如今筆者所注意的，則是境界說的另一層次。筆者所要問的是，以王國維如此高的形上興趣，又深受叔本華、尼采之洗禮，則他透過境界這一概念所表達的，會不會具有超越於美感層次的意涵呢？尤其當他遽以境界類比到「古今之成大事業大學問者」之人生三境層，似乎更點出了境界說確有絃外之音，然則我們應如何找出這一層次的意義呢？於此，筆者以為我們必須先了解王國維論「有我之境」與「無我之境」這兩個概念的界義。

---

[3] 王國維曾有一文〈古雅之在美學上之位置〉專論古雅之為一個審美判準，不過他並未太強調這一判準的審美價值，他以為「古雅之價值，自美學上觀之，誠不能及優美及宏壯」，這大概也是他不曾在《人間詞話》中提及古雅的原因吧！關於這一層次的討論可參見葉嘉瑩《王國維及其文學批評》、張本楠《王國維美學思想研究》等專著，這些著作均很能掘發出王國維在美感品鑒上的精義和不足處，如張本楠即特闢專章，以比較王氏和浙派詞論的不同，這都是值得參考的，但另一方面也顯然暴露了他們不能正視王國維美學中的哲學意蘊底問題。

在《人間詞話》第三、四兩則中，王國維說：

> 有有我之境，有無我之境。「淚眼問花花不語，亂紅飛過
> 秋千去」，「可堪孤館閉春寒，杜鵑聲裡斜陽暮」，有我
> 之境也。「采菊東籬下，悠然見南山」，「寒波澹澹起，
> 白鳥悠悠下」，無我之境也。有我之境，以我觀物，故物
> 皆著我之色彩。無我之境，以物觀物，故不知何者為我，
> 何者為物。古人為詞，寫有我之境者多，然未始不能寫無
> 我之境，此在豪傑之士能自樹立耳。無我之境，人惟於靜
> 中得之；有我之境，於由動之靜時得之，故一優美一宏壯
> 也。

形式上說，這是對境界概念的進一步區分，歷來解者也是以二分
的方式來看待它們，並把它們當成兩類美感的判準，而且王國維
的行文語脈亦確暗示著這種理解方式[4]。但若真如此理解，會不會
發生問題呢？

　　首先，我們注意到優美、宏壯這一組借自康德的概念。在康
德，它的確可以視爲對審美判斷的二分，但所謂優美，乃指審美
判斷之完全無涉於對象概念，而獨立運作於「合目的性」原則之
中所生的愉悅。而壯美則指對象之巨大（無論是量概念上面的巨
大，或是質概念上的威勢），已超乎判斷力的掌握，並產生某種
對意志的抵阻；審美判斷則是在與此對象之威勢的暫時隔絕下，
於理性中引生一自我超越之想望，從而產生了審美的愉悅[5]。依

---

[4] 如葉嘉瑩的看法，即具有相當代表性，葉氏云「靜安先生對於有我無我二
　種境界，本來應該並沒有什麼軒輊之意」，這說法即有不少支持者。葉氏
　說見《王國維及其文學批評》p.233。

[5] 關於這兩個概念，請詳參《判斷力批判》中美的分析和崇高的分析兩部

此，這真的是指謂著兩類對象，也就是兩種「境」。但這兩種境是否真能相應於王國維所意許的有我之境和無我之境呢？據筆者看，這是很成問題的。因爲康德如此說，背後莫不意指著一個超越性的目的概念。即此一點，便似乎並不適合借助康德這組概念來作類比，因爲我們實在看不出來王國維的境界說含著什麼目的概念[6]。

其次，我們當然也可以退一步想，康德似亦曾在另一脈絡中提到過類似優美、壯美的概念，此即所謂「嫵媚」與「激情」。依康德，這雖不是純粹的審美判斷，也就是說它們必涉及對象的概念。但所謂「嫵媚」，乃指對象之某些特質具有對我之特殊吸引力，遂增添了我審美的快感；激情則指對象之特質引致我情感之抵阻，從而激起我情感之更大的迸發[7]。如是，則它似亦指謂著經驗審美之兩種境，然而這兩種境皆待感情某種程度的興發。這和王國維說「於靜中得之」的無我之境殊不相類，故似亦不適合借助這組概念以類比有我之境和無我之境的區分。

然則我們是不是還有其它方式，以將有我之境和無我之境理解成二分的兩類美感世界呢？依筆者看，我們恐怕很難再借助現成的概念了。唯一的辦法，便是試就王國維簡略的表達中，作一分析。這其中最重要的，可能便是「以我觀物」和「以物觀物」這兩句話。朱光潛先生針對此語，曾有一個美感層次上的說明，

分，見牟先生譯該書第一至二十九節 pp.161-285。

[6] 依康德的用法，所謂目的乃指「一對象之概念同時含有此對象底現實性之根據」（見判斷力批判引論第四節），也就是說一對象之目的表示了這現實對象背後的某種存有論上的根據，王國維的境界概念當然不具此一意義。

[7] 同注五所引書第十四節 pp.194-197。

以為「以我觀物」乃是一種主觀的審美態度,有類乎立普斯的移情說,「以物觀物」則是一種客觀的審美態度[8]。這說明的前一半似乎頗能相應於「物皆著我色彩」的講法,但後一半就大成問題了。如果說任何審美不得不有感情的參與,則客觀的審美態度到底還是不是一種審美呢?

其實我們試想,所謂「以物觀物」,觀者不還是我嗎?既是我在觀,而又說是物在觀,這如何而可能呢?在此,筆者當然不是只想提出個「心物合一論」來敷衍一下,我們當問的是如何能將「我觀」說成是「物觀」?於此,筆者以為我們不得不注意到《莊子.齊物論》中的「物化」概念。在莊周夢蝶的寓言中,我是羽化而為物的。這是憑藉著我之超越於我執以平齊於物來完成[9]。這不正是王國維所謂的「不知何者為我,何者為物」嗎?因此,筆者以為只有在物化概念的指導下,我們始能理解「以物觀物」的意指。

以此而言,則有我之境和無我之境的關係便將面臨一種根本的調整,因為無我之境若依物化概念以為指導的話,則它根本便不是獨立的一種境。它所意指的恰是建築在任一種有我之境上的超越,也就是針對任一種有我之境以破除其我執,即是無我之境。因此,將無我之境突出來以和有我之境形成對舉時,我們應當了解,這兩種境將不會是平列的兩種境。我們固然仍可說它呈現了兩種美感世界,但實質說,它卻是任何一個美感世界的兩種審美層次,如此方能準確地理解這兩個概念。

---

[8] 詳見朱光潛《文藝心理學》第三章 pp.50-53。

[9] 關於〈齊物論〉所謂平齊萬物的思想,請參閱拙作〈齊物論釋〉,見《鵝湖月刊》229.231.232.三期。

　　如此一來，則我們便將發現，由於「無我」這一概念的介入，它所真正發生的區分，並不只是美感上的區分，而且更是價值意義上的區分。如果注意到這一層次，則我們便立刻會發現，前此對王國維的詮釋恐怕皆是不盡不切的。從此一價值意義的區分上，我們乃可說，王國維實質上已超越了美感層次的問題，而進入了美的價值之問題。換言之，「無」必須被當做「美的原則」來看，這樣我們也才能理解王國維的美學研究和他人生關懷的緊密聯繫。然則底下我們也就面臨了一個新的問題，對於將「無」當成一個美的原則，我們應如何了解它的意義呢？關於這個問題，當然就不是非哲學家的王國維所能爲力的了。我們只能猜想當他在說「眾裡尋他千百度，驀然回首，那人卻在燈火闌珊處，此第三境也」時，恐怕意指著「無」的境界——亦即回首的境界——象徵著人自追求的迷茫中解脫吧！王國維是不是也如叔本華般，企圖以美來逃避盲目意志的痛苦，相信自有解人，如今筆者所感興趣的，則是如何了解將「無」當成美的原則之意義。

二．

　　針對前述問題，牟宗三先生恰好有一個說法，可做爲我們討論的起點[10]。牟先生的說法主要是針對康德《判斷力批判》的問題而發，他完全不滿意康德從「合目的性原則」上說審美判斷，也懷疑爲什麼要將本質上屬於感情世界的審美，硬是牽合到認知問題上去。因此，他只保留了康德對「無利害關心」的想法，並

---

[10] 請見牟先生譯《判斷力之批判》卷首所附長文〈以合目的性之原則爲審美判斷力之超越的原則之疑竇與商榷〉，見該書 pp.3-91。

將之改造成了另一個系統。在牟先生的想法裡，審美原不應歸屬
於判斷力，因此他乃立出了一個「妙慧」的概念，同時相應於這
個妙慧的超越原則，即是所謂的「無相原則」。牟先生對這兩個
核心概念做了如下的解釋：

不視審美判斷力之判斷力為由作為認知機能看的一般判斷
力而轉來，審美固亦是一種判斷力，但這判斷，通常名之
曰品鑑或賞鑑，此即遠離一般意義之判斷力矣。故此品鑑
或賞鑑是屬於欣趣或品味的，而不屬於認知的；即使它亦
有知意，這也是品知，而非基於感性而有待於概念的認
知；即使這品知即是直感，這直感也是品味之直感，而非
知識中感性之直感。故審美判斷力之品味，吾人直接名之
曰審美力，不再名之曰判斷力，對此審美力，若自其品知
而言，吾人名之曰妙慧；若自其直感而言，吾人名之曰妙
感。審美判斷即是妙感妙慧之品鑑，品鑑即是靜觀默會，
故反照判斷亦曰「無向判斷」。無向云者，無任何利害關
心，不依待於任何概念之謂也。有利害關心即有偏傾，偏
傾於此或偏傾於彼，即有定向。....無向即是把那徵向之
向剝落掉，此則暗合道家所謂無之義。....今審美品鑑中
之不依於任何利害關心，即是暗合遮徵向之有也。由此遮
徵向之有始顯審美品鑑之妙慧。審美品鑑只是這妙慧之靜
觀，妙感之直感。美以及美之愉悅即在此妙慧妙感之靜觀
直感中呈現。故審美品鑑之超越原則即由其本身之靜觀無
向而透示，此所透示之原則即相應「審美本身之無向」的
那「無相原則」也。[11]

[11] 同前註引文 pp.71-72。

對於牟先生這兩個概念，平心而論，問題是很多的。首先，妙慧的性質，如依牟先生的解釋，他只說是一品味之直感，如依其上下文看，則這直感似應是某種形式之感情的欣趣，但感情的欣趣如何而可以有超越之原則以冒之呢？而無相原則又如何必是此情感之欣趣的超越原則呢？凡此牟先生俱乏清楚的推證，也因此，乃使牟先生此一說法面臨了很大的不穩定性。

為此，筆者曾在上次文學與美學會中發表了一篇題為〈審美判斷的超越原則〉的文章，嘗試替牟先生補上妙慧和無相原則的推證。依筆者在該文中所述，妙慧這概念若要成立，則它便必須是一個「情感主體」的概念，這也就是說我們必須在知性、理性這些主體概念之外，另外還承認感情這種主體性的作用。同時依該文的推證，則也有必要將無相原則修正為情感主體的「自求滿足性」。假如筆者上文的推證尚不離譜的話，則牟先生的說法似乎是可以透過一些處理而使它穩下來。而若牟先生的系統穩得住，則我們便顯然可以找到一種詮釋方式，來理解前述以無做為美的原則的意義。這主要是因為牟先生的無相原則，和王國維談無我之境之無，其意義是十分一致的，是以乃能讓我們輕易地將王國維所意指的美的原則，轉以妙慧的超越原則方式來理解，如此一來，則無我之境便可很容易地被想成是「妙慧」這個主體的朗現，而亦即以這主體的朗現，而完成美這一價值的形上追求。

如上的說法，看來的確是相當美妙的一種理解模式，它頗像是美學中的孟子精神，這種理解也許並不見得符合王國維的生命情調，但若它真有義理的必然性，則也是無所謂的。然而這些日子以來，筆者卻越來越覺得「情感主體」根本是個莫名其妙的概念，情感活動如何而能成為一個主體性的活動呢？如果姑且不論「主體性」這種想法在哲學上的爭端，知性、理性之能被想像成

主體，這主要是因爲它總伴隨著某種概念化、法則化的活動在，由此使它成爲一種穩定的活動，因此遂容易使我們想到這些活動的背後有個存有者在支配著，但情感活動卻絕不具足此一穩定性，這如何能使我們去想到它背後也該有個存有者以爲根據呢？

因爲前述的懷疑，乃使筆者也越來越覺得牟先生前述的說法是穩不下來的，這理由除了「妙慧」概念穩不住之外，尚包括如下數端：其一，筆者發現，妙慧和無相原則間可能根本就存在著矛盾性。何以言之呢？牟先生在論及無相原則的「內用」與「外用」時曾謂：

> 分別說的美由人之妙慧之直感那「在認知與道德以外而與認知與道德無關」的氣化之光采而凸起。……此美境之愉悅先由妙慧直感之無向而凸起，即由此凸起而顯一無相之美相，而此美相亦是一相。但既是無向，此一無相即函一無相之原則而越乎其自己，此一越乎其自己之原則雖內合地就無向而顯一美相，此爲無相原則之內用，然而同時亦越乎此無向而外離地可化掉此美相並可化掉一切相，此爲無相原則之外用。但須注意：此外離地化掉此美相以及一切相之外用，嚴格言之，只是客觀地或籠統地表示此無相之原則應有此一義，其實其內用之顯美相本是由於妙慧之靜觀直感而然。既是靜觀直感美而顯美相矣，則即顯一「住」相而安於此感美之閒適自得中，此是妙慧之本性。它必然地有那順無向而內用之內用，但不必然地有那越乎此無向的外用。[12]

---

[12]同前注引文 pp.80-81。

在這段話中，筆者以爲牟先生其實已感受到了無相原則有可能越乎妙慧的範圍而去，他乃以內用和外用來區分兩者。然而這一區分若仔細想來，恐怕不無疑義。這問題主要是在美的「住相」究竟打那兒來？

依牟先生，若分別說之美要能維持得住，便須由妙慧依無相原則之運用來凸起美相，但妙慧顯然必須另有一能力以約制無相原則之運用，以避免無相原則越乎妙慧而去，如此乃能使它安住於美相之中，然則美的住相不就必須另有一超越原則來維持嗎？假如這超越原則找不出來，則我們又如何知道妙慧必然有無相原則之內用，而不必然有無相原則之外用呢？在筆者看來，牟先生似乎並未慮及此一問題，而即使慮及，他似亦很難再去找出另一超越原則來範圍無相原則，甚且即使有此一原則，我們也將很難使此一限制原則避免掉惡性地無窮後返，除非妙慧本身真能自發一些範疇。因此，筆者以爲若無相原則真是妙慧之超越原則，則此原則將可能反回來否決掉妙慧，如此亦將無處維繫一個純粹的美的世界，最後一切勢將成無相原則之到處通化而已。換言之，妙慧和無相原則之間不可避免地存在著一定的緊張和矛盾，這矛盾並不容易被輕易化解。

其二，牟先生除了很難用妙慧和無相原則穩住純美的世界以外，當無相原則越乎妙慧而去，成爲「道心之通化」時，無相原則又如何隸屬於此道心，而爲道心之另一超越的原則呢？牟先生云：

> 真善美三者雖各有其獨立性，然而導致即真即美即善之合一之境者仍在善方面之道德的心，即實踐理性之心。此即表示說道德實踐的心仍是主導者，是建體立極之綱維者。因為道德實踐的心是生命之奮鬥之原則，主觀地說是精進

> 不已之原則，客觀而絕對地說是於穆不已之原則，因此其
> 極境必是提得起放得下者。[13]

就道德實踐言，這意思很容易明白，但由道心之純然地精進不
懈，逐使道心純然成為道德法則的朗現而無抵阻，這是不是就是
道心之在無相原則之外用的運化下呢？在筆者看來，牟先生在此
處實在不免想得太快了，從聖人的化境上看，他的確有種鳶飛魚
躍，洒然自足的美感呈現，但若要把這個美感也用道心和無相原
則的關係來詮釋，則恐怕將會發生許多理論上的困難，至少我們
就可以懷疑道心是如何發出無相原則的[14]。甚且根本說來，這困
難恐怕根本就源自於當初建立無相原則之時，也許這原則一如妙
慧，從來就是個無謂的概念亦未可知。

　　如此說來，則嘗試通過牟先生的系統來詮釋王國維美感世
界——其實它相當程度地代表了中國美感世界的共識——之美學
意義的企圖，可能是很難成功的。不過，牟先生的說法也給了筆
者極大的啓示，這一方面是他呈現了將「無」這個具有強烈實踐
性的概念予以形上性地法則化之可能，另一方面是他也提供了通
過美以指向存有的可能。縱使筆者並不滿意於牟先生的理解進

---

[13] 同前注引文 p.83。

[14] 拙作《審美判斷的超越原則》中有一段話即在討論此一問題，茲引述如
下：「若分解地說，道德心之理性一面是自發道德法則之能力，而道德法
則不能是無相原則，道德心之情感一面，是對道德法則之好樂，而道德心
之自求化去其朗現相，嚴格論之，即道德法則之由覺情自然流出，它無因
違逆於情感所生之勉強相。但這自然流出實為情感之欣然而動，這欣然而
動是會予人輕鬆自在之感，可是欣然而動是不是等於輕鬆自在本身呢？」
筆者以為此一分析依然還是有效的，牟先生似乎正是混淆了這兩者的分
際。

路，也認爲運用主體性意識哲學的進路來思考美學問題，其成功的可能性不大，但牟先生的兩點啓示，對我們進一步思考前述問題，仍然具有關鍵性的意義。以下，筆者即擬通過不同的進路，以重新思考王國維美學的可能詮釋。

三．

如果說如牟先生般，將無歸屬於某一主體所自發之原則，這一辦法有其礙難處的話，則似乎也意味著我們不再能將無視爲某種特殊的邏輯——一如我們不再視黑格爾的辯證法爲形上學中有效的邏輯一般。然則我們是否還有其它方法將無視爲某種原則性的東西呢？於此，筆者所想到的是一種方法論上的「語言的轉向」。筆者以爲，前述牟先生訴之於某種主體的思考之所以碰到困難，實在就誠如海德格在《存有與時間》中所指出的：

> 人們試圖把握語言的本質，但他們總是依循上述環節（即上文所謂此有現身在世之理解）中的某一個別環節來制訂方向：表達、象徵形式、陳述的傳達、體驗的吐訴、生命的形態化，諸如此類的觀念，都是人們用以理解語言的指導線索。即使人們用調和的方法把這些五花八門的定義堆砌到一塊，恐怕於獲取一個十分充分的語言定義仍無所補益。[15]

海氏以爲，人們運用語言，常以爲它不過是心中某一意念之表達、象徵，或者說，它基本上只是某種工具性的符號而已，真正的意念出處則屬於語言背後的某個心靈、主體，但這真是語言的

---

[15] 詳見陳嘉映、王慶節譯《存在與時間》 p.208。

本性嗎？當我們說有一意念時，這意念不早已經是一語言了嗎？我們何曾先有意念，然後始以語言表述之呢？以此而言，我們是否真有理由去想像語言背後存在著某個主體呢？依此路數，則我們至多僅能將無視為某種特殊的語言模式，而不必訴之於任何主體。然則，這一轉向是否真能成立呢？如其真能成立，則這種特殊的語言模式究竟又意味著什麼意義呢？如是，我們乃有了一組新問題。

就無之轉從某種語言模式來了解言，如果我們僅將範圍集中在《老子》和《莊子》的話，則這種轉向似乎並不很困難，因為我們普通說的道家之無的精神，原本就是結合著一種特殊的「弔詭的語式」來呈現的。這種語式基本上可簡併為兩種形式：其一可名之曰「恢詭憰怪」之語式，它的基本語言結構乃是一種矛盾句式，例如《老子》中一切正言若反的詭辭，和《莊子》以「非指喻指之非指」的形式皆是。其二則可名之曰「道通為一」之語式，它的基本語言結構則為一種「任一項皆同時即是整全及整全的每一項」的句式，所謂「天地與我並生，萬物與我為一」是也。後一形式也存在另一變式，即前述句式的反對命題[16]。關於這兩種形式的弔詭語式含有什麼意義，茲先姑置不論。在此，我們首先必須關心的則是如王國維在審美意義上所說的無我之境，亦可以轉從某種特殊的語言模式來了解嗎？

關於此一問題，乍看之下，似乎是無解的，因為就算我們只將無我之境局限在詩文的表現上，它的語言亦是無窮複雜的，以

---

[16] 關於這種變式，我們可以《莊子．應帝王》中壺子的四門示相為例，依成玄英的〈疏〉，對後兩門的詮釋即名之曰「亦有亦無」和「非有非無」，表面上看，它們當然是相反的命題，但兩者卻實為等價的。

詩句之只著重於意象之勾勒，這種變幻萬端的語言形式，真有可
能被簡併到某種特殊的語式上來嗎？然而細思之，卻似乎又不盡
然。當然，全面地考察，對本文而言，是力有未逮的，今茲僅以
宗白華〈中國詩畫中所表現的空間意識〉一文[17]，供作材料的抽
樣和討論的基準。

　　筆者之所以選擇宗先生此文，主要是基於如下的理由：其
一，宗先生的賞鑒極精，這是無庸置疑的，而宗先生所最深契的
美感境界，實可用宗炳「澄懷觀道」一語概括之，所謂「中國自
六朝以來，藝術底理想境界卻是澄懷觀道，在拈花微笑裡領悟色
相中微妙至深的禪境」[18]，這意思在品鑒上顯然和王國維的無我
之境可以深相契合。其二，宗先生在此文中所論以及其品鑒，的
確都緊扣著前述境界而來，因此在事實上無法全面取樣的狀況
下，以此文及其所舉的例證作爲基點，當亦不算離譜才是。

　　今依此文來看，宗先生的本懷，原是企圖利用中國詩畫從技
法、修辭等等方面所表現的空間意識，以對比出中西文化世界觀
的不同處。根據他的看法，中國詩畫中的空間意識是「音樂性
的」，而不是「幾何性的」，從其中它顯出了節奏感。他說：

> 節奏化了的自然，可以由中國書法藝術表達出來，就同音
> 樂舞蹈一樣。而中國畫家所畫的自然也就是這音樂境界。
> 他的空間意識和空間表現就是「無往不復的天地之際」。
> 不是由幾何三角所構成的西洋的透視學的空間，而是陰陽
> 明暗高下起伏所構成的節奏化了的空間。[19]

---

[17] 詳見《美學的散步》pp.25-52。

[18] 同注二引文 p.10。

[19] 同注二引文 p.10。

這一特色,依宗先生的看法,也「是中國詩中的通例」。這種通例是什麼呢?原來就是一種「網羅山川大地於門戶」的辦法。例如「江山扶繡戶,日月近雕樑」,「棟裡歸雲白,窗外落暉紅」,「天入滄浪一釣舟」,「欲迴天地入扁舟」,「大壑隨階轉,群山入戶登」等等皆是。然而如依這些例子來看,它是不是可以名之曰將空間節奏化了呢?

筆者以為,宗先生對前述境界的詮釋,固然頗能自出機杼,但只以節奏化的空間來理解這種大小宇宙的融合,則似乎又只是將它看成了某種美感層次的修辭問題而已,但問題是像「天入滄浪一釣舟」這種句子只是某種修辭手段而已嗎?如果說這是一種修辭技巧,則它無論是誇飾也好,或是其它的修辭格,它都必須意指著一個固定的意象,可是若照老式的理解,這種句子多半並不表示意象,而是意指某種胸襟。今天我們當然並不滿意於如「胸襟」這種主體式的講法,但至少它總表示了這並不是修辭的問題而已,因此問題只是我們究竟該如何去看待這種句子。當然,在討論這種句子的詮釋問題之前,我們必須注意的是宗先生至少指出了一個事實,亦即作為一種「通例」,中國的詩文書畫中,確有一種特意用大小正反對比,但又不只是為了修辭目的的方式,以烘托某一曠達悠遠的意境(姑且先如此說之),如果我們逕以一種語式視之的話,它不是恰合於前述弔詭語式的第一種形式嗎?

其次,宗先生復云:

> 中國人於有限中見到無限,又於無限中回歸有限,他的意
> 趣不是一往不返,而是回旋往復的。……中國人撫愛萬
> 物,與萬物同其節奏,靜而與陰同德,動而與陽同波,我

　　們宇宙既是一陰一陽一虛一實的生命節奏，所以它根本上

　　是虛靈的時空合一體，是流蕩著的氣韻生動。[20]

這是說節奏化並不是單一向度，而是往復流動的，它可以由大入
小，亦可由小返大，甚且循環往復，不知其窮。相應於這一境界
的例子，則如「行到水窮處，坐看雲起時」，「水流心不競，雲
在意俱遲」，「去雁數行天際沒，孤雲一點淨中生」等等皆是。
不過依筆者看，仍用節奏化來詮釋這種境界，顯然還是看得淺
了，古人豈只是徒然在修辭上去把玩山水而已呢？這且亦不言，
值得注意的是它作為一種通例，又顯示了另一種形式的語言，這
種語言以「行到水窮處，坐看雲起時」為例，它所代表的其實是
以某種抽樣來意指全體，亦即表面上只說是行到水窮之處，但何
嘗不意指行到一切處呢？坐看雲起時，又何嘗不意指鳶飛魚躍之
時呢？當然如此說亦須有所簡別，筆者之意並不是說它在修辭格
上可以一切處或一切時來取代原意象，而都不至於影響原意象，
若是如此，則這個問題便也還是修辭的問題而已。但事實上這所
謂的可以用一切處與一切時來取代，乃是說這種句子根本已不在
指述任何固定的意象，或者說它根本已和意象無關，因此它可以
選擇任何一種抽樣，對它所希望「傳達」的東西都沒有任何影響
的原故，這也正是這種語言最特別的地方。依宗先生此一意境所
舉之例，似最切近於王國維說無我之境時的例證。今我們試看
「采菊東籬下，悠然見南山」，這東籬采菊和見南山豈真有景緻
上的必然性呢？抑或只是一切處之某一抽樣而已？甚至我們亦可
問說這種抽樣真有絕對的必要性嗎？「寒波澹澹起，白鳥悠悠
下」，起者當然絕不只寒波，下者也不必只是白鳥，而且其關鍵

---

[20] 同前注 p.47。

根本也不在誰起誰下[21]。以此而言，我們確可將這些語句普遍化為某種語式，而且它不正恰好就是弔詭語式的第二種形式嗎？

因此綜合來看，我們其實有相當的理由，將王國維所意指的無我之境，轉成某種特殊的語言模式，而這種語言模式與道家最常用的弔詭語式，根本是完全一致的。所以，我們在方法論上採取的語言轉向，應該不至於發生什麼困難。於是底下我們乃能依據這一轉向，來重新考量無的境界所連繫到的意義問題。

四．

如前所述，當我們以弔詭的語式來考量無的意義時，這種語式究竟應該如何了解呢？就語法的概念來看，前述弔詭語式的兩種形式，原則上均採取著判斷句的形式，然而這個判斷句式卻通常都不表意，或者說是指述著某種「言外之意」，也就是說就恢詭憰怪的句式言，它的謂詞並不說明主詞，這倒並不是由於語義上的歧義所致，而是在語義上它根本就是「一無所說」。而就道通為一的句式言，它的謂詞也並不真正指述主詞概念的內容與外延，否則它不可能導致此一語式兩種相反對的變式，卻具有等價的效果。這也就是說，此一語式根本就不可以用普通語言學中語

---

[21] 關於這幾個例子，我們還可以作一些說明，例如說「細雨魚兒出，微風燕子斜」之類的句子，這景緻固然可說修飾得了無痕跡，但其意象卻是經過精心選擇的，人們也許可以辯說，我們把燕子換成白鷺也無所謂，但這也只是說它的意象效果不變，其意象並未發生任何變化，可是它卻一定不能說可以取消這一意象。這便是差別所在。

法、語義的概念來掌握，然而它又似乎並非真的一無所說，那麼它究竟說了什麼呢？

其實在宗教語言學中，也有類似的檢討，以爲這種語式乃是某種內指式的語言，它不指述任何客觀的對象或概念，而只指向信仰者的內在[22]。這當然也是一類理解方式，但顯而易見的，這種理解仍然預設了信仰者這個主體式的概念，如今我們既已放棄了此一預設，自然也不能滿足於此一理解，但由此種理解所謂的「內指性」，也確乎給了筆者某些啓發。顯然地，這種語言不能是海德格所謂的派生性的「陳述」，因爲陳述式的斷言是向外的，撲著於某種客觀性的，但有沒有向內的語言呢？而所謂的向內是向著何處呢？

在此，筆者所想到的乃是海德格對「沉默」的特殊提法，這實在是個怪異、有趣而又費解的概念，但也似乎存在著某種可能性，借助這種可能性，我們或可爲弔詭的語式找到新的理解方式。何以言之呢？這就有待對海德格的思路作進一步的說明了。

海德格大約是在兩種脈絡中提到沉默這個概念的。在他前期的主著《存有與時間》中，主要論述了通過對此有在世存在的現象學式的描述，以找尋一條讓存有揭示出來的路數。在這個論述中，此有首先是在情緒中現身，而亦即在這現身中有所理解，以此，此有的理解乃恆與其在世界之中的意蘊整體性是一起展開的。這展開代表此有在被拋擲的可能性中有所投企，而每一個投企都表示了對處於意蘊整體性中而有所理解的此有之某種「解

---

[22] 如杜普瑞（Louis D upre）即謂「宗教語言並非向外指涉，而是必須轉向內在」，關於他對宗教語言的討論，請詳參氏著，傅沛榮譯《人的宗教向度》第五章 pp.189-229。

釋」，這解釋乃能夠被發展而爲某種斷言式的陳述。依照這個講法，則陳述作爲某種語言的現象，這語言早已必須奠基於意蘊整體性之中，海氏即將之名爲「言談結構」。這也就是說語言原本乃植基於言談結構之上，我們總是因於言談，然後始能表述爲語言，言談亦以此而成爲此有之一存在特徵。以此而言，理解、言談俱是存有論上的詞語，而言談之關聯於此有，它恆有兩種展示的可能性，海德格將之稱爲「聽與沉默」。因爲言談首先是在傾聽這個意蘊的整體性中，始能關聯於此有的理解，然後也才能夠說出，所以聽的可能性才是和言談、理解一般，屬於原始的存有論結構，無論我們是在聽中迷失了自己，還是本真地把握此有，總之我們皆是在聽。至於沉默，海氏則將之描述爲一種更深刻的聽，因爲聽作爲連繫於從言談發展而爲語言的一種可能性，它終歸指向於某種陳述的說出，以此，聽的可能性將因之而可能展示出此有「閒談」式之在此，這遂成此有非本真之展示。此時，唯有真正的緘默，始能消除此有在「雜然共在」中的閒談，於是這種聽乃不得不爲一種更深沉的心聲，它顯示爲一種沉默的聽，這沉默當然不是如聾似啞，而是某種類乎默契、默會之辭語。海德格云：

> 言談的另一種本質可能性即沉默也有其生存論基礎。比起口若懸河的人來，在交談中沉默的人可能更本真地讓人領會，也就是說，更本真地形成領悟。對某某事情滔滔不絕，這絲毫也不保證領悟就因此更闊達。相反，漫無邊際的清談起著遮蓋作用，把有所領會的東西帶入虛假的澄清境界，也就是說，帶入瑣事的不可領會狀態。沉默卻不叫瘖啞。……真正的沉默只能存在於真實的言談中。為了能沉默，此在必須有東西可說，也就是說，此在必須具有它

> 本身的真正而豐富的展開狀態可供使用。所以緘默才公開
> 出閒談並消除閒談。緘默這種言談的模式如此原始地勾連
> 著此在的可領會狀態，可說真實的能聽和透視的相互共在
> 都源起於它。[23]

這即是沉默的第一種用法。

其次，在海德格後期直接面對存有之揭示自己的問題時，他又有另一脈絡提及沉默這個概念。依海德格此期的想法，他大抵放棄了繞經對此有之展示以期揭示存有的進路，而直接探討了一種非主體式的、沉思的思維與存有之揭示的關係。此一沉思的思維乃是通過對形上學、詩歌的詮釋行爲，讓這些作品處於一種創造性的虛無邊緣——亦即進入作品未說出的部分，從而使存有在其中開放出來。這種開放依海氏之說當然是在與作品不斷對話中進行的，而對話總是依憑著對一個特定問題的提問，此即「爲什麼有是存在的而無反倒不在」。海德格稱此一問題是最原始的，因爲是此一提問才使我們始終面向著本真的自己，唯其如此，存有始能在此一提問中揭示出來，而且是在具體的歷史脈絡揭示出來[24]。當然，如果更根本地說，上述的提問甚至可視爲存有對詰問者的一種恩賜，以此，海氏云：

> 把存有當作真理的賜予來說明命運的特性——這是思維的
> 第一條規律，而非邏輯的規則。……存有是作爲思維的命

---

23 同注十五引文 p.210。

24 關於這個問題的討論，請詳參海德格《形而上學導論》中有關形而上學的基本問題的部分，見熊偉、王慶節譯該書 pp.3-49。

運事件。這個事件自在地是歷史的，它的歷史在思想家的
說話行為中已經成為了語言。[25]

依照這種說法，則人的詰問很可以根本只是一種憑藉，由之所顯
示的　反而只是存有的言談性，是存有在言談中顯示了自己，而
不是人去說　出了存有。因此存有和言談之間乃存在了一種本質
的連繫。在這連繫　中，言談同樣包含了兩種可能性——「聽與
沉默」，海德格云：

> 語言說，乃由於語言道說；語言所關切的是這樣一回事
> 情，即我們人的說在聆聽從未被說者之際應合於語言之被
> 道說者。所以，就連沉默也已然是一種應合。人們往往把
> 沉默當作說的本源而置之於說下面。沉默應合於那居有
> 著一顯示著道說的無聲的寂靜之音。作為顯示，居於大道
> 之中的道說乃是成道的最本己的方式。大道是道說著的，
> 因此，語言如何說，也就是大道本身如何自行揭示或自行
> 隱匿。[26]

無論如何，這沉默的寂靜之音仍是一種言談，而且對比著聽之
「自行隱匿」的可能，沉默反倒是更深刻地指向本己之存有的
聽。如此遂成沉默的第二種用法。

依照如上的講法，沉默無論如何它都是一種言談的可能性，
而且它是屬於存有論的。進一步說，它也是對此有或存有最本己
的揭示途徑，此有或存有因著連繫於沉默的可能，得以被更完整
而無遮蔽地開放出來。此處所說的遮蔽，當然是對顯著「聽」這

---

[25] 引文見於海德格〈關於人道主義的信〉，譯文轉引自帕瑪著，嚴平譯《詮釋學》p.174。

[26] 引文見於海德格〈走向語言之途〉，《走向語言之途》pp.230-231。

一言談的可能性而言的，由聆聽所成的遮蔽，本質上是牽連著由言談發展至語言這一形式化、固定化的過程而生的。於是我們乃可以有一個問題，即沉默這種言談的可能性既然也是言談，那麼它是否也牽連於某種特殊的語言形式，還是永遠只是一無所說呢？

關於這個問題，海德格似乎並不曾深入地意識到，海氏所指的語言，基本上皆是以斷言的形式爲主，斷言形式的陳述必有形式化、固定化的問題，因此無論此有或存有通過語言以透露朕兆時，這形式化也立即又會對此有或存有形成遮蔽，於是此有和存有之開顯，遂成歷史中一條永恆無盡而又永無完成可能的「林中之路」，若是如此的話，那麼我們是不是可以質疑說，海氏依然只是提供了一條通達存有的依稀彷彿之路呢？依海氏之論，他所提供的詰問法永遠皆必須指向某種開放性和超越性，他與原典的對話，追求的是這對話的活起來，然而這豈非是妄想嗎？誠如他所說：

> 思與詩的對話只能間接地效力於這首獨一的詩。因此，這種對話始終含著個危險，就是很可能擾亂了這首獨一的詩的道說，而不是讓它在其本己的安寧中歌唱。[27]

由此可以看出海氏的矜慎，他始終將他的詮釋定位在某種對存有的傾聽上，但也總是對此種傾聽保持著存疑的態度，這誠然是他理論的一個必然的歸宿。然而我們也必須注意到海氏理論的另一個指向，他說：

> 語言作為寂靜之音說。寂靜靜默，因為寂靜實現世界和物入於其本質。以靜默方式的世界和物之實現，乃是區分之

---

[27] 引文見於海德格〈詩歌中的語言〉，《走向語言之途》 p.27。

居有事件。語言即寂靜之音，乃由於區分之自行居有而存有。語言乃作為世界和物的自行居有著的區分而成其本質。[28]

這也就是說所有的傾聽、語言皆指向於寂靜，唯靜默始能入於世界與物的本質，換言之，沉默乃是語言的歸宿。但「寂靜決非只是無聲……寧靜之本質乃在於它靜默，嚴格地看來，作為寂靜之靜默，寧靜總是比一切運動更動盪，比任何活動更活躍。」[29]既然寂靜並不只是無聲，那麼我們該如何理解這種寂靜之音呢？海氏謂「在區分之雙重靜默中才發生有寂靜」，然則寂靜之音實不應是語言之反對，甚至它本身原本就該是一種語言，如此也才能更相應於存有的語言性，那麼這會是一種什麼樣的語言呢？

消極地說，它當然不會再是某種斷言式的陳述；如果說它仍不得不訴之於某種區分，這亦是「聽任區分之不可說而召喚區分」，這也就是說此種語言固然仍有待乎某種斷言的形式，卻恆須穿越斷言而進入不可說的層次，然則這不是恰好相應於我們前述弔詭的語式之特性嗎？此種語式就斷言而言，它實一無所說；它不得不借助於斷言的語式，但也不被此形式所範圍。它不表固定的語義，但它也並非真的一無所示，那麼我們能不能說這種語式正是存有開顯其最本真的自己之可能性呢？弔詭的語式不是派生性的陳述，也不是某種詰問；也許我們對它最好的看待方式，便是將它視為存有論層次的「存有的語言」，它的唯一可能便是無遮蔽地揭示此有或存有，或者說此有或存有和這種語言根本就

---

[28] 引文見於海德格〈語言〉，《走向語言之途》 p.20。

[29] 同上注 p.19。

具有某種同一性。如此，我們也進而爲由無所帶出來的美感世界尋找到了其美學意義上的可能詮釋。

五.

根據前節所述，則弔詭的語式實可被恰當地理解爲存有的自我揭示，今此一語式既連通於一種美感境界的表達，則我們當然可合理地推知，中國的美感境界實指向著某種存有論意義上的「真理」的揭示，甚至即以這真理的揭示爲美的唯一任務。美是什麼？美是指向真理的，或者說美即是真理，美即是存有，這一斷言直可視之爲中國美學的某種宣言式的陳述，當然也是依前面討論而可有的必然結論。

然而如此說的美，其意義自然仍是極其單薄而孤峭的，它所開顯的只是一條真理自我揭示之門，但若言談仍是存有或此有的結構，這結構即不得不有其它可能性之開顯，於是它乃不得不連通各類的陳述，這陳述或是道德的，或是知識的，當然也或是美感的。今只以美感的陳述而論，陳述當然亦可以是對存有的遮蔽，換言之，美感實亦可以離美而去，此即如「爲賦新詞強說愁」，強說愁並非無美感，但爲賦新詞而強說之，則強說即成某種「閒談」，如此之美感即成了「但說」的美感而已。這意思也就是說，唯其真能進入本真的方式下來進行陳述，這陳述始有揭示美，揭示存有之可能，以此而言，則我們很可以視王國維所說的「真景物、真感情」之真，爲進入本真方式下的美感陳述，只是它不再能假定存在著一個能發此真情的主體而已，如此一來，則真字遂亦成了存有論之詞語。真並非是某一主體之在其自己的狀態，而是言談之去除閒談之遮蔽的狀態。在此一狀態下所說的

美感，始是指向於美的美感，這亦即是王國維引尼采所說的「吾愛以血書之者」，而亦可名之曰「有境界」。然境界也可是某種在本真狀態下的美感陳述，而凡陳述俱不免爲斷言形式所限，此美感陳述遂不得不像是從某一主體而發者，如此乃成「有我之境」之形式。由此而更進一步，言談之入於某種弔詭的語式，它遂成對存有或此有之直接傾聽，此即成美之直接展示、存有的完全開顯，如是便成爲「無我之境」，而此境也因此而成爲人向存有探問的最終依歸。如此一來，我們便完成了對中國美感境界完整的存有論表述，而美也因此取得了真理和人生價值實踐上的終極意義。也許這一詮釋，會讓王國維嘗試美學討論的形上意圖，得到更本質的澄清吧！

走筆至此，筆者已針對本文的論題，作了一個簡略的表達，大凡識者大約都可以了解筆者的意圖，但一則是因爲篇幅所限，一則也是由於筆者學力未逮，以至處處皆有語焉不詳，隱而未發之意，也相信必有不少錯謬，這是筆者難辭其咎者。但以稿約在即，倉促之間，也只好暫且以此塞責，這是要請諸方家見諒和指正的。不過，在本文結束之前，筆者亦願附帶指出，若依照前文所述，則筆者便須對牟宗三先生的真理觀提出一個原則性的反對意見，指向最終真理的，恐怕並不純然只有道德這一條路，純粹的美並不只局限在分別說的層次，而只有某種人生「氣化之光采」的價值，它亦可以是真理的某種揭示途徑。當然此一途徑可能確實無法開物成務，有什麼道德的、社會的實踐性，以此而言，光是指出此一進路的真理自然是不夠的。然而若暫且擱置此意不論，而只專注於美的真理性，則牟先生的真善美合一說，將也可以因爲另一種解讀方式，而顯得更具有說服力，此即道德的陳述若欲指向真理，則它確實必須進入與美相結合的層次，亦即

道德的陳述也須轉以一種弔詭的語式來表達，它始能成爲真理的
自我揭示。於是，我們將可看到一種包容力更廣泛的真理觀，並
爲中國哲學的詮釋，開啓了一條更具開放性的道路。當然，這個
路向所牽涉的問題是至爲龐大的，今暫提於此，不過是作爲本文
結論之一種可能的推衍，並以此爲本文作下一個開放性的結尾，
以期待各位先進的雅教。

參考書目

甲、原典文獻（依時代先後排列）

一、經籍

《周易注疏》，《十三經注疏》本，台北，藝文印書館，民78。

《詩經注疏》，《十三經注疏》本，台北，藝文印書館，民78。

《左傳注疏》，《十三經注疏》本，台北，藝文印書館，民78。

《禮記注疏》，《十三經注疏》本，台北，藝文印書館，民78。

《論語注疏》，《十三經注疏》本，台北，藝文印書館，民78。

《孟子注疏》，《十三經注疏》本，台北，藝文印書館，民78。

二、史傳

司馬遷，《史記》，台北，藝文印書館，民71。

司馬遷，瀧川龜太郎考證，《史記會注考證》，台北，洪氏出版社，民70。

班固，顏師古注，王先謙補注，《漢書補注》，台北，藝文印書館，民71。

荀悅，《漢紀》，台北，商務印書館國學基本叢書，民57。

范曄，李賢注，王先謙集解，《後漢書集解》，台北，藝文印書館，民71。

陳壽，裴松之注，盧弼集解，《三國志集解》，台北，藝文印書館，民71。

房喬等，吳士鑑、劉承幹注，《晉書斠注》，台北，藝文印書館，民71。

沈約，《宋書》，台北，藝文印書館，民71。

蕭子顯，《南齊書》，台北，藝文印書館，民71。

魏徵等，《隋書》，台北，藝文印書館，民71。

司馬光，《資治通鑑》，台北，啓業書局，民66。

三、史料及史論

張華，范寧校證，《博物志校證》，台北，明文書局，民73。

慧皎，《梁高僧傳》，台北，文殊出版社，民77。

酈道元，《水經注》，台北，世界書局，民63。

歐陽詢等，《藝文類聚》，上海，上海古籍出版社，1965。

杜佑，《通典》，北京，中華書局，1988。

李吉甫，《元和郡縣志》，《四庫全書本》冊468，台北，商務印
　　書館，民75。

李昉等，《太平御覽》，台北，商務印書館，民81。

趙翼，《廿二史劄記》，台北，世界書局，民63。

四、子部

莊子，郭慶藩集釋，《莊子集釋》，台北，華正書局，民68。

荀子，王先謙集解，《荀子集解》，台北，藝文印書館，民77。

劉安，《淮南子》，台北，世界書局新編諸子集成，民67。

楊雄，張震澤校注，《楊雄集校注》，上海，上海古籍出版社，
　　　1993。

楊雄，鄭萬耕校釋，《太玄校釋》，北京，北京師大出版社，
　　　1989。

楊雄，《法言》，台北，中華書局，民63。

王充，《論衡》，台北，世界書局新編諸子集成，民67。

王符，《潛夫論》，台北，商務印書館國學基本叢書，民57。

魏伯陽，《周易參同契》，台北，中華書局，民67。

王明合校，《太平經合校》，北京，中華書局，1979。

《音注河上公老子道德經》，台北，廣文書局，民69。

徐幹，《中論》，台北，廣文書局，民77。

劉劭，《人物志》，台北，世界書局新編諸子集成，民
　　　67。

王弼，樓宇烈校釋，《老子周易王弼注校釋》，台北，華
　　　正書局，民72。

阮籍，陳伯君校注，《阮籍集校注》，北京，中華書局，
　　　1987。

嵇康，戴明揚校注，《嵇康集校注》，台北，河洛出版社，民
　　　67。

饒宗頤校證，《老子想爾注校證》，上海，上海古籍出版社，
　　　1991。

張湛，楊伯峻集釋，《列子集釋》，不著出版資料。

劉義慶，余嘉錫箋，《世說新語箋疏》，台北，華正書局，民
　　　73。

劉義慶，楊勇校，《世說新語校箋》，台北，正文書局，民65。

僧佑，《弘明集》，台北，中華書局，民67。

僧佑，《出三藏記集》，《大正藏》冊五十五，台北，白馬精舍
　　　印經會，民77。

《正一法文天師教戒科經》，《正統道藏》冊卅，台北，

孟安排，《道教義樞》，《正統道藏》冊四十一，台北，

張君房，《雲笈七籤》，《正統道藏》，冊卅七、卅八，

顧炎武，《日知錄》，台北，世界書局，民70。

黃宗羲，《梨洲遺著彙刊》，台北，隆言出版社，民58。

五、文集及文評

曹操、曹丕、曹叡，黃節註，《魏文武明帝詩註》，台
北，藝文印書館，民61。

曹植，《曹子建集》，台北，世界書局，民59。

阮籍，古直箋，《阮嗣宗詩箋》，台北，廣文書局，民
59。

謝赫，《古畫品錄》，《四庫全書》冊812，台北，商務
印書館，民75。

蕭統，李善注，《昭明文選》，台北，藝文印書館，民
68。

劉勰，楊明照校注，《文心雕龍校注》，台北，河洛出版
社，民65。

張彥遠，《歷代名畫記》，《百部叢書》，《學津討
原》，台北，藝文印書館，民54。

張溥輯，《漢魏六朝百三名家集》，台北，文津出版社，
民68。

嚴可均輯，《全後漢文》，台北，世界書局，民58。

嚴可均輯，《全三國文》，台北，世界書局，民58。

嚴可均輯，《全晉文》，台北，世界書局，民58。

嚴可均輯，《全宋文》，台北，世界書局，民58。

嚴可均輯，《全齊文》，台北，世界書局，民58。

陳沆，《詩比興箋》，台北，藝文印書館，民59。

乙、近人研究專著（依姓氏筆劃排列）

丁冠之，《嵇康》，山東，齊魯書社，1987。

王仲犖，《魏晉南北朝史》，上海，上海人民出版社，1981。

王明，《道家和道教思想研究》，北京，中國社會科學出版社，
　　　　1990。

王叔岷，《莊學管闚》，台北，藝文印書館，民67。

王葆玹，《正始玄學》，山東，齊魯書社，1987。

王葆玹，《玄學通論》，台北，五南出版社，民85。

毛漢光，《中國中古社會史論》，台北，聯經圖書公司，民77。

毛漢光，《兩晉南北朝士族政治之研究》，台北，中國學術著作
　　　　獎助委員會，民55。

方穎嫻，《先秦道家與玄學佛教》，台北，學生書局，民75。

孔繁，《魏晉玄學》，遼寧，遼寧教育出版社，1995。

田文棠，《魏晉三大思潮論稿》，陝西，陝西人民出版社，
　　　　1988。

朱光潛，《文藝心理學》，台北，開明書局，不著年份。

牟宗三，《才性與玄理》，台北，學生書局，民69。

牟宗三，《五十自述》，台北，鵝湖出版社，民78。

牟宗三，《現象與物自身》，台北，學生書局，民71。

牟宗三，《圓善論》，台北，學生書局，民74。

成復旺，《中國美學範疇辭典》，北京，中國人民大學出版社，
　　　　1995。

牟潤孫，《論魏晉以來之崇尚談辯及其影響》，香港，中文大
　　　　學，1966。

吉聯抗，《嵇康聲無哀樂論譯注》，北京，人民音樂出版社，1982。

任繼愈，《中國哲學史》，北京，人民出版社，1985。

任繼愈，《中國道教史》，台北，桂冠圖書公司，1991。

余英時，《士與中國文化》，上海，上海人民出版社，1987。

余英時，《中國知識階層史論》，台北，聯經圖書公司，民69。

余英時，《史學與傳統》，台北，時報出版公司，民71。

何啓民，《竹林七賢研究》，台北，學生書局，民73。

何啓民，《魏晉思想與談風》，台北，學生書局，民71。

余敦康，《何晏王弼玄學新探》，山東，齊魯書社，1991。

李澤厚，《批判哲學的批判》，台北，風雲時代出版公司，民79。

李澤厚，《美學四講》，台北，人間出版社，民77。

李澤厚，《美學論集》，台北，駱駝出版社，民76。

李澤厚、劉綱紀，《中國美學史》，台北，谷風出版社，民75。

宗白華，《美學的散步》，台北，洪範出版社，民76。

宗白華，《美從何處尋》，台北，駱駝出版社，民76。

林同華，《中國美學史論集》，江蘇，江蘇人民出版社，1984。

林谷芳，《諦觀有情》，台北，望月文化公司，民86。

林麗真，《王弼》，台北，東大圖書公司，民77。

侯外廬，《中國思想通史》第三卷，北京，人民出版社，1957。

胡孚琛，《魏晉神仙道教》，北京，人民出版社，1990。

卿希泰，《中國道教思想史綱》，台北，木鐸出版社，民75。

唐長孺，《魏晉南北朝史論叢》，北京，三聯書店，1955。

唐長孺，《魏晉南北朝史論拾遺》，北京，中華書局，1983。

宮崎市定，《九品官人法之研究》，日本，京都大學東洋史研究
　　　　叢刊，1956。

徐復觀，《中國藝術精神》，台北，學生書局，民70。

徐復觀，《兩漢思想史》，台北，學生書局，民68。

容肇祖，《魏晉的自然主義》，台北，里仁書局，民73。

唐翼明，《魏晉清談》，台北，東大圖書公司，民81。

張本楠，《王國維美學思想研究》，台北，文津出版社，民81。

許杭生，《魏晉玄學史》，陝西，陝西師大出版社，1989。

許杭生，《魏晉思想史》，台北，桂冠圖書公司，民81。

許倬雲，《求古編》，台北，聯經圖書公司，民71。

陳寅恪，《陳寅恪先生文集》，台北，里仁書局，民70。

郭紹虞，《中國文學批評史》，台北，文史哲出版社，民68。

陳登原，《國史舊聞》，台北，大通書局，民60。

張節末，《嵇康美學》，浙江，浙江人民出版社，1994。

莊萬壽，《嵇康研究及其年譜》，台北，學生書局，民79。

敏澤，《中國美學思想史》第一卷，山東，齊魯書社，1987。

張蕙慧，《嵇康音樂美學思想探究》，台北，文津出版社，民
　　　　86。

湯一介，《郭象與魏晉玄學》，湖北，湖北人民出版社，1983。

湯一介，《魏晉南北朝時期的道教》，台北，東大圖書公司，民
　　　　77。

湯用彤，《魏晉玄學論稿》，台北，里仁書局，民73。

賀昌群，《魏晉清談思想初論》，台北，里仁書局，民73。

勞思光，《中國哲學史》，香港，崇基書局，1980。

曾春海，《嵇康》，台北，輔仁大學出版社，民83。

葉純之、蔣一民，《音樂美學導論》，北京，北京大學出版社，
　　1988。

葉嘉瑩，《王國維及其文學批評》，台北，源流出版社，民71。

萬繩楠，《魏晉南北朝史論稿》，安徽，安徽教育出版社，
　　1983。

趙士林，《當代中國美學研究概述》，天津，天津教育出版社，
　　1989。

窪德忠，《庚申信仰》，日本，山川出版社，1973。

蔣孔陽，《美學新論》，北京，人民文學出版社，1993。

蔡仲德，《中國音樂美學史》，台北，藍燈出版社，民82。

劉大杰，《魏晉思想論》，台北，里仁書局，民73。

劉汝霖，《漢晉學術編年》，台北，長安出版社，民68。

劉貴傑、周紹賢，《魏晉哲學》，台北，五南書局，民85。

錢穆，《莊老通辨》，台北，三民書局，民62。

錢鍾書，《談藝錄》，北京，中華書局，1983。

謝大寧，《儒家圓教底再詮釋》，台北，學生書局，民86。

蘇紹興，《兩晉南朝的士族》，台北，聯經圖書公司，民76。

丙、西方學術著作及譯著

L.Dupre，傅沛榮譯，《人的宗教向度》，台北，幼獅文化公司，
　　民75。

E.Hanslick，楊業治譯，《論音樂的美》，北京，人民音樂出版
　　社，1982。

M.Heidegger，陳嘉映、王慶節譯，《存有與時間》，台北，唐山
　　出版社，民78。

M.Heidegger，熊偉、王慶節譯，《形而上學導論》，台北，仰哲
　　出版社，民82。

M.Heidegger，孫周興譯，《走向語言之途》，台北，時報文化公
　　司，民82。

K.Jaspers，周行之譯，《智慧之路》，台北，志文出版社，1991。

I.Kant，牟宗三譯，《判斷力之批判》，台北，學生書局，民81。

T.Kuhn，王道還譯，《科學革命的結構》，台北，允晨文化公
　　司，民74。

R.Palmer，嚴平譯，《詮釋學》，台北，桂冠圖書公司，民81。

B.Smart，" Michel Foucault "，（New York ： Tavistock
　　Publications of Ellis Horwood Limited，1985）

W.Tatarkiewicz，劉文潭譯，《西洋六大美學理念史》，台北，聯
　　經圖書公司，民78。

丁、單篇論文（依作者姓氏筆劃排列）

王韶生，〈荊州學派對於三國學術之關係〉，香港，《崇基學
　　報》四卷一期。

本田濟，李世傑譯，〈魏晉時代的儒玄論爭〉，《恆毅》五卷
　　八、十一、十二期。

吳甿，〈言意之辨與魏晉玄理〉，《鵝湖月刊》一一六期。

余英時，〈意識型態與中國思想史〉，《時報副刊》七十一，
　　八、十四。

余敦康，〈阮籍嵇康玄學思想的演變〉，《文史哲》一九八七、
　　　　三期。

李豐楙，〈魏晉南北朝文士與道教之關係〉政治大學中文研究所
　　　　六十七年博士論文。

青木正兒，〈清談〉，日本，一九三四年《東洋思潮》四卷。

高柏園，〈論莊子與嵇康的養生論〉，台北，《宗教與文化》論
　　　　文集，學生書局，民79。

張少康，〈嵇康的聲無哀樂論及其在中國文藝思想史上的意
　　　　義〉，《中外文學》二十卷一期。

許世瑛，〈九品中正之研究〉，《清華周刊》卅六卷九～十期。

許杭生，〈論魏晉道教與玄學的關係〉，《中國哲學史研究》一
　　　　九八六、三期。

莊耀郎，〈王弼玄學〉，台灣師大國文研究所八十年博士論文。

程元敏，〈季漢荊州經學〉，《漢學研究》四卷一期、五卷一
　　　　期。

湯用彤，〈漢魏學術變遷與魏晉玄學的產生〉，《中國哲學史研
　　　　究》一九八三、三期。

劉述先，〈孟子心性論的再反思〉，台北，《孟子思想的哲學探
　　　　討》論文集，中央研究院文哲研究所，民84。

魯錦寰，〈漢末荊州學派與三國政治〉，《中州學刊》一九八
　　　　二、四期。

謝大寧，〈從災異到玄學〉，台灣師大國文研究所七十八年博士
　　　　論文。

謝大寧，〈儒隱與道隱〉，《國立中正大學學報》三卷一期。

謝大寧，〈齊物論釋〉，《鵝湖月刊》二二九、二三○、二三二
　　　　期。

戴璉璋，〈王弼易學中的玄思〉，《中國文哲研究集刊》創刊
　　　號。

戴璉璋，〈嵇康思想中的名理與玄理〉，《中國文哲研究集刊》
　　　四期。

戴璉璋，〈郭象的自生說與玄冥論〉，《中國文哲研究集刊》七
　　　期。

簡博賢，〈今存三國兩晉經學遺籍考〉，台灣師大國文研究所六
　　　十九年博士論文。

B.Schwartz，張永堂譯，〈關於中國思想史的若干初步考察〉，
　　　《中國思想與制度論集》，聯經圖書公司，民68。